le musée, drôle de mot.

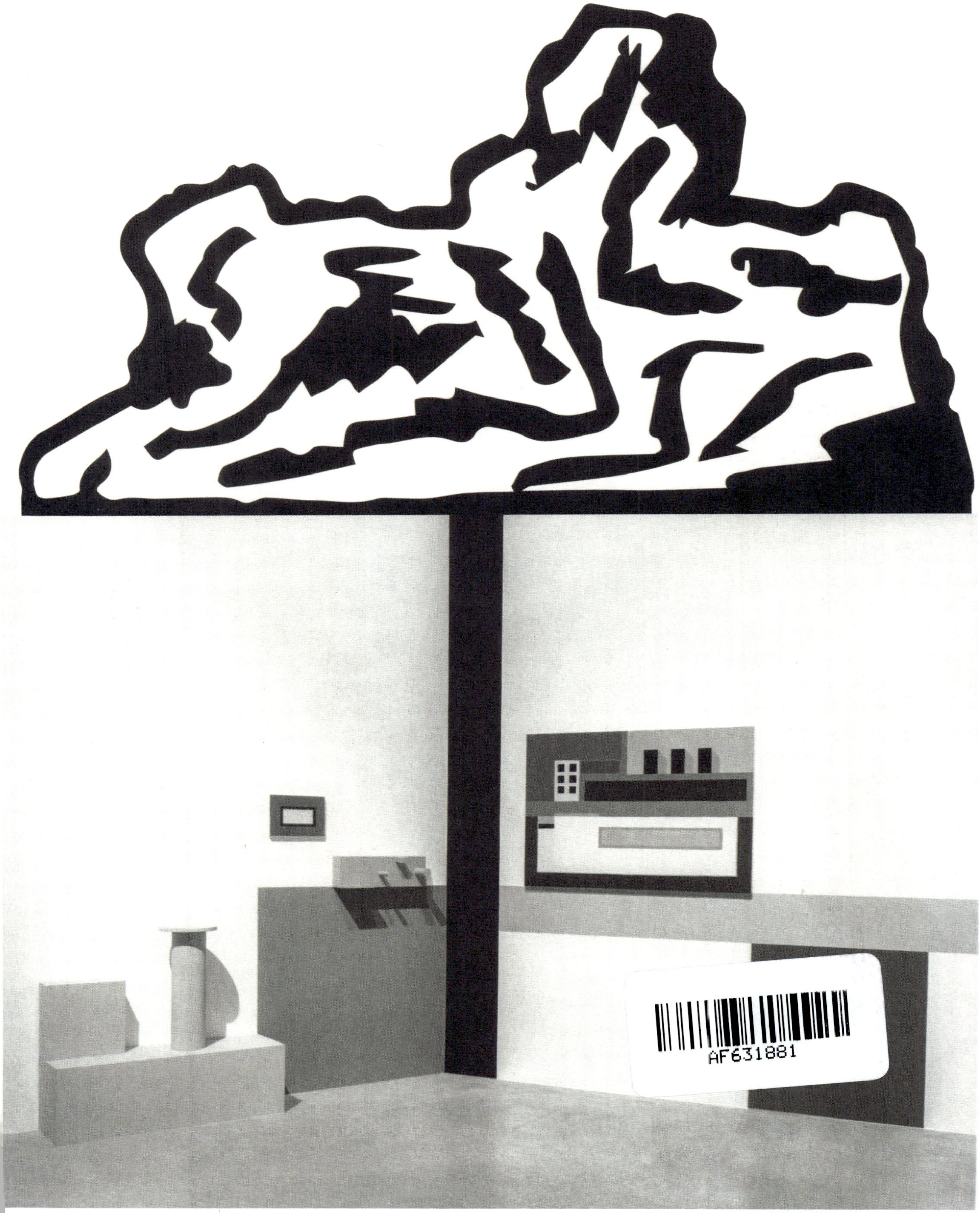

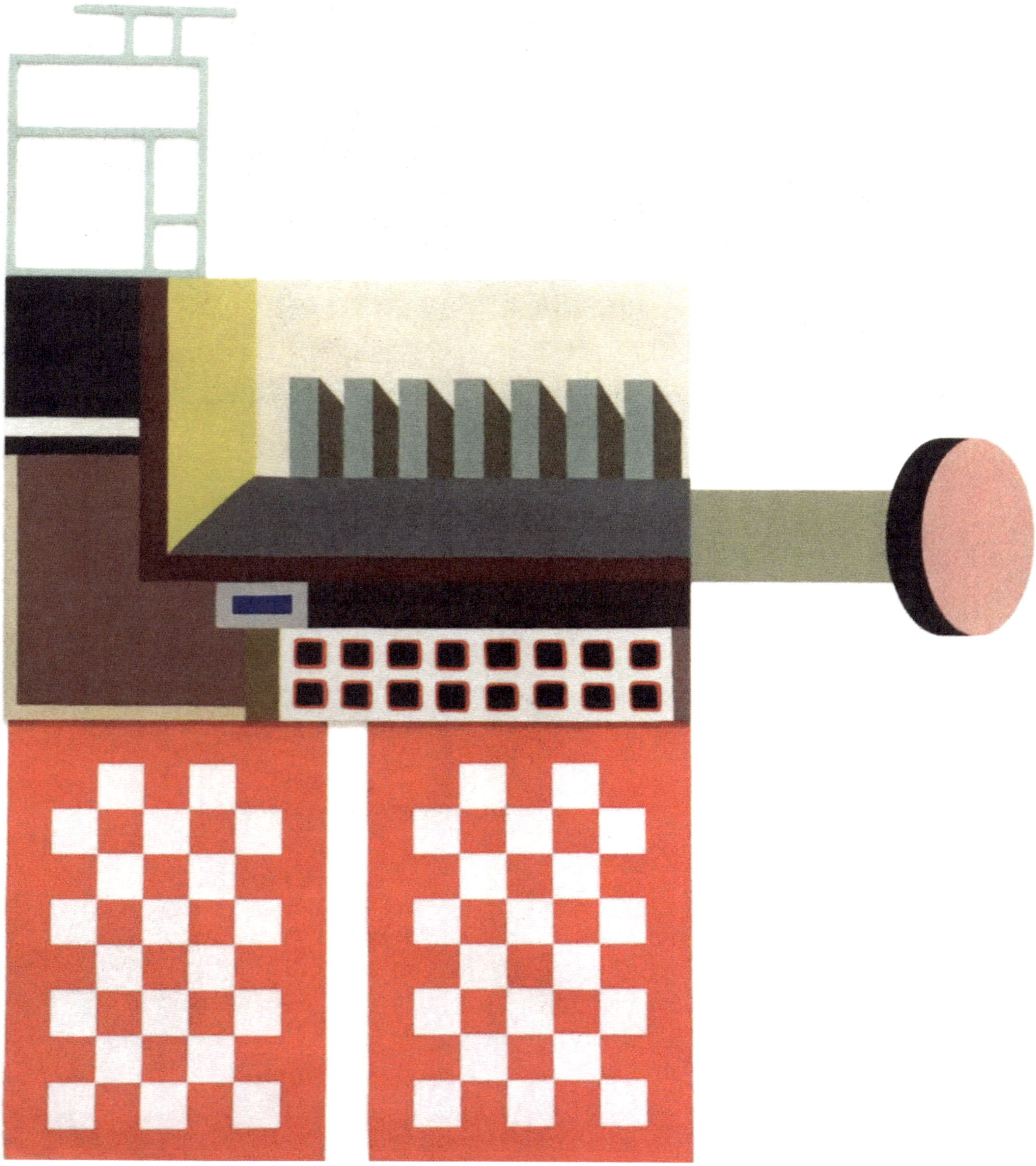

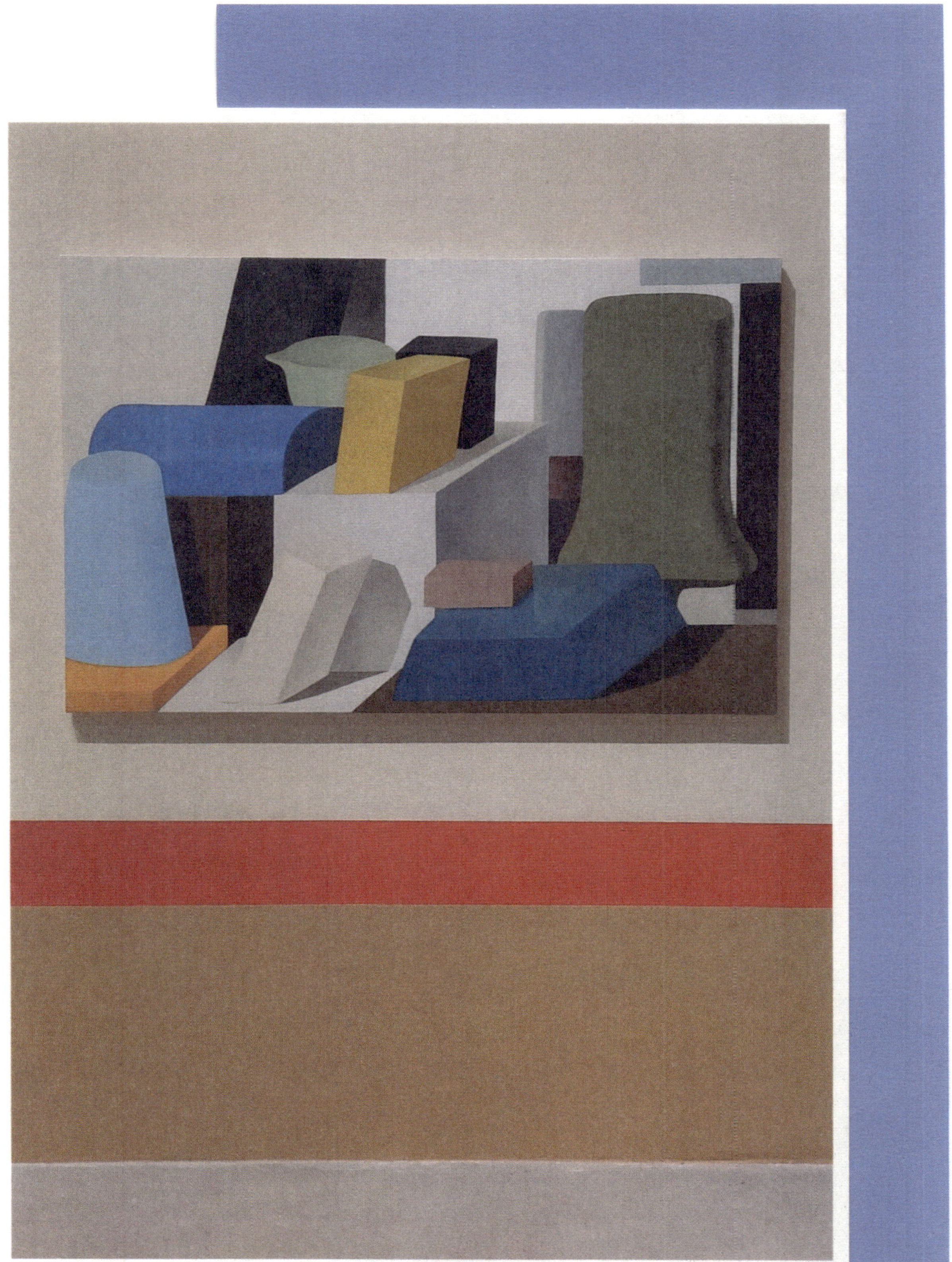

Il marziano è stato ricevuto dal Presidente della Repubblica, ieri notte. Verso le due via Veneto brulicava di folla come in una mattinata domenicale. Si formavano capannelli attorno ai fortunati che hanno visto da vicino il marziano. Le impressioni sono tutte favorevolissime. Sembra che il marziano conosca molto bene la nostra situazione economica, sociale, politica. È un uomo di maniere semplici ma compitissime. Non dà molte spiegazioni e non ne chiede nessuna.

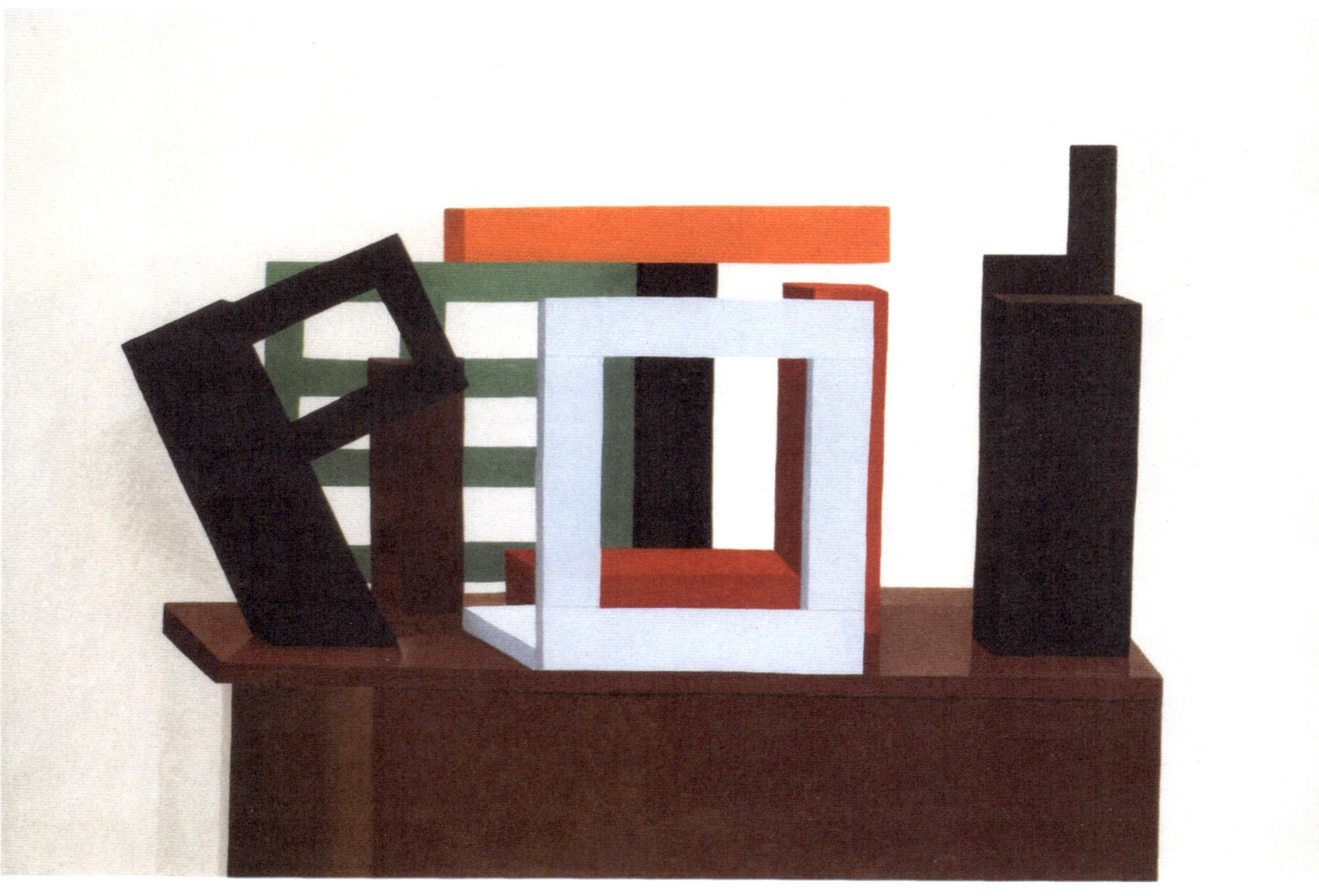

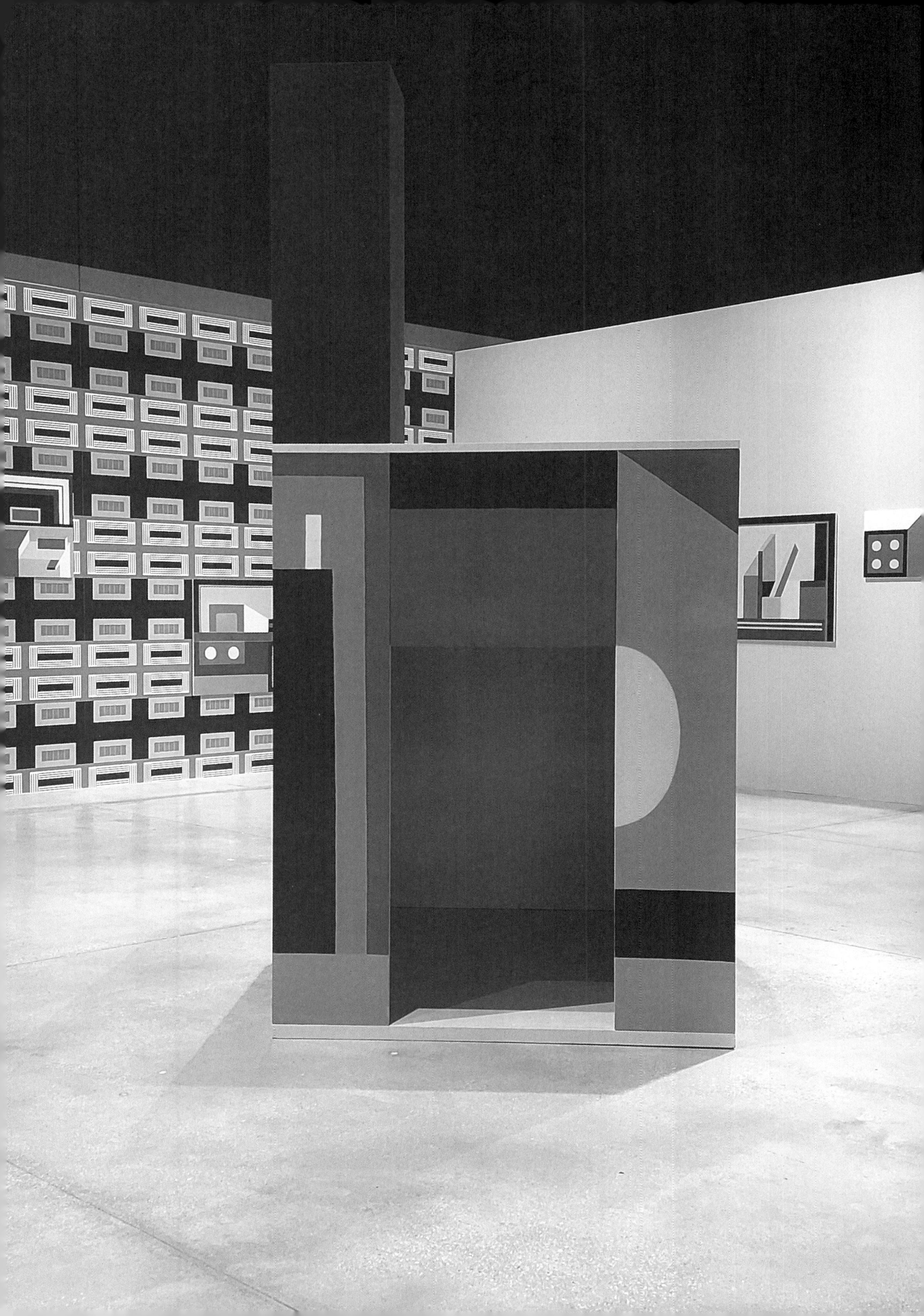

Perhaps the divide between art and design is not as sharp as is sometimes suggested. Whether it was acknowleged or not, design has always been about more than immediate utility.

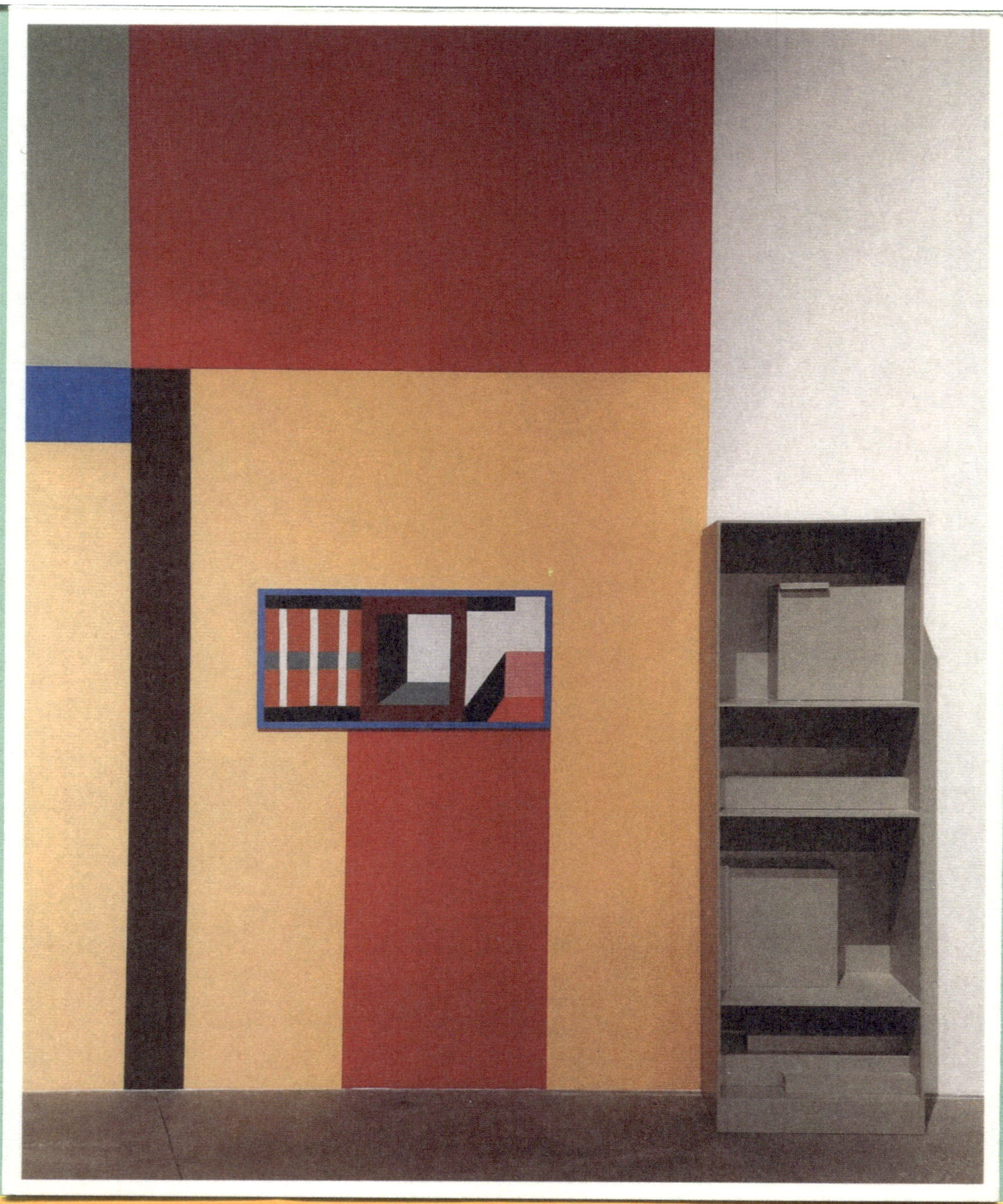

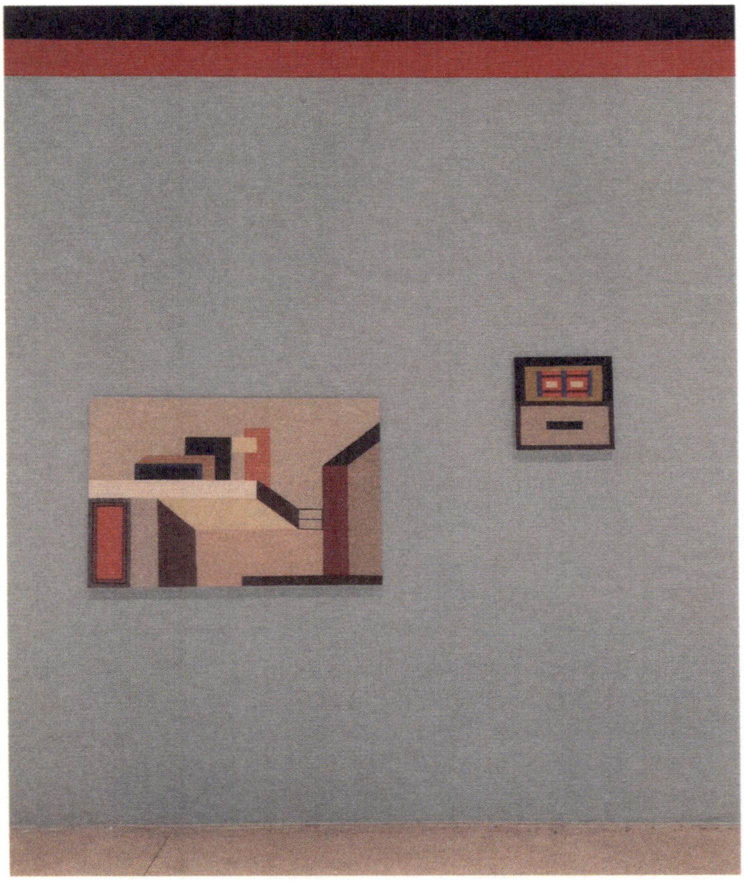

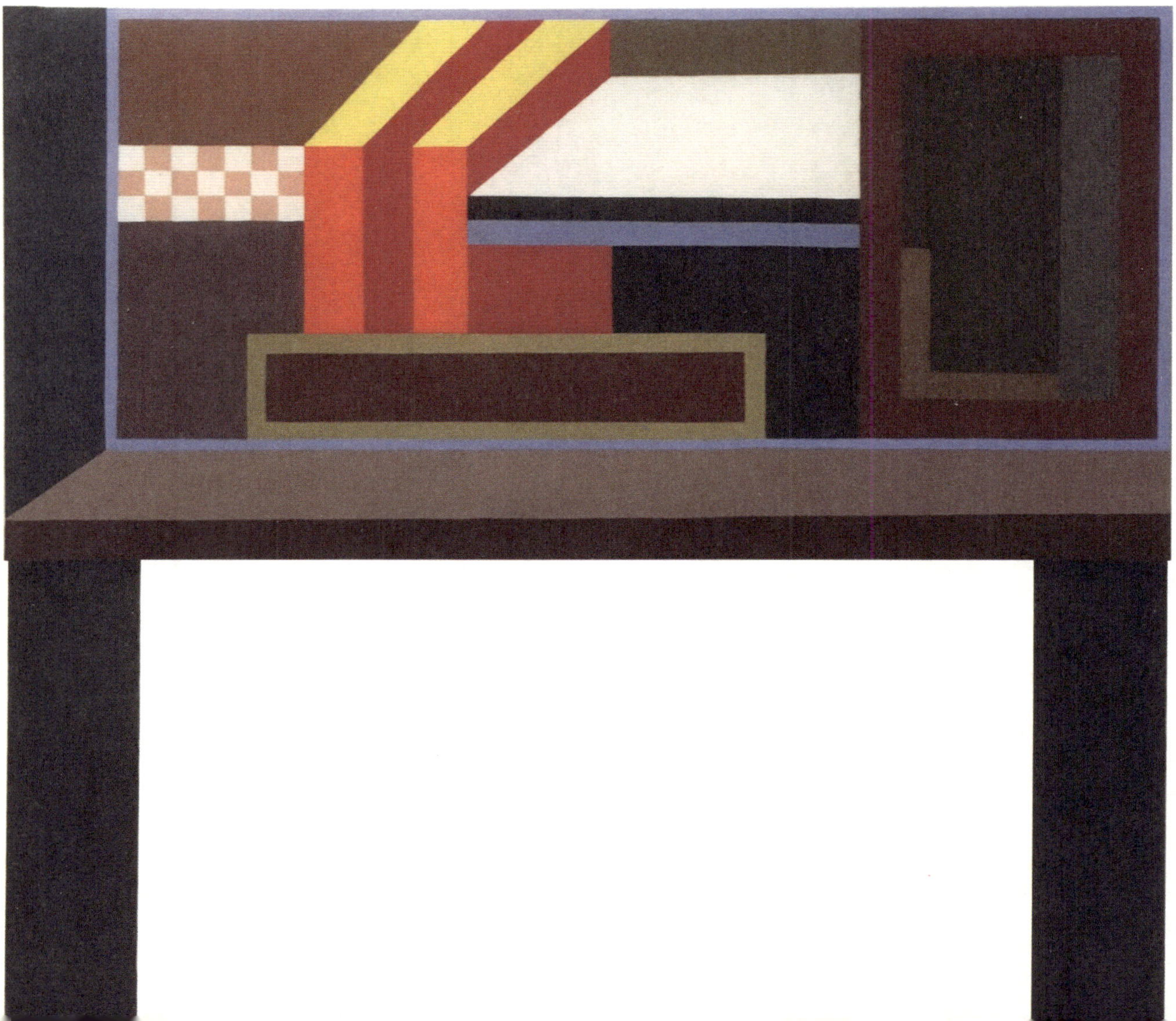

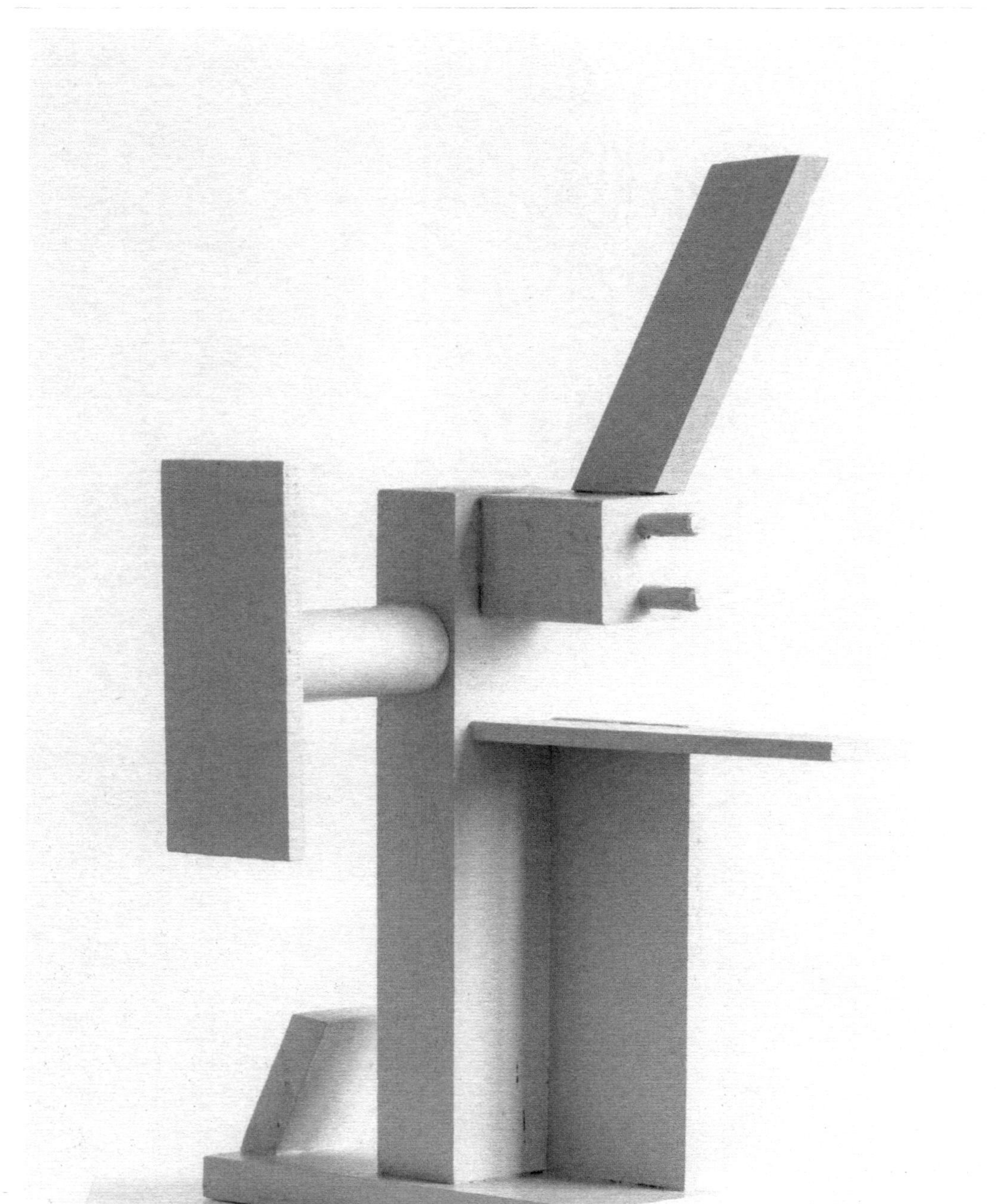

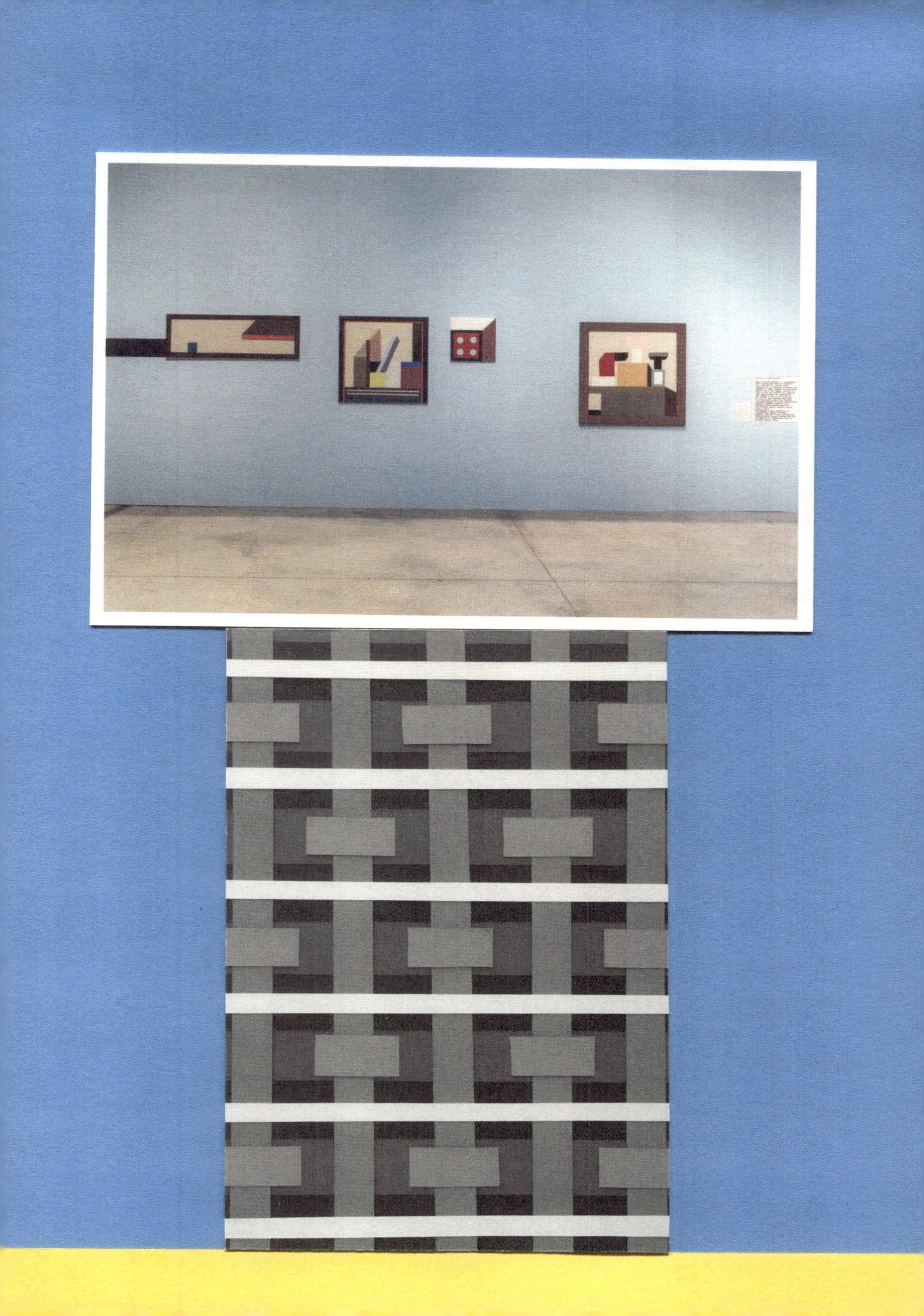

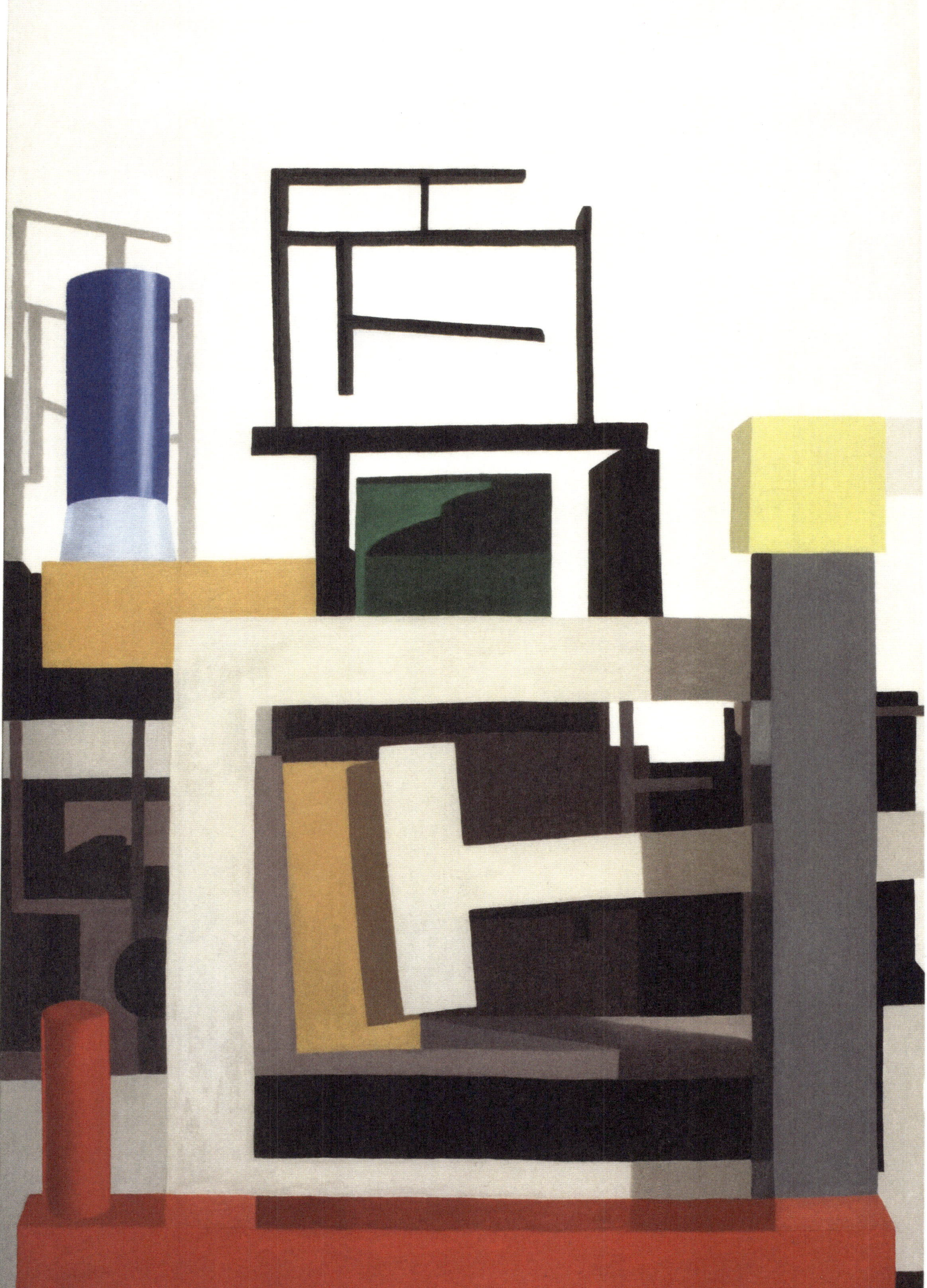

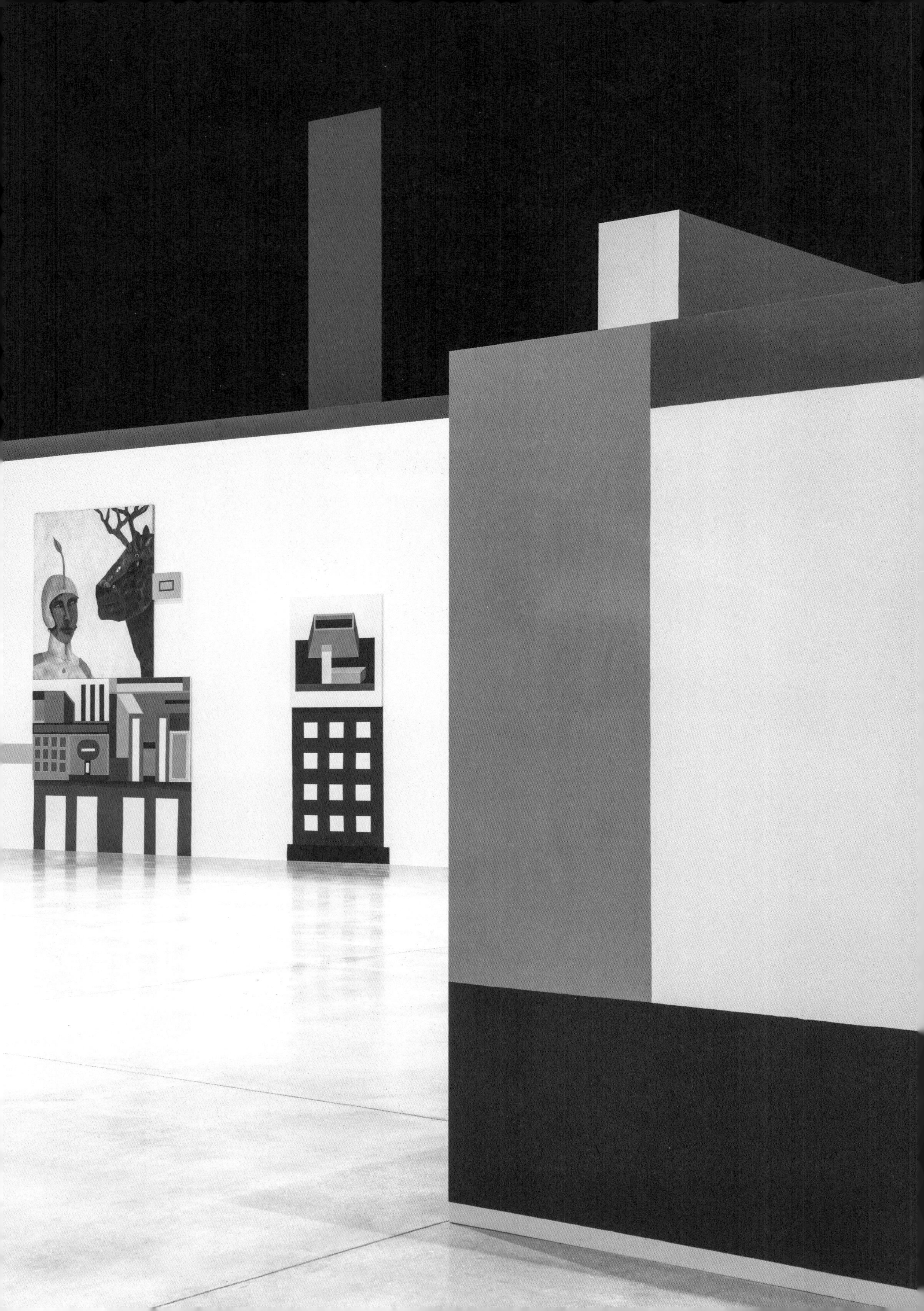

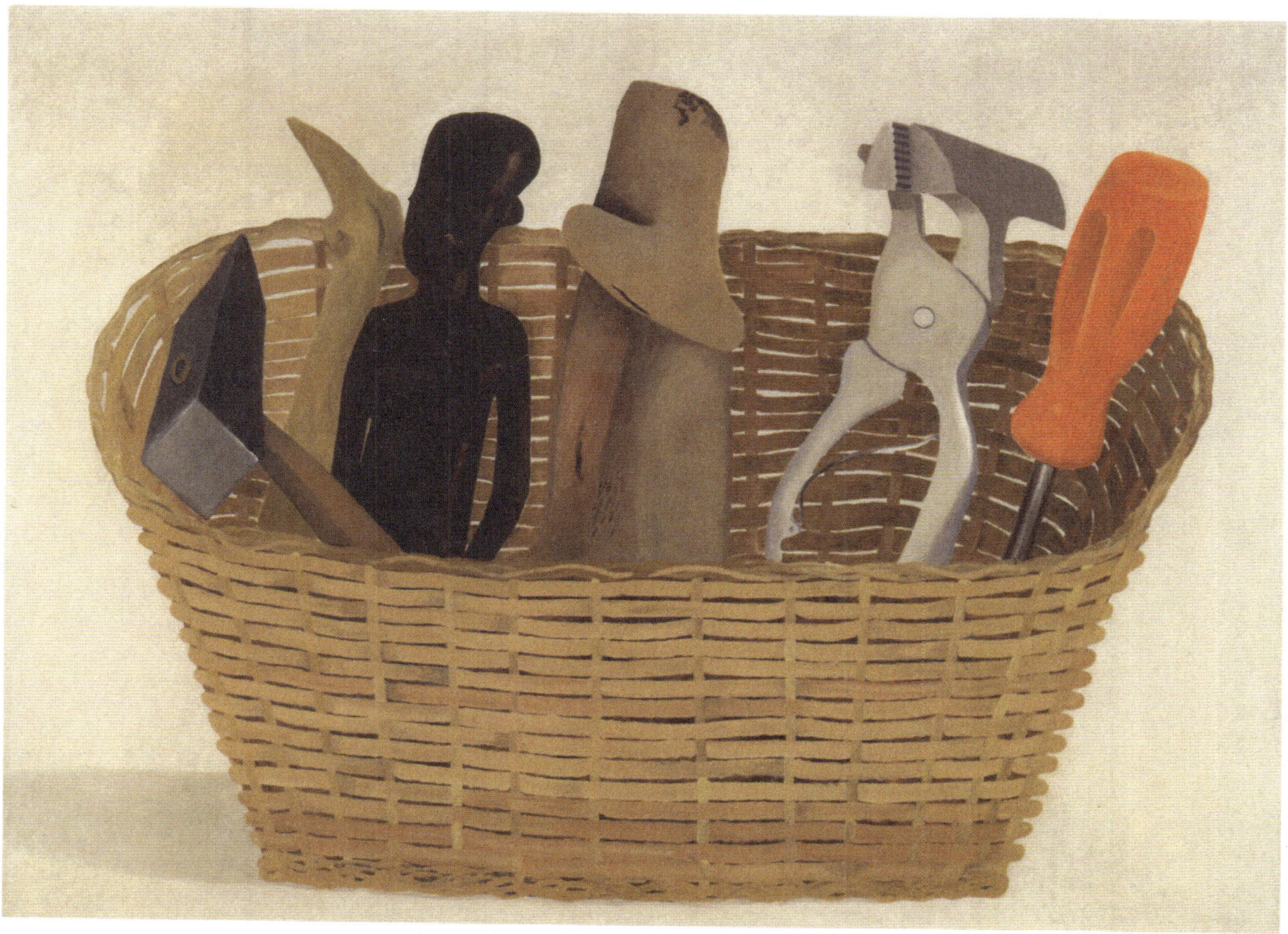

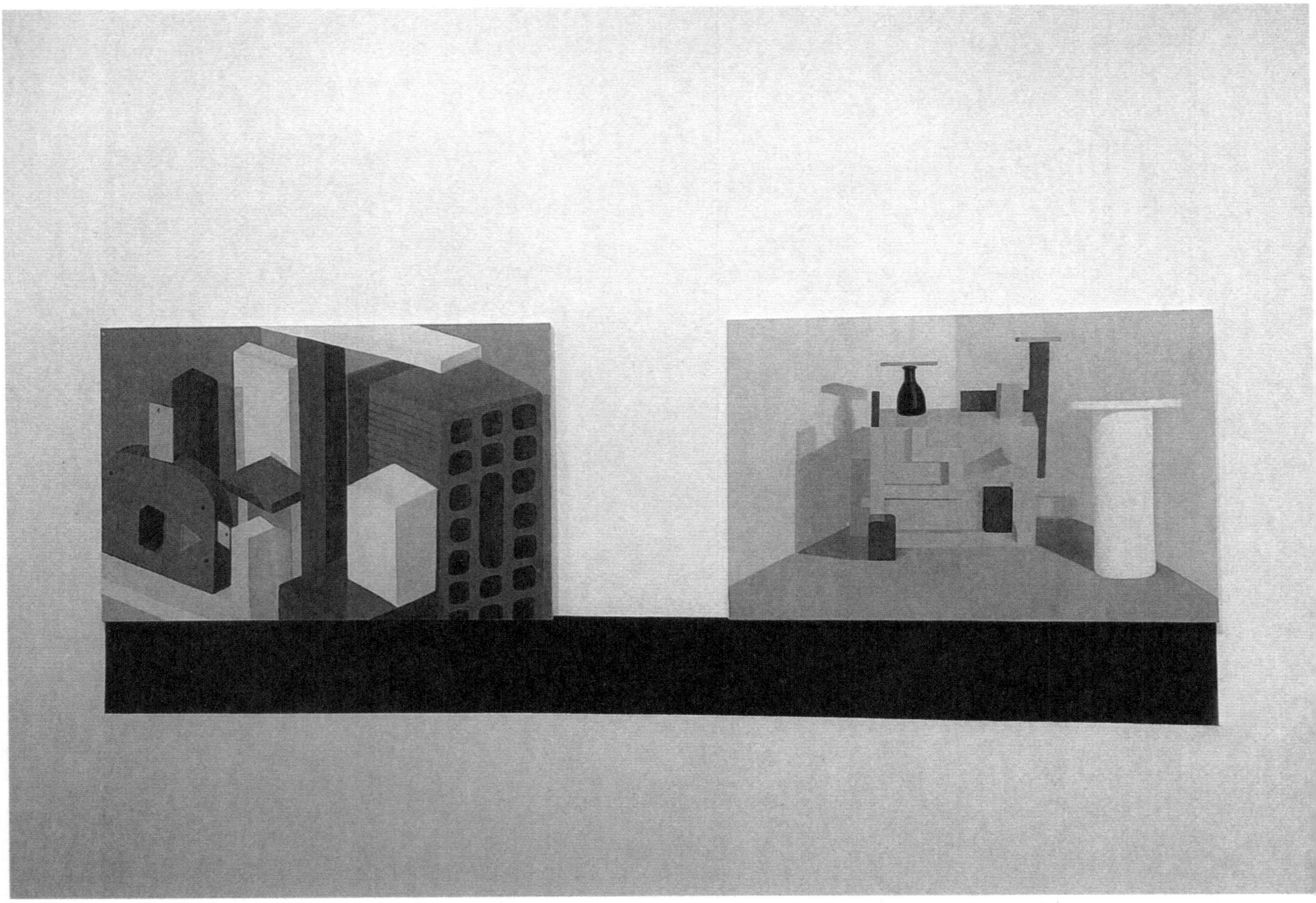

Nelle pagine della cronaca lesse la notizia che lo riguardava e si compiacque del risalto che le davano: tre colonne e una fotografia di dieci anni prima. Parlavano della sua persona con ovvio rispetto e la sua vita era raccontata come una favola esemplare per bambini buoni. Ben presto passò alle altre notizie: il giornale era del lunedì e c'erano i risultati sportivi. Corse poi ai piccoli annunzi, le automobili, le case in vendita, i terreni, le segretarie che cercano lavoro, le massaggiatrici. Ecco, come al solito niente di importante: e anche ciò che lo riguardava si perdeva nella massa delle altre notizie, un ladro di automobili colto sul fatto, la riforma tramviaria, l'omaggio della giunta ad un cardinale. Un omaccione felice mostrava i milioni che aveva vinto alla lotteria. La temperatura era ancora dolce.

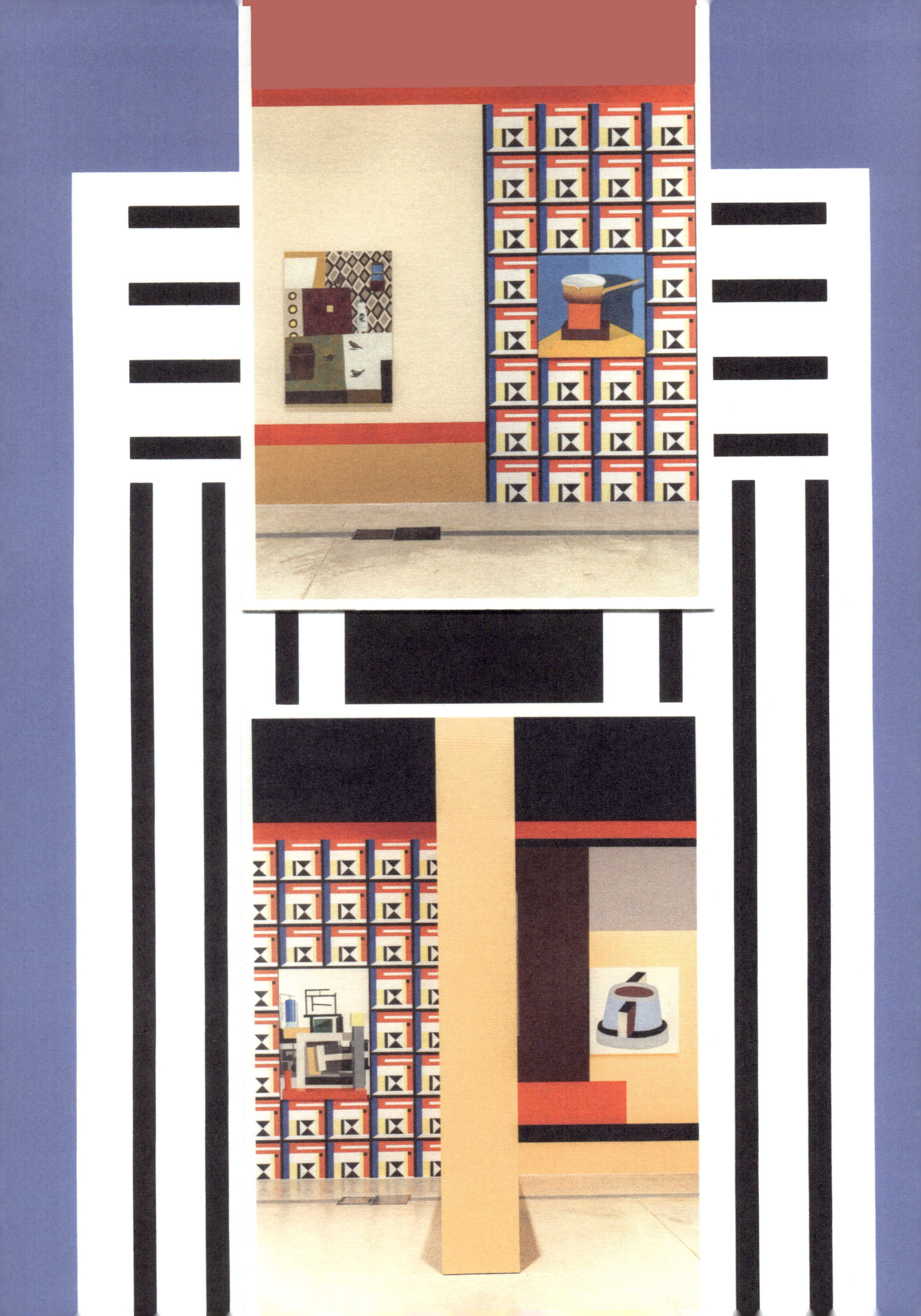

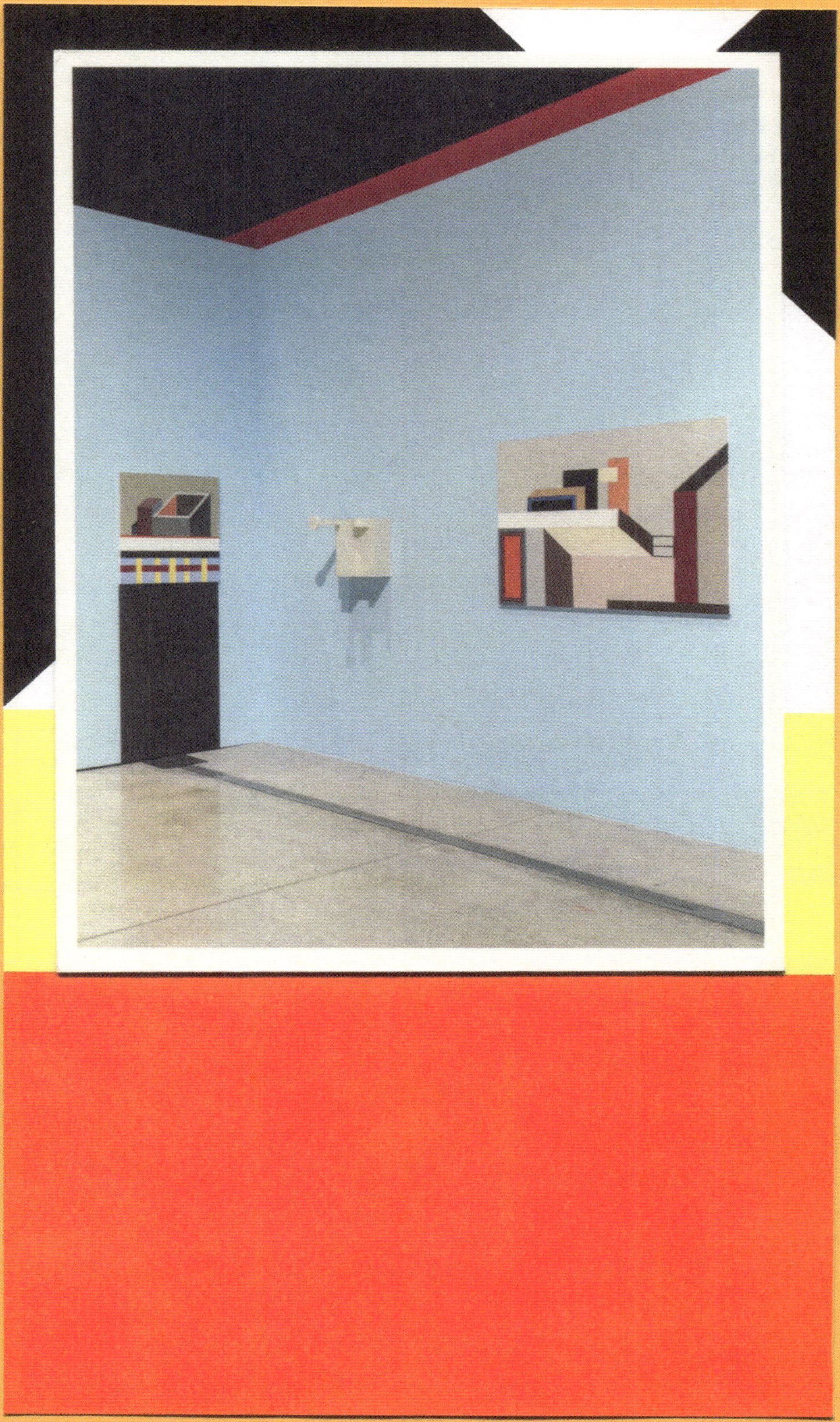

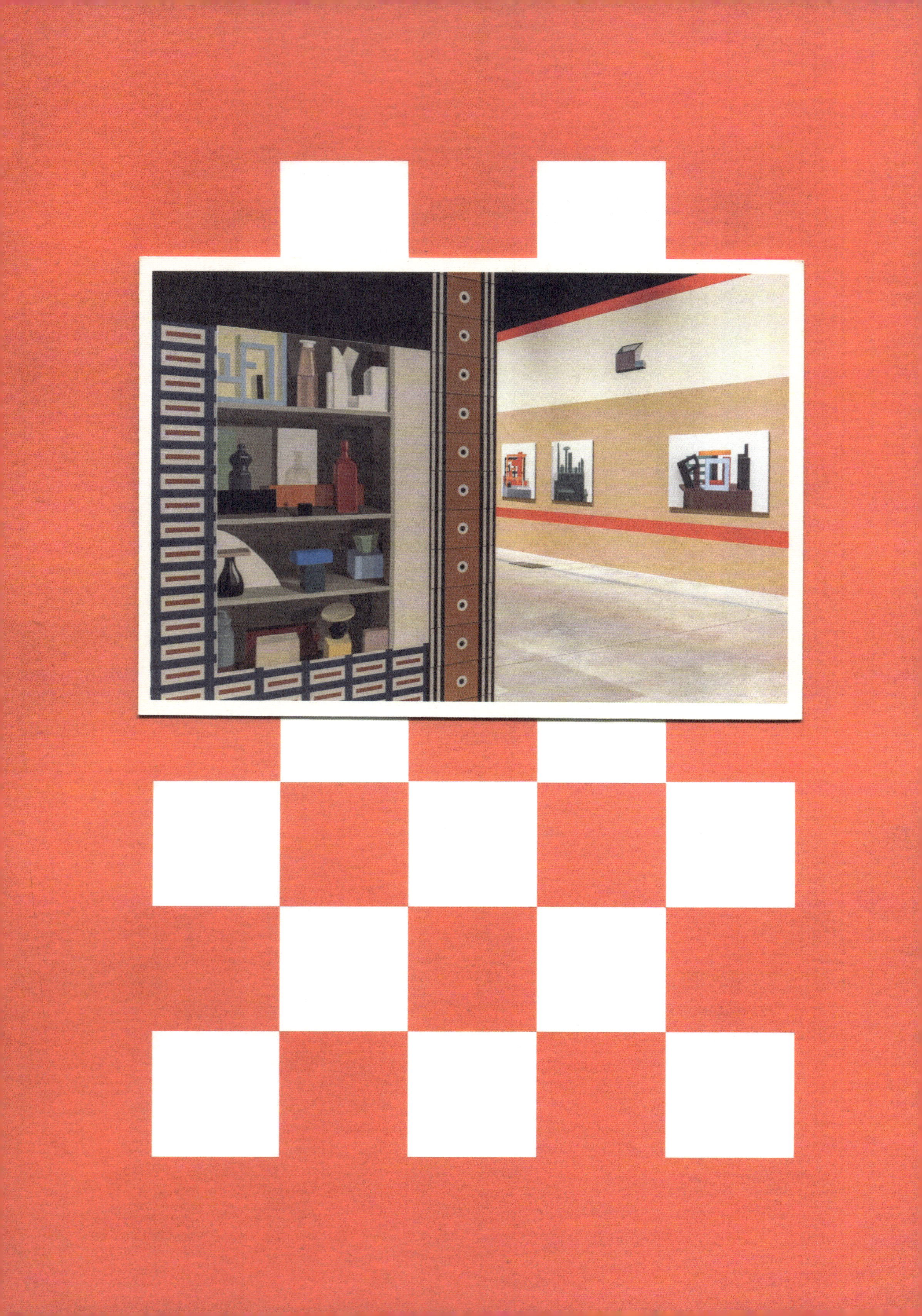

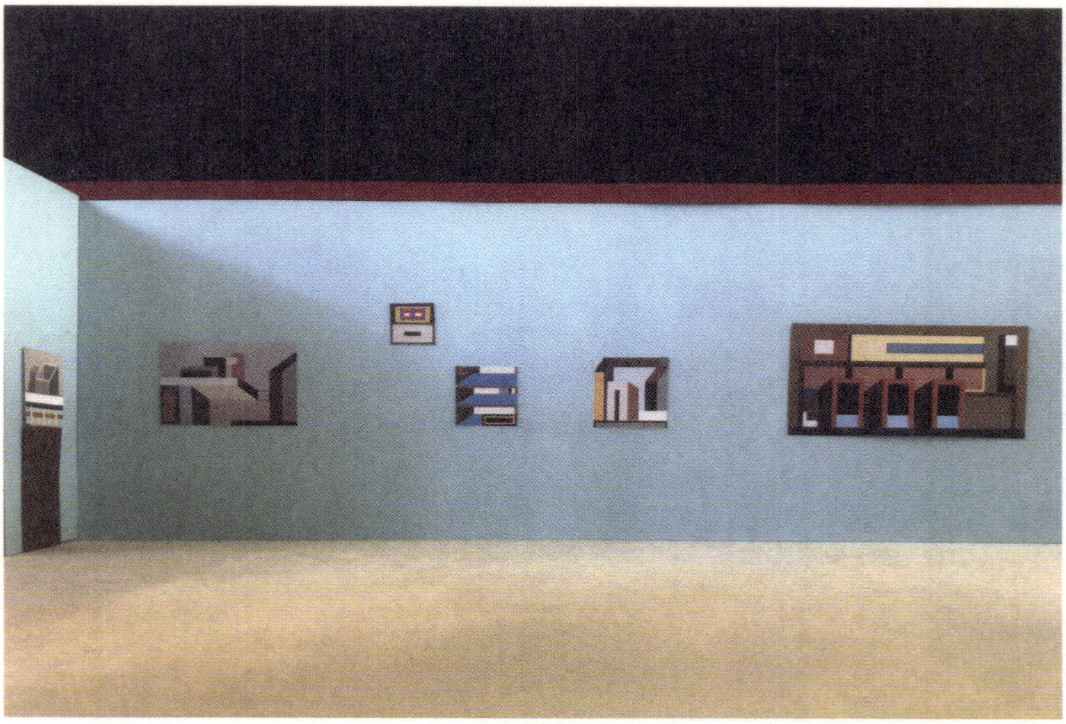

mais pour mon compte, tout tableau qu'on n'a pas désiré, acheté avec peine et amour, est atroce dans un appartement. William Morris a dit : « N'ayez jamais dans votre appartement que des choses que vous trouvez belles ou que vous jugiez belles ». Or une armoire, une table même laides, même inutiles, cela évoque encore une idée d'utilité. Mais un tableau qui ne plaît pas, c'est une horreur. Et je peux le dire de tous ceux, bons ou mauvais, qui seront là.

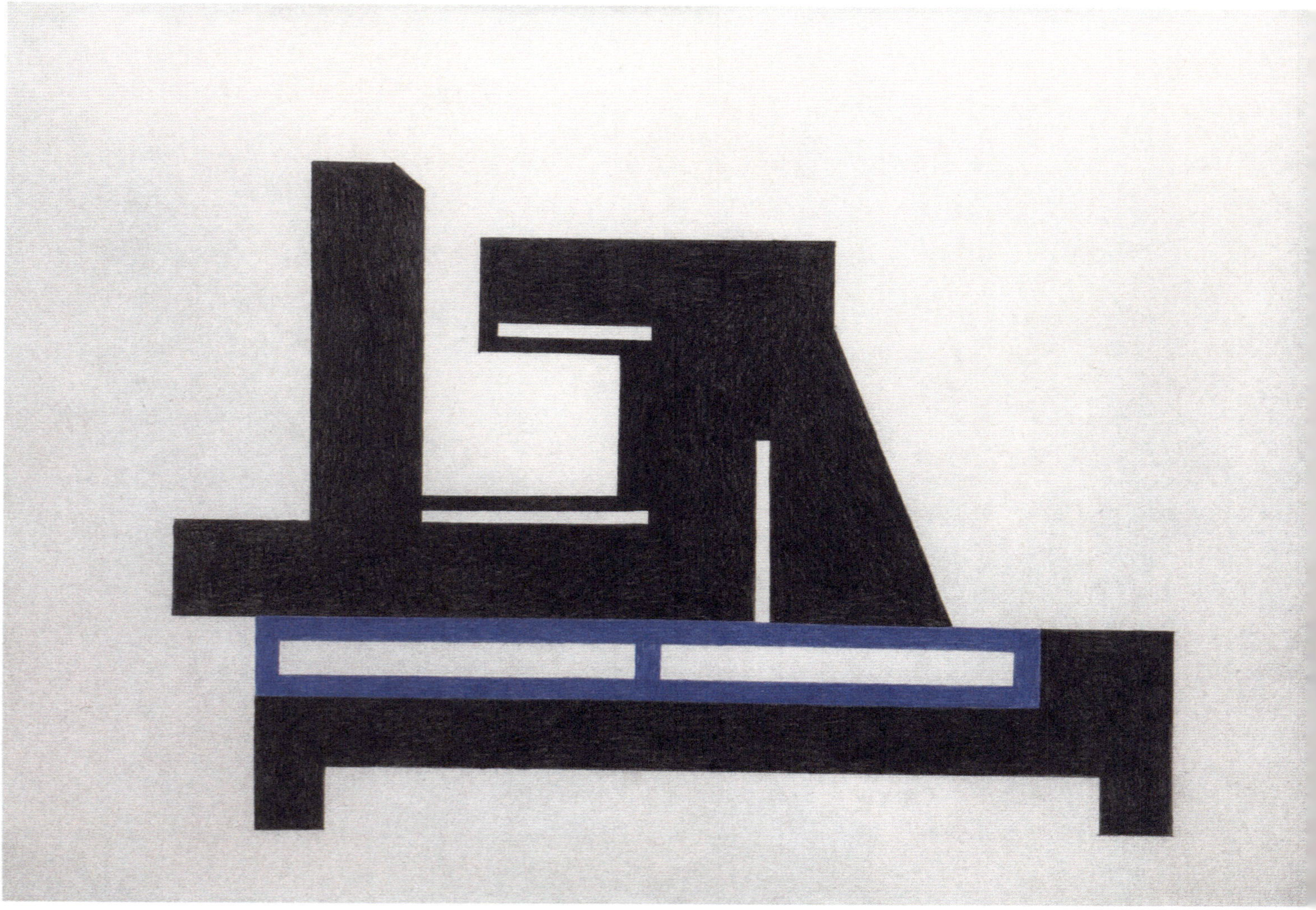

Je n'oublierai jamais les grandes maisons de bois couvertes de sculptures. (...) Elles m'apprirent à me mouvoir au sein même du tableau, à vivre dans le tableau. Je me souviens encore qu'en entrant pour la première fois dans la salle, je restais figé sur place devant un tableau aussi inattendu. La table, les banquettes, le grand poêle qui tient une place importante, les armoires étaient peintes d'ornements bariolés étalés à grands traits. Sur les murs, des images populaires (...) le "coin rouge" ("rouge" en vieux russe veut dire "beau") entièrement recouvert d'icônes gravées et peintes et devant, une petite lampe suspendue qui brûlait, rouge, fleur brillante, étoile consciente à la voix basse et discrète, timide, vivant en soi et pour soi, fièrement. Lorsque enfin je rentrais dans la pièce, je me sentis environné de tous côtés par la peinture dans laquelle j'avais donc pénétré.

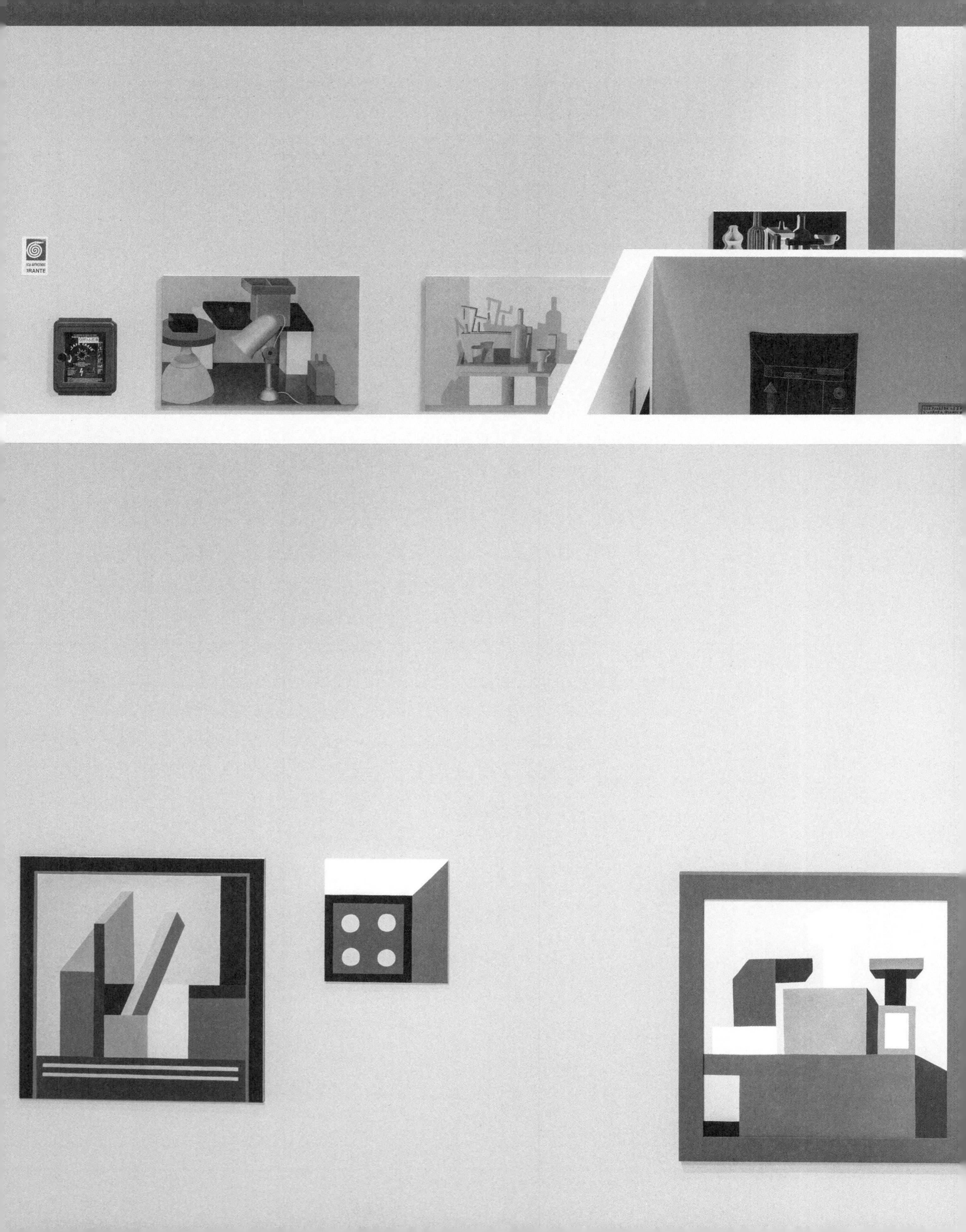

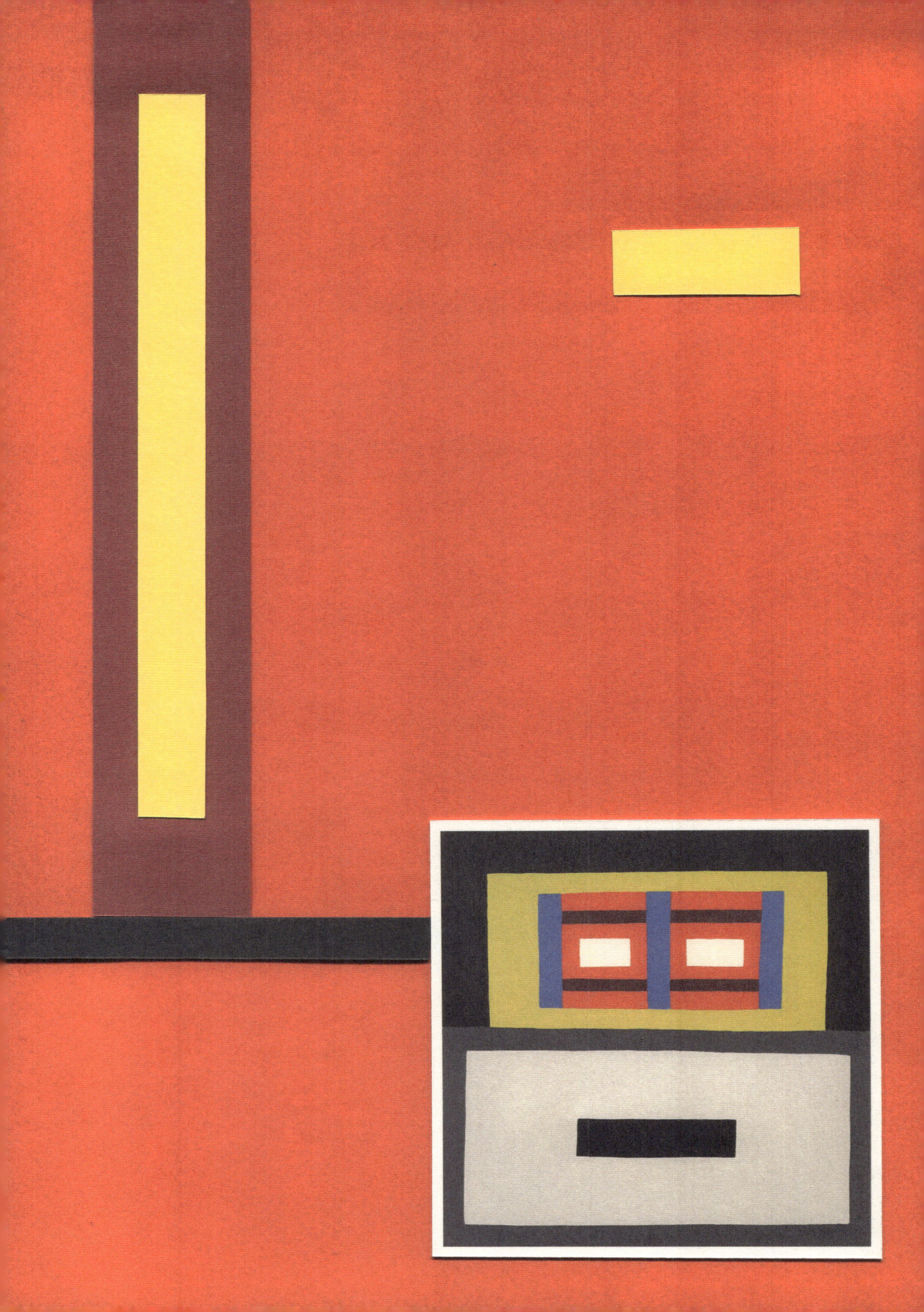

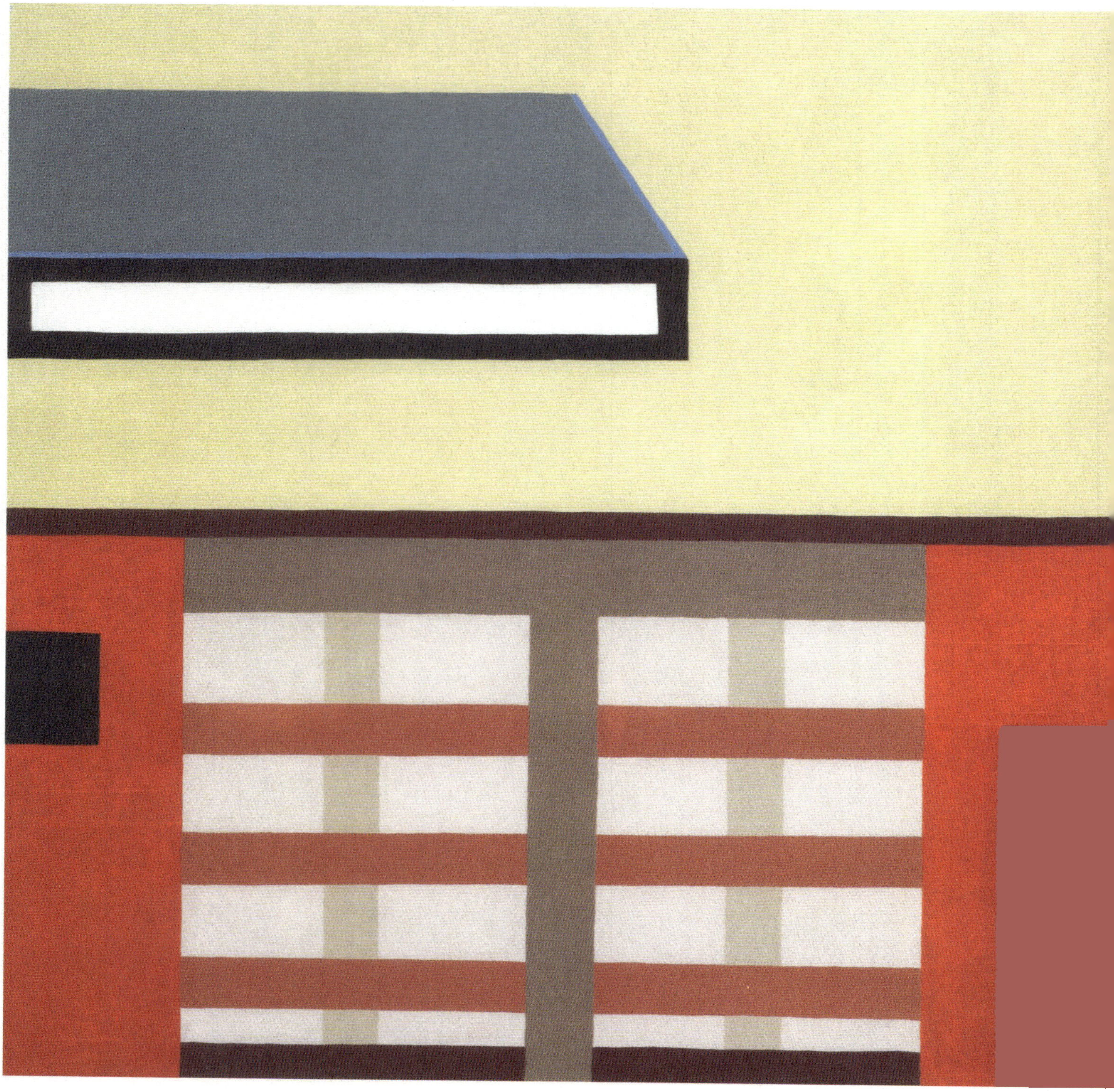

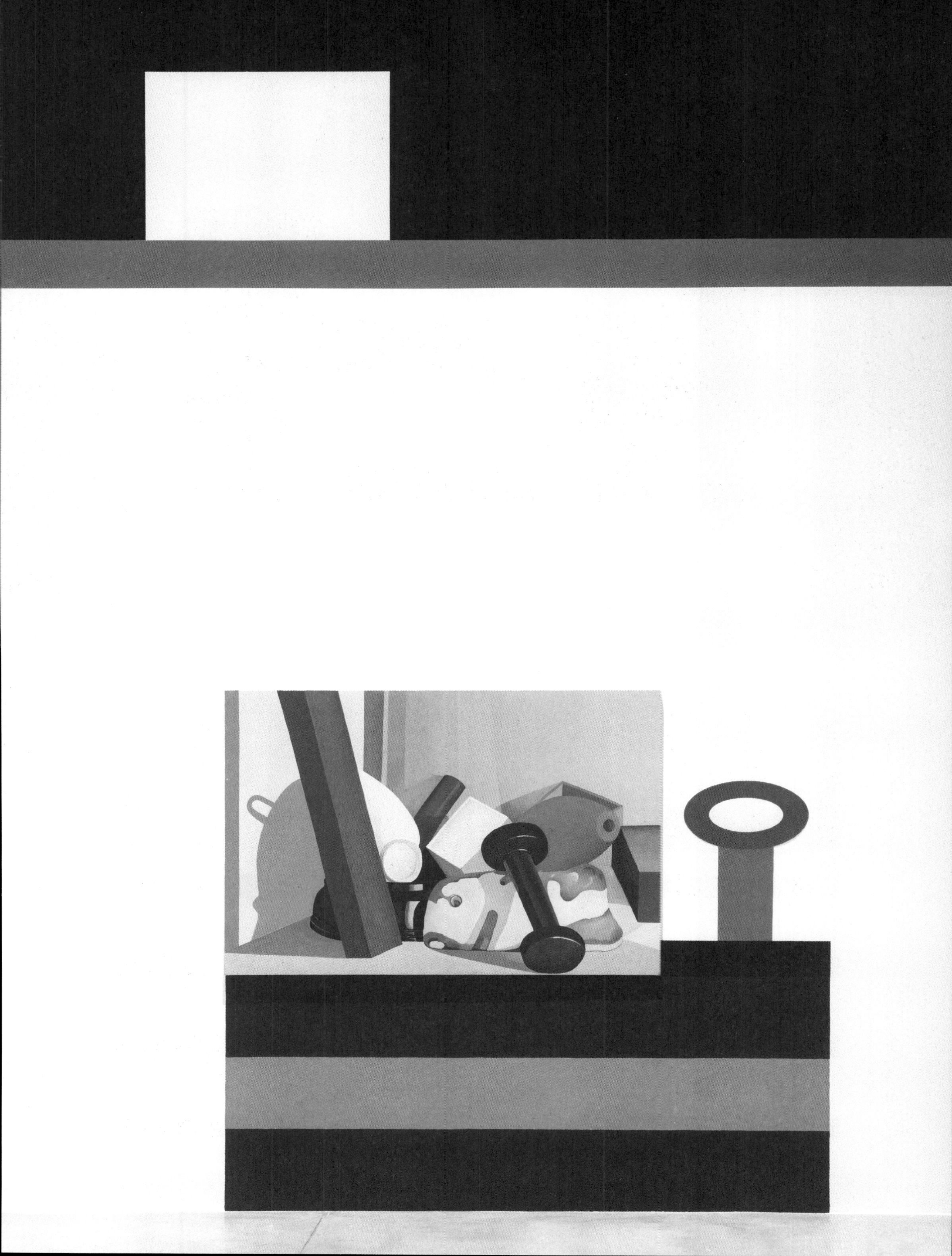

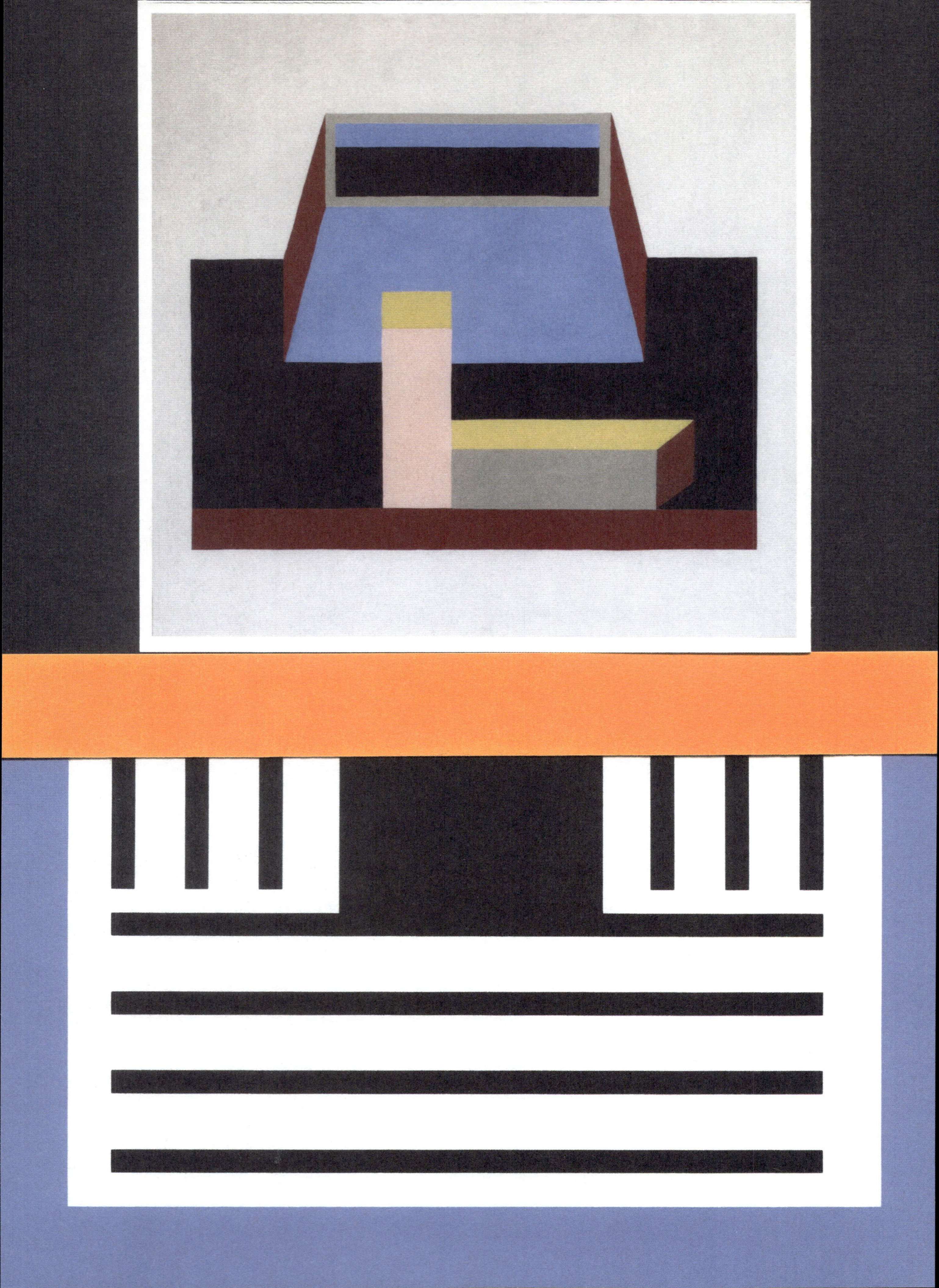

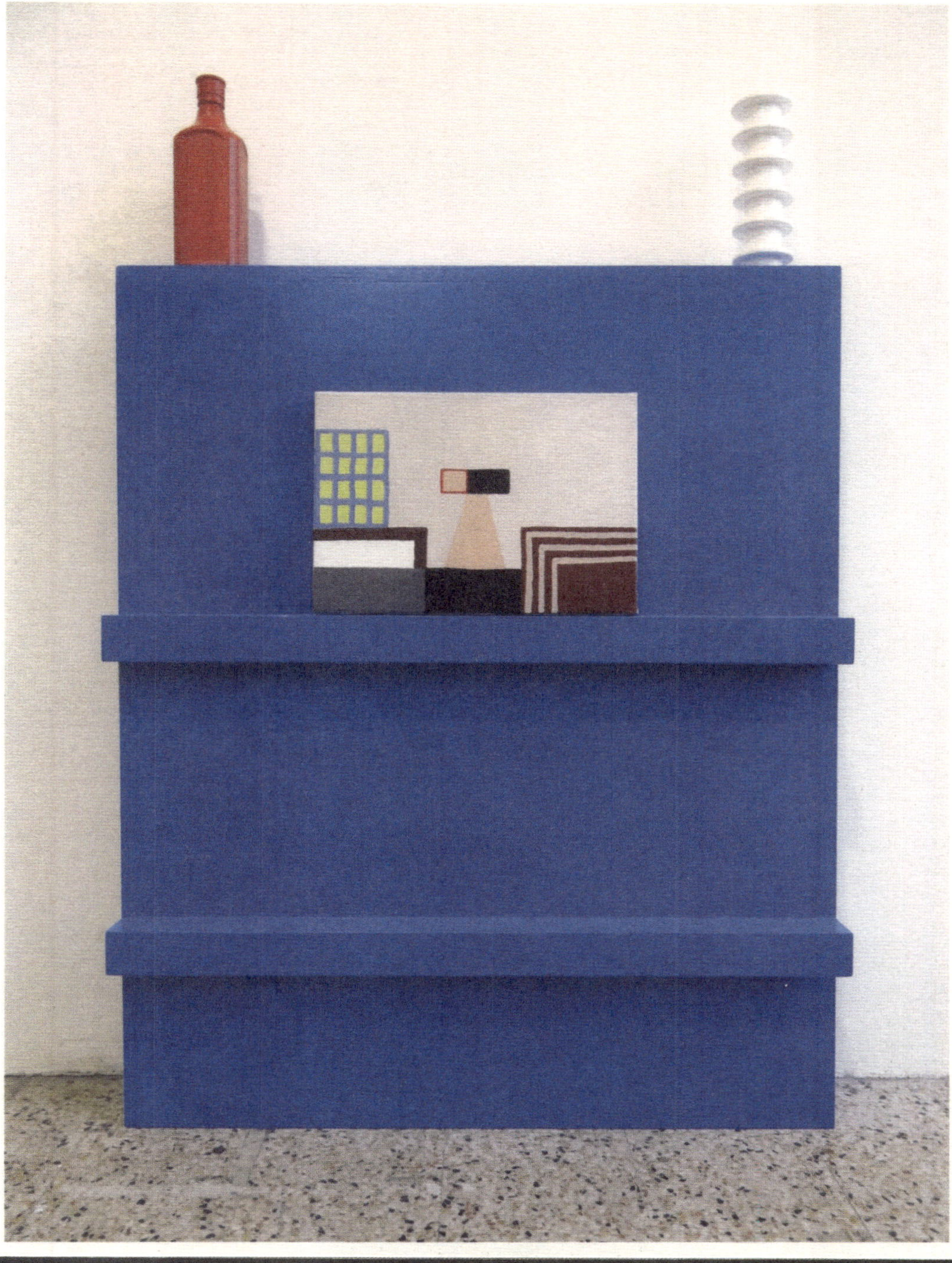

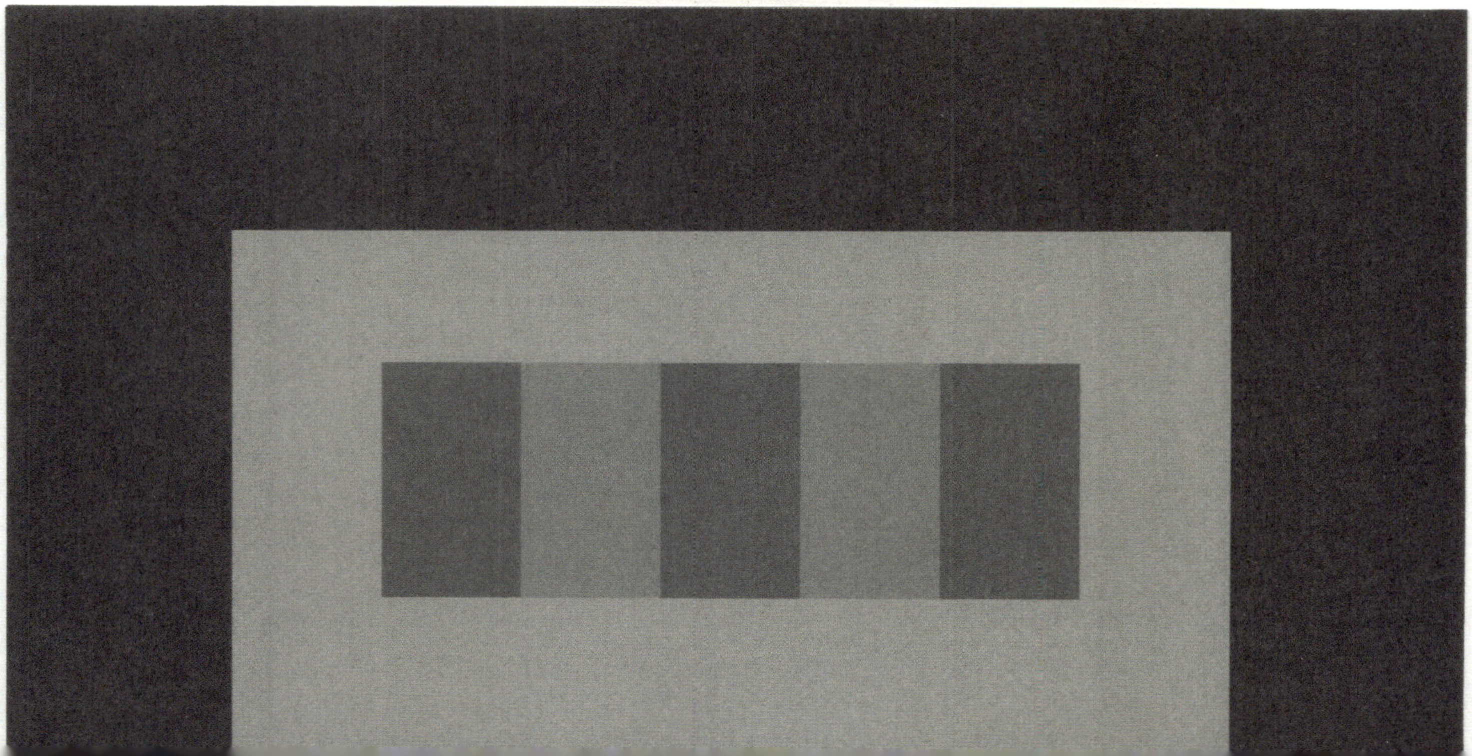

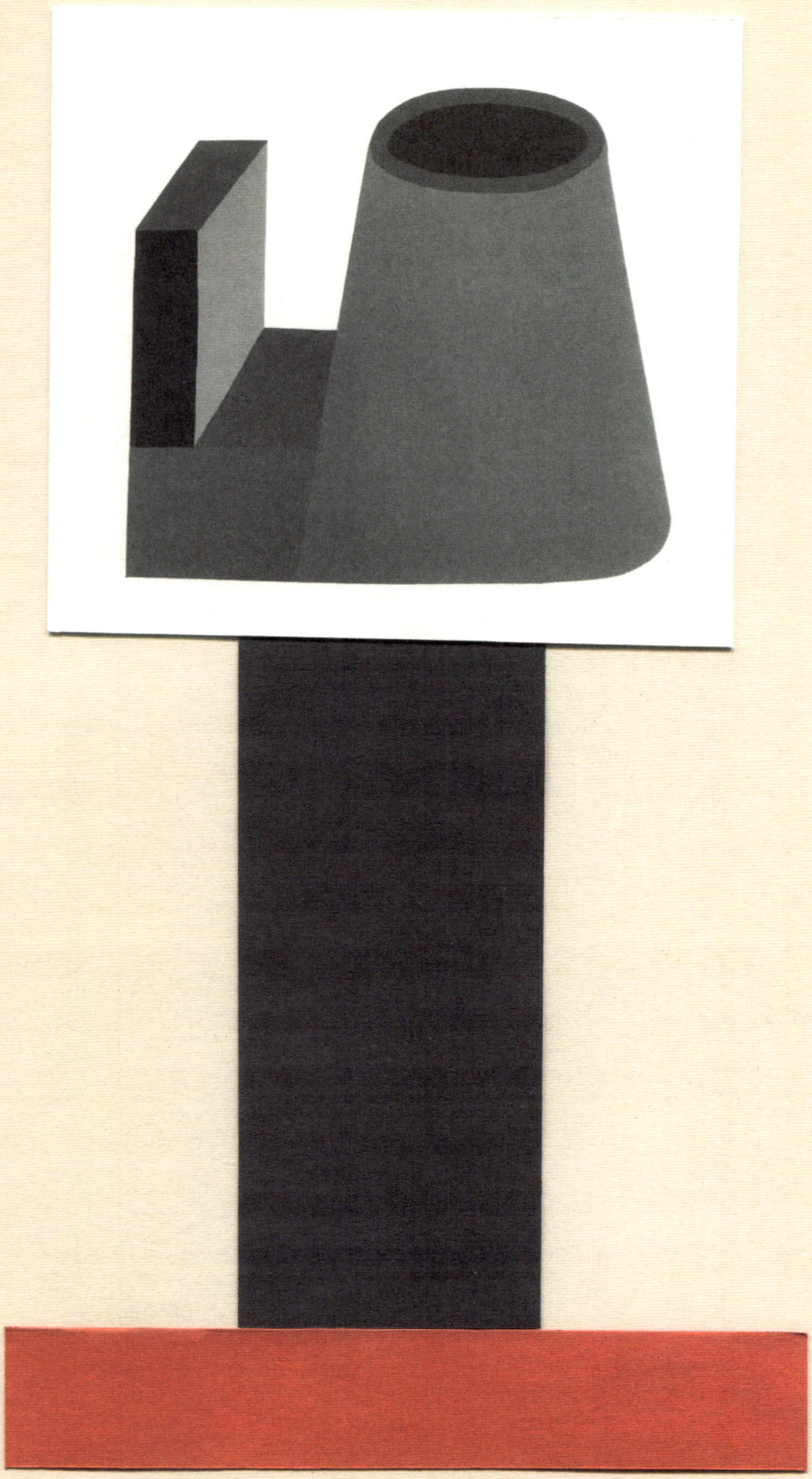

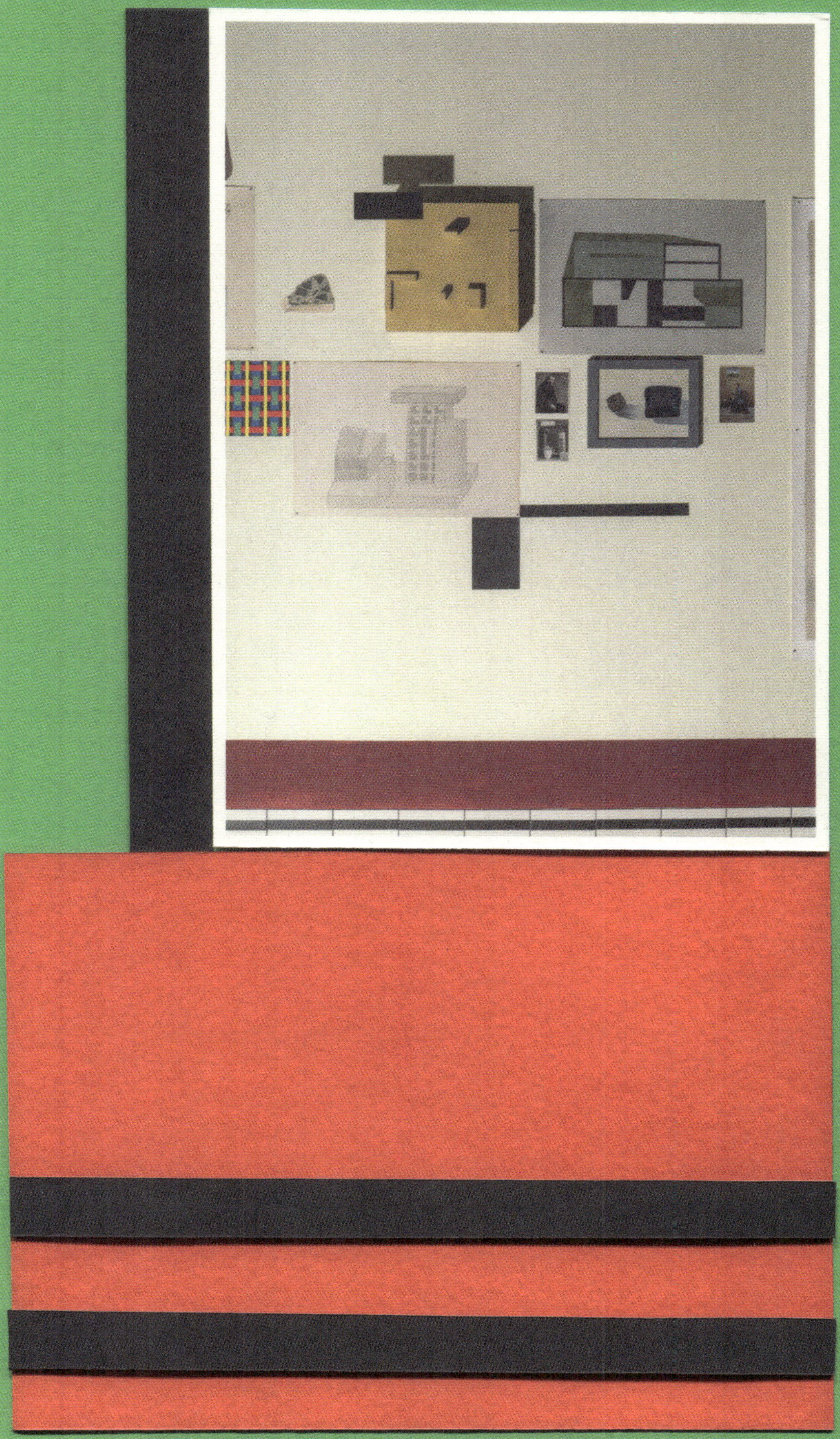

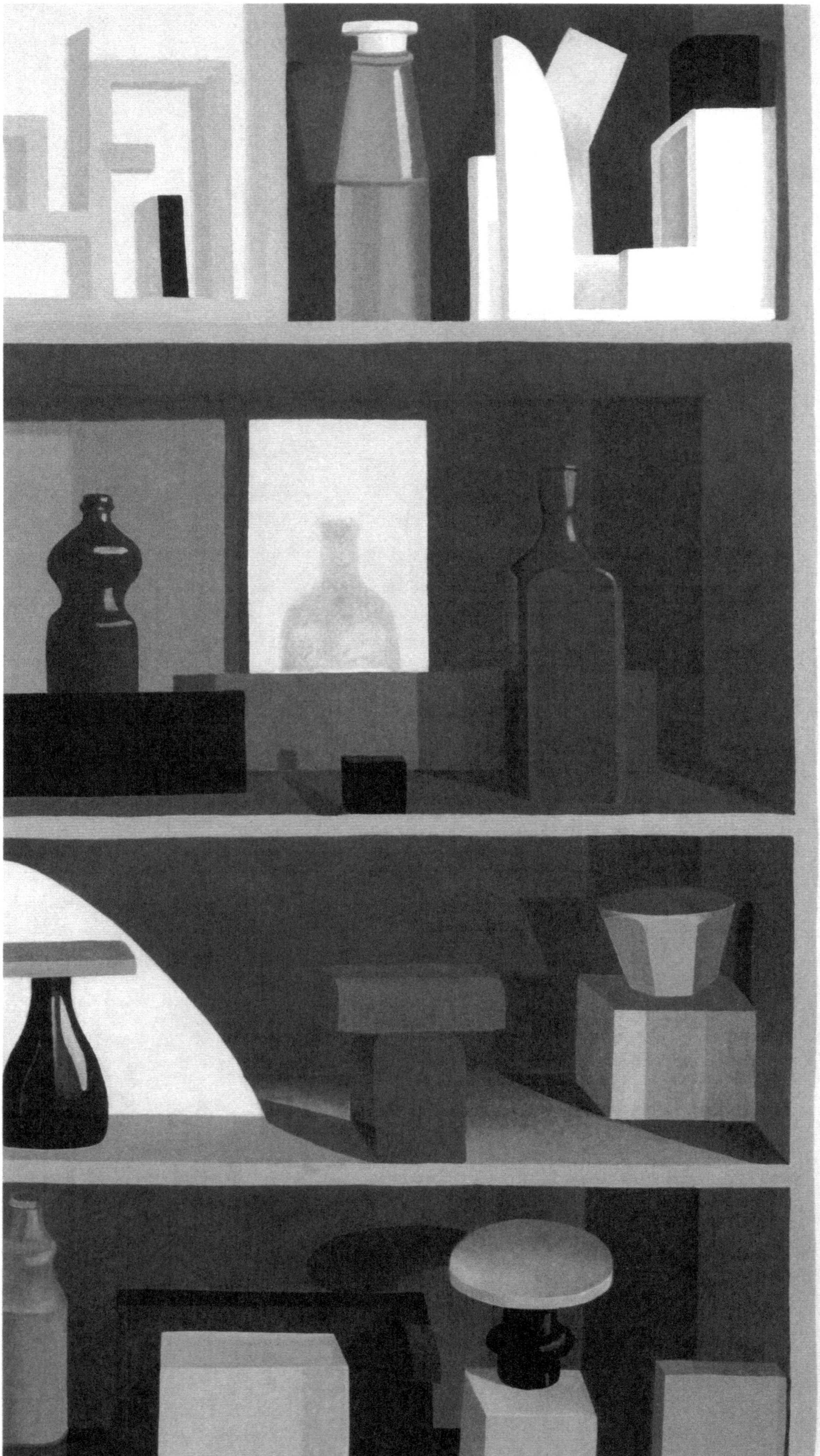

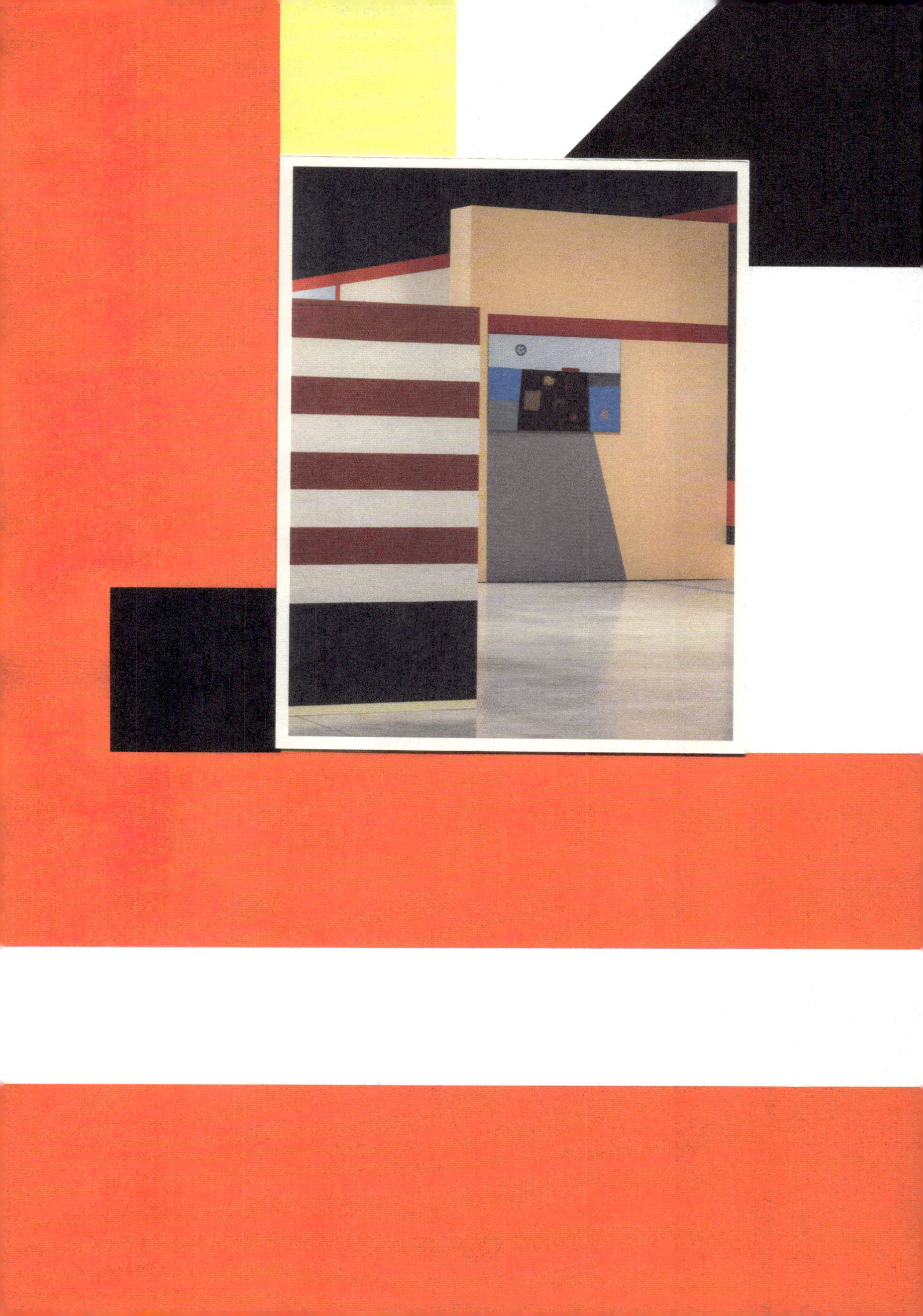

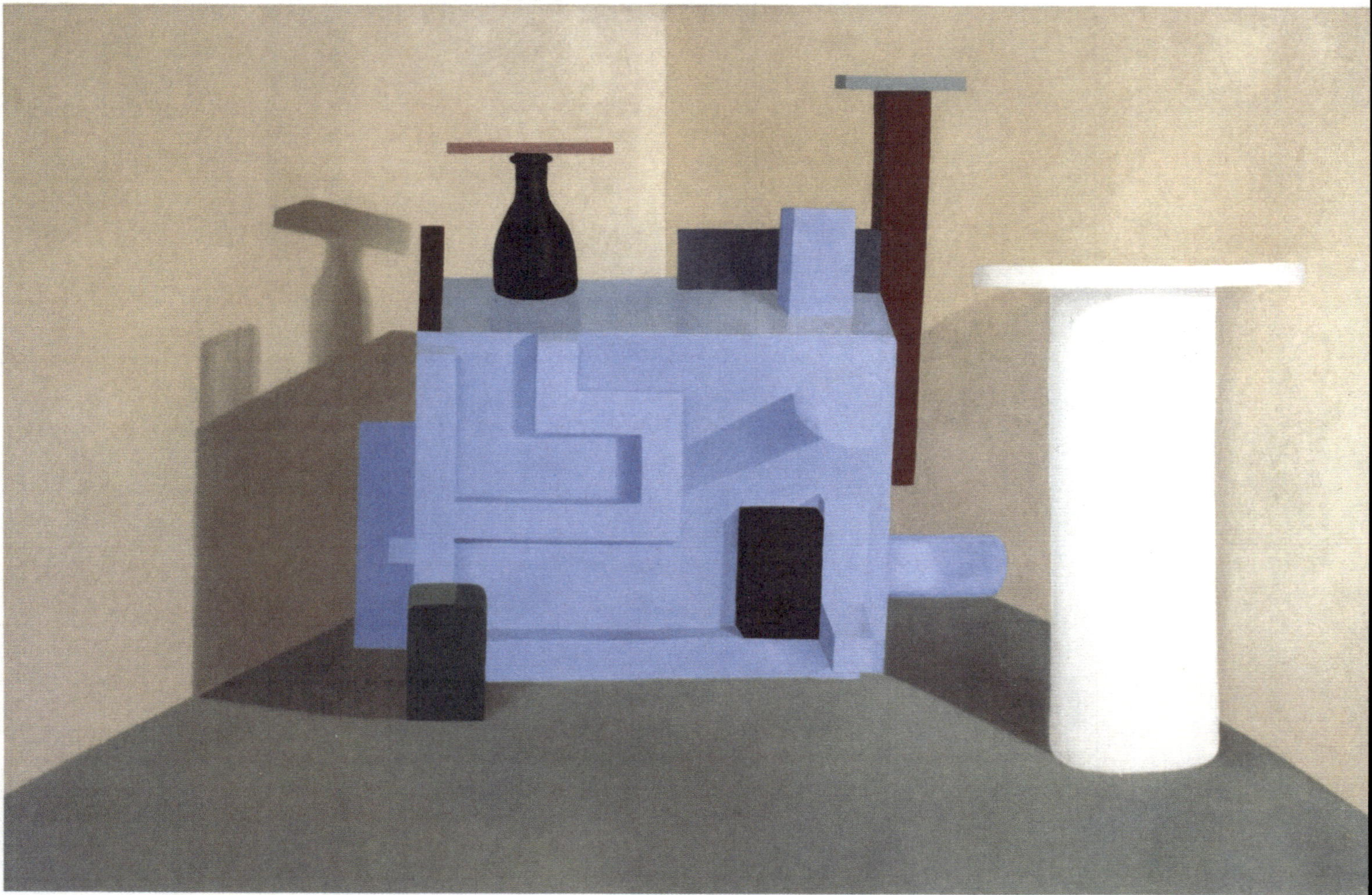

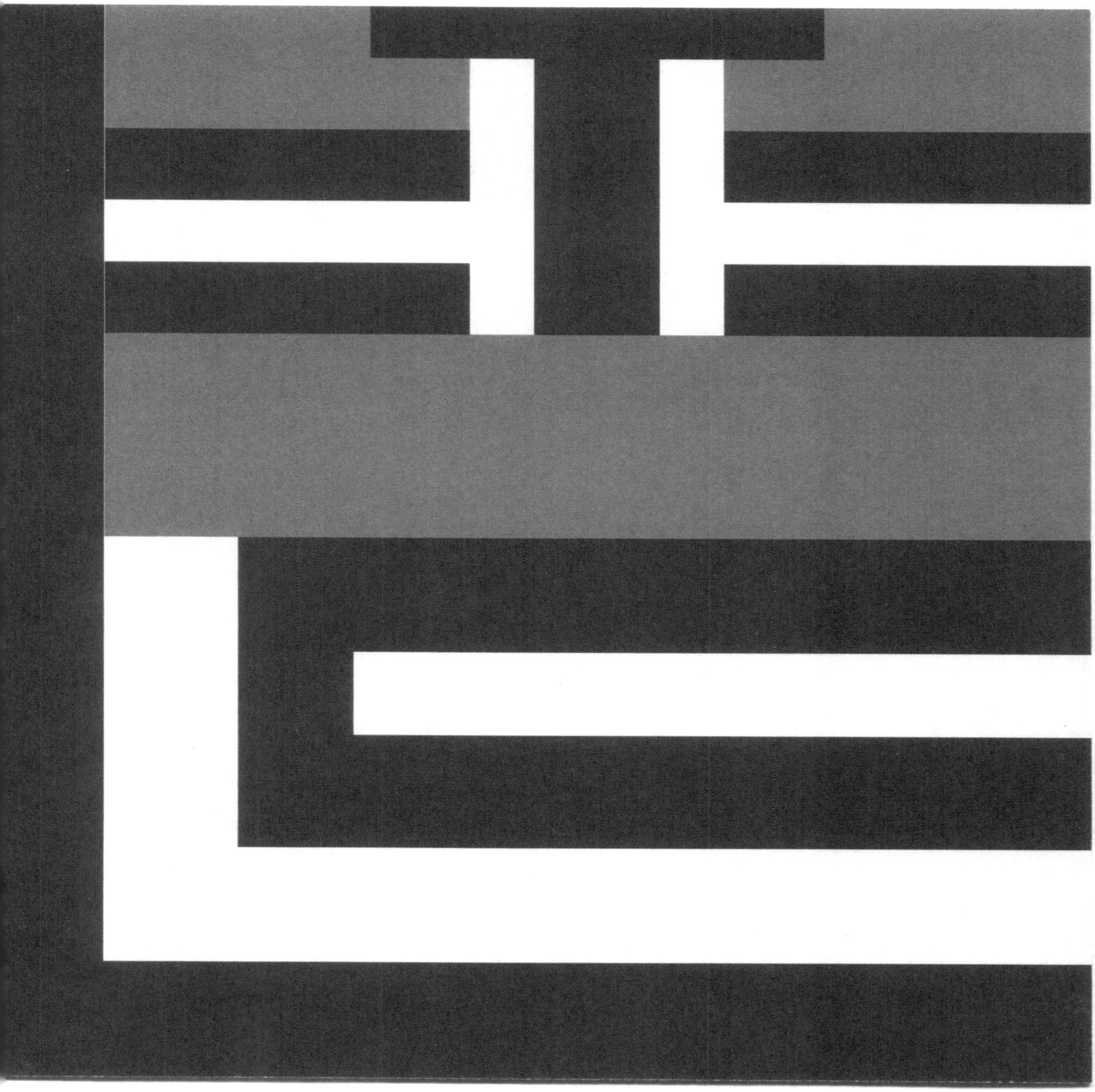

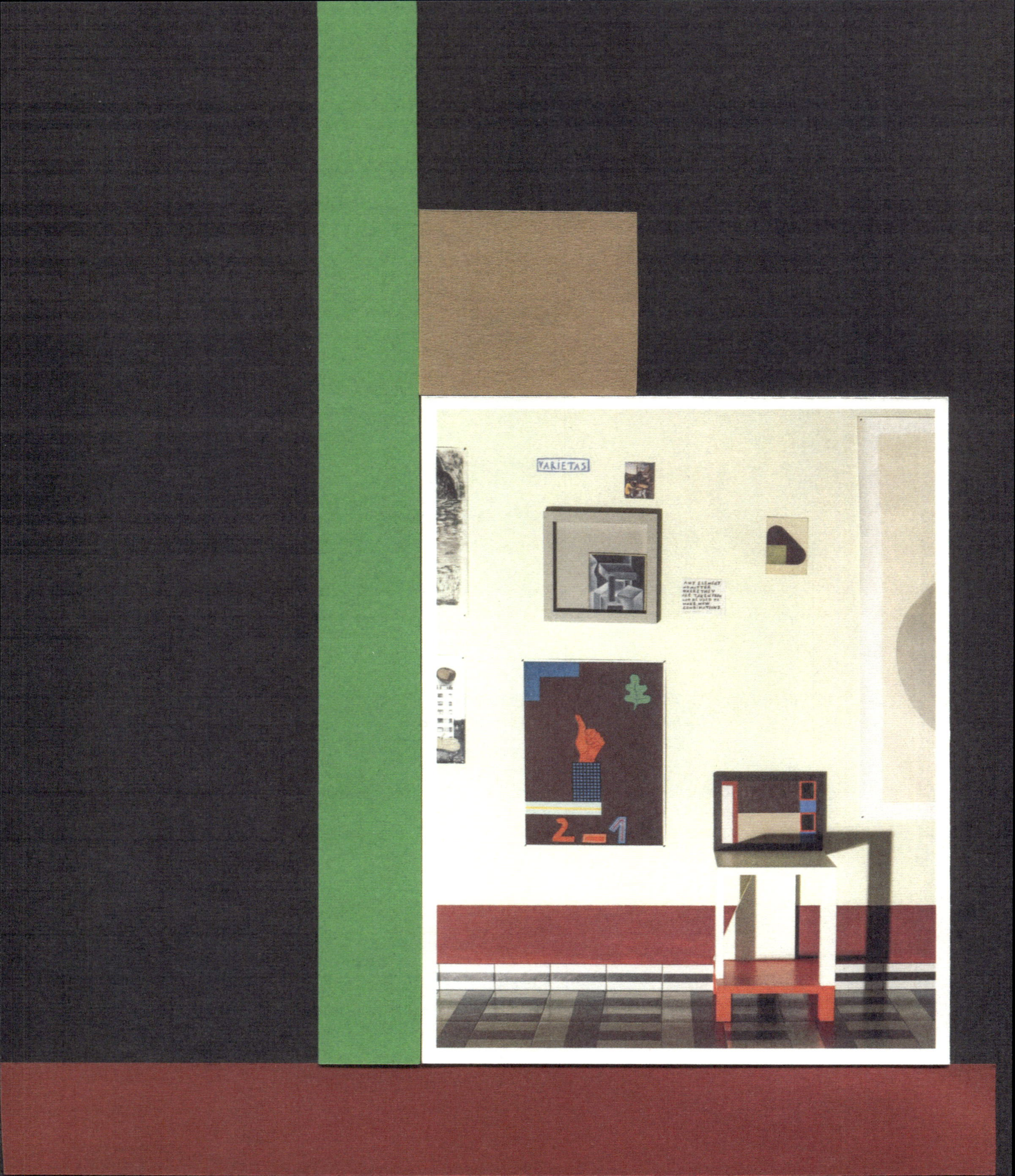
VARIETAS

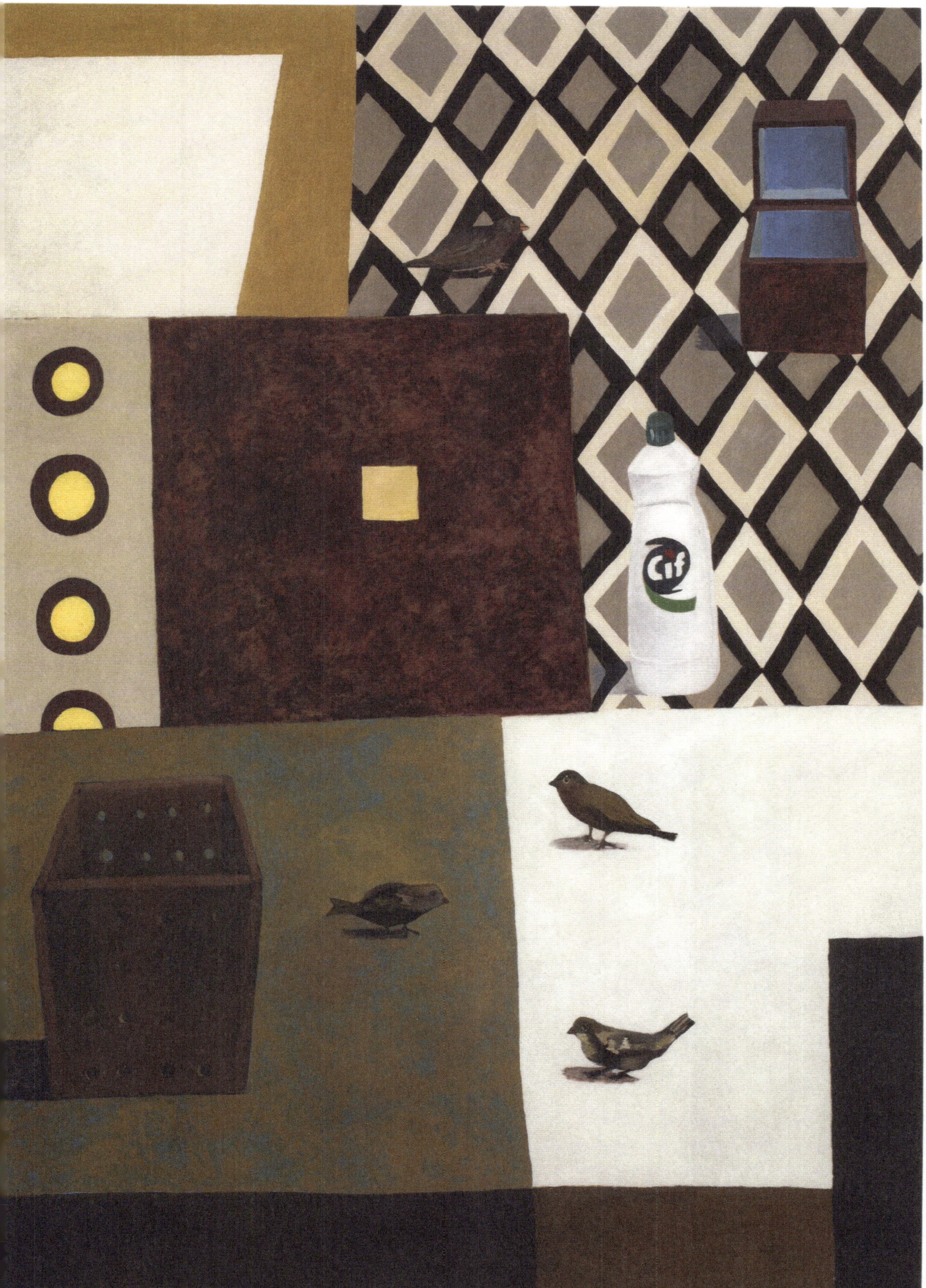
Cif

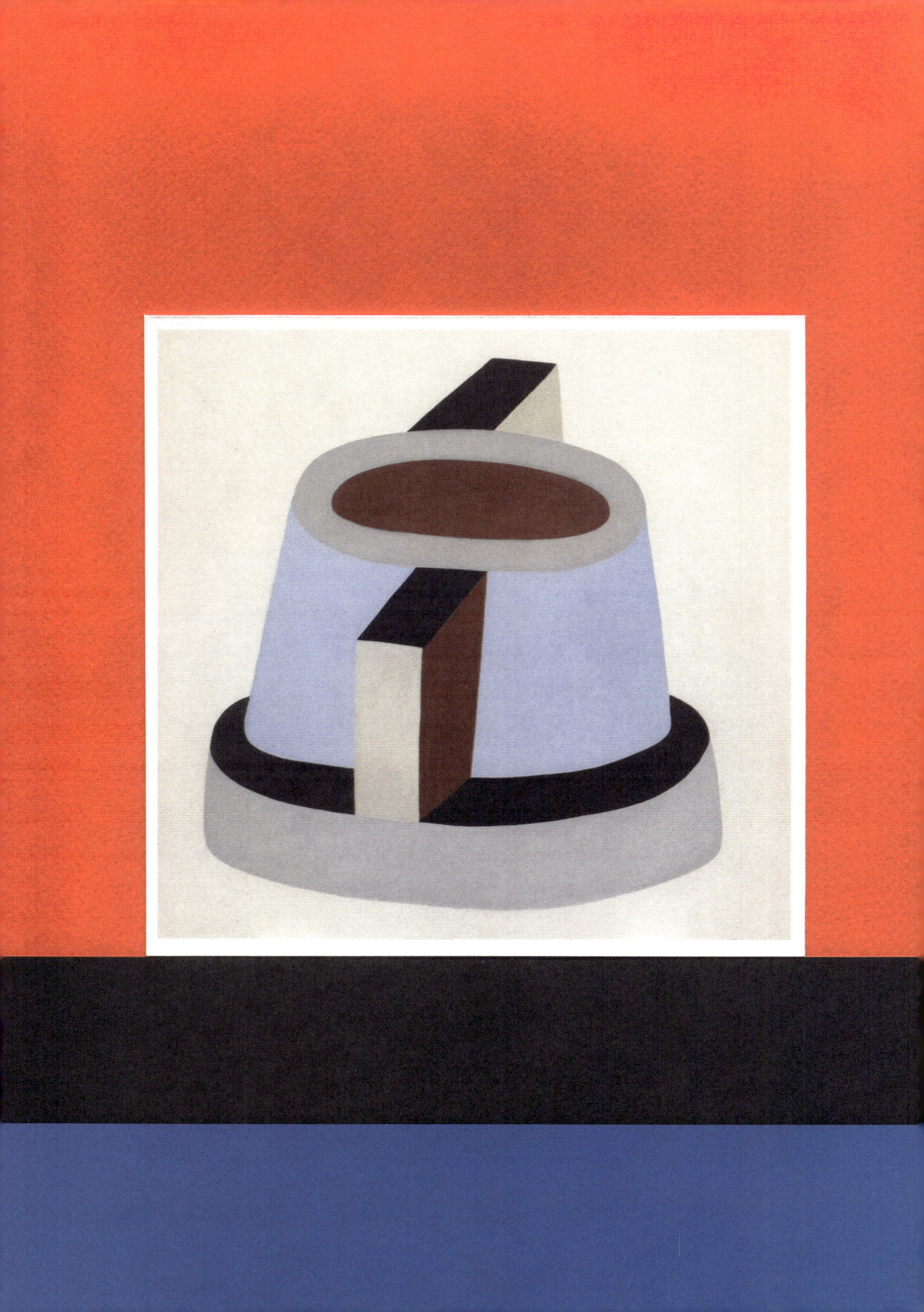

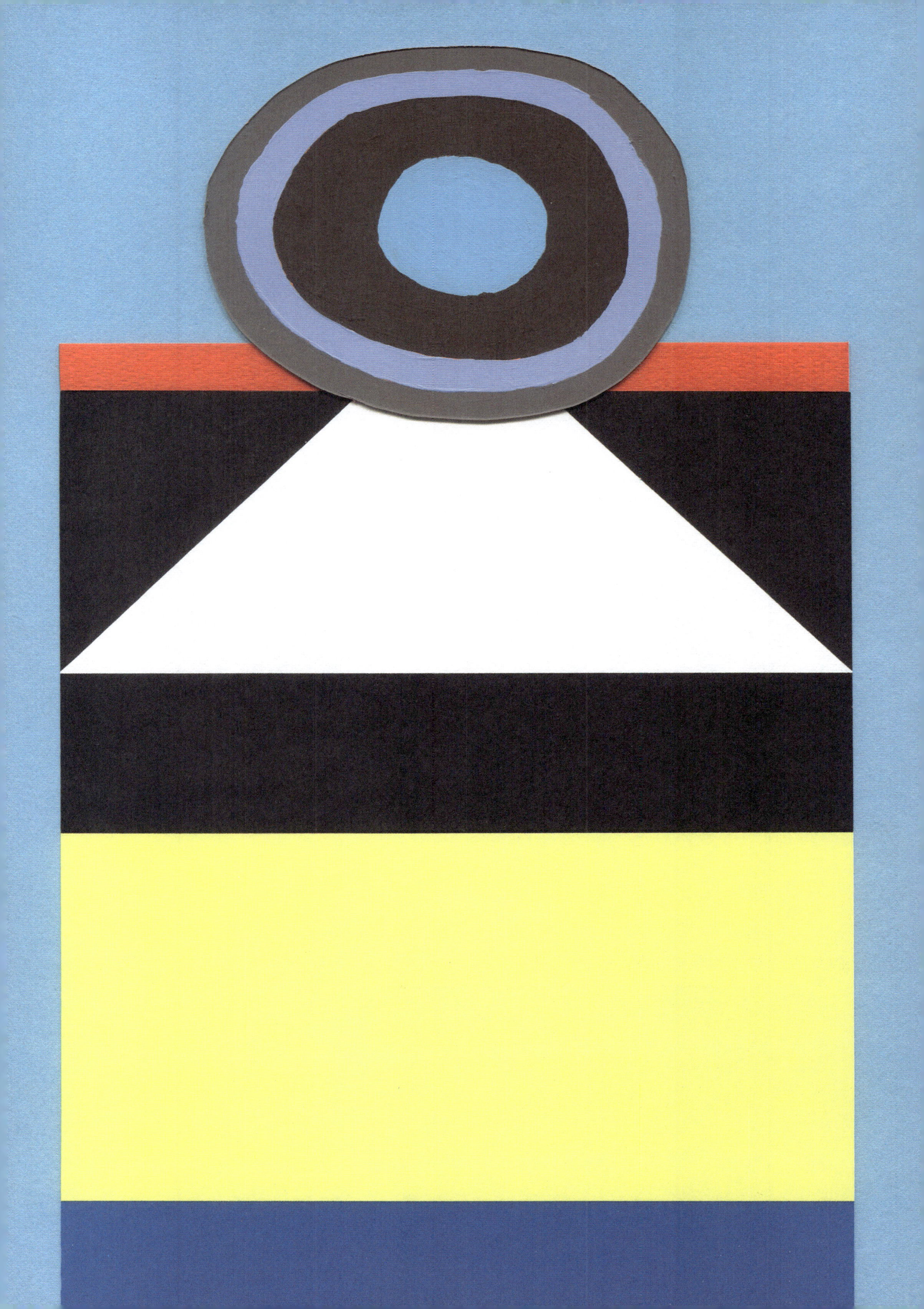

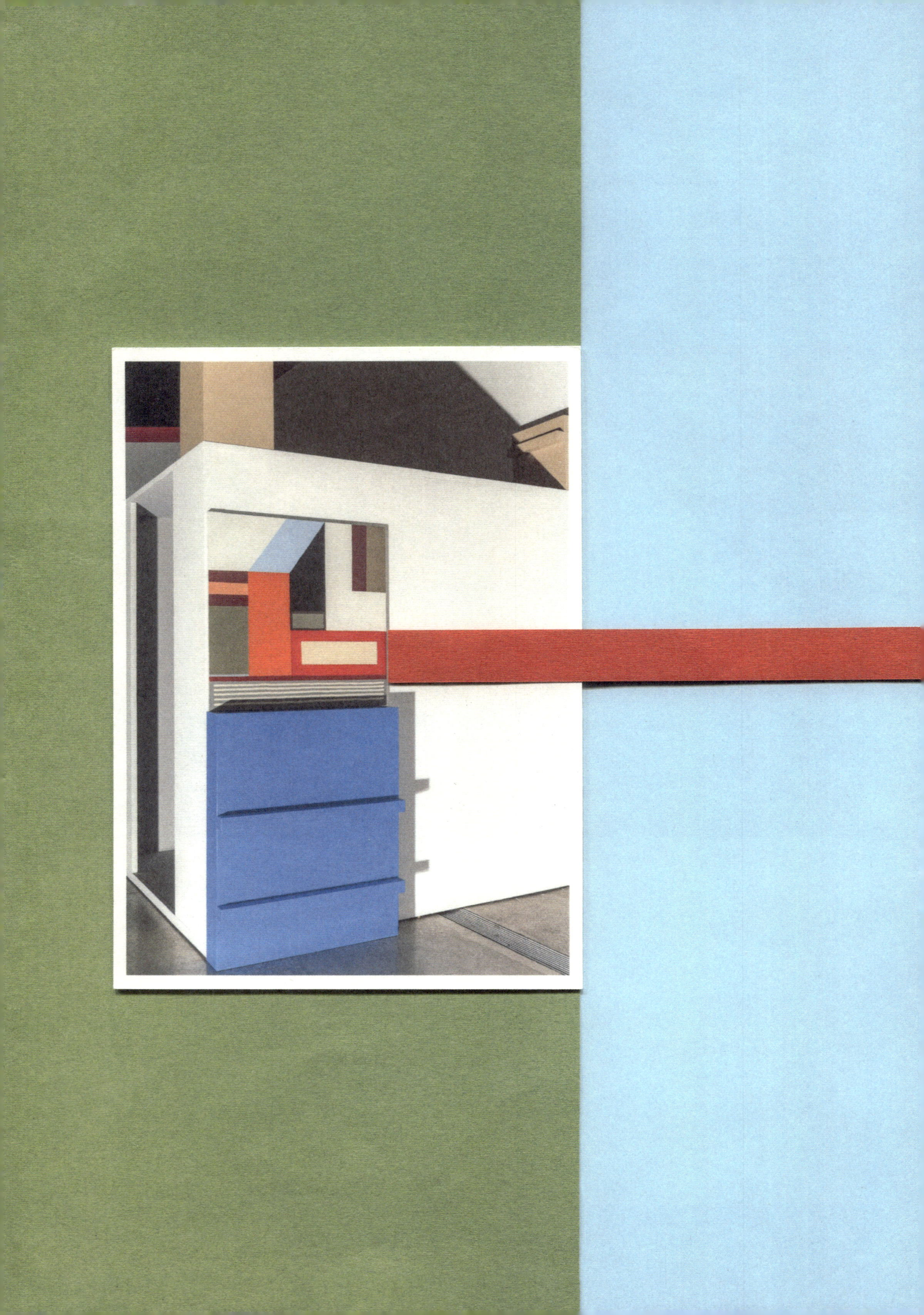

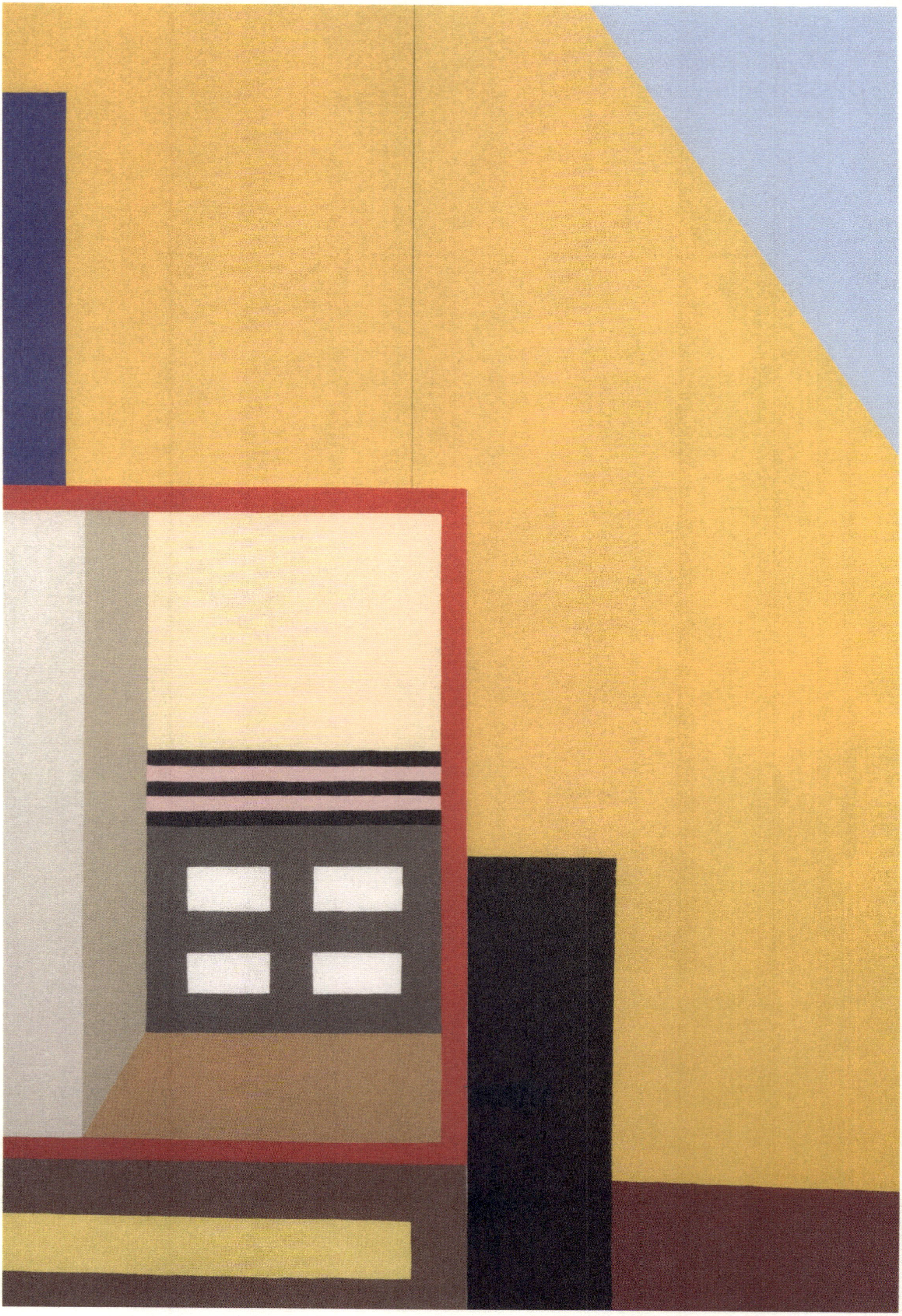

let's put on a puppet show.

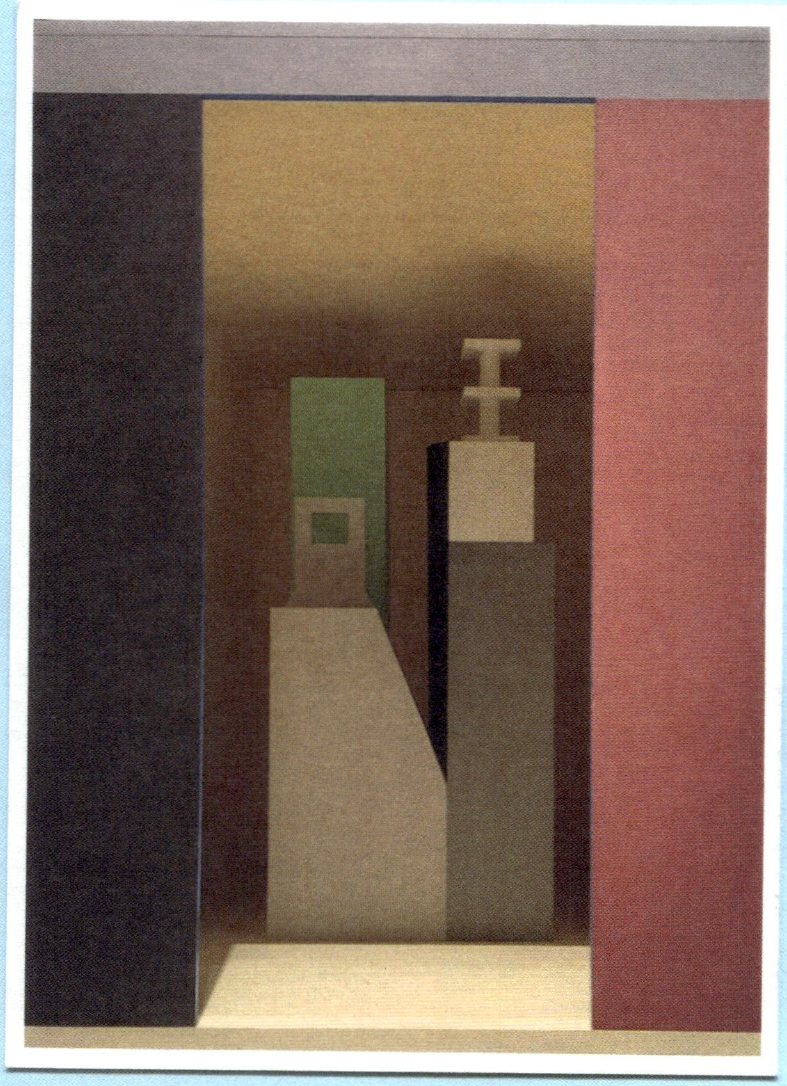

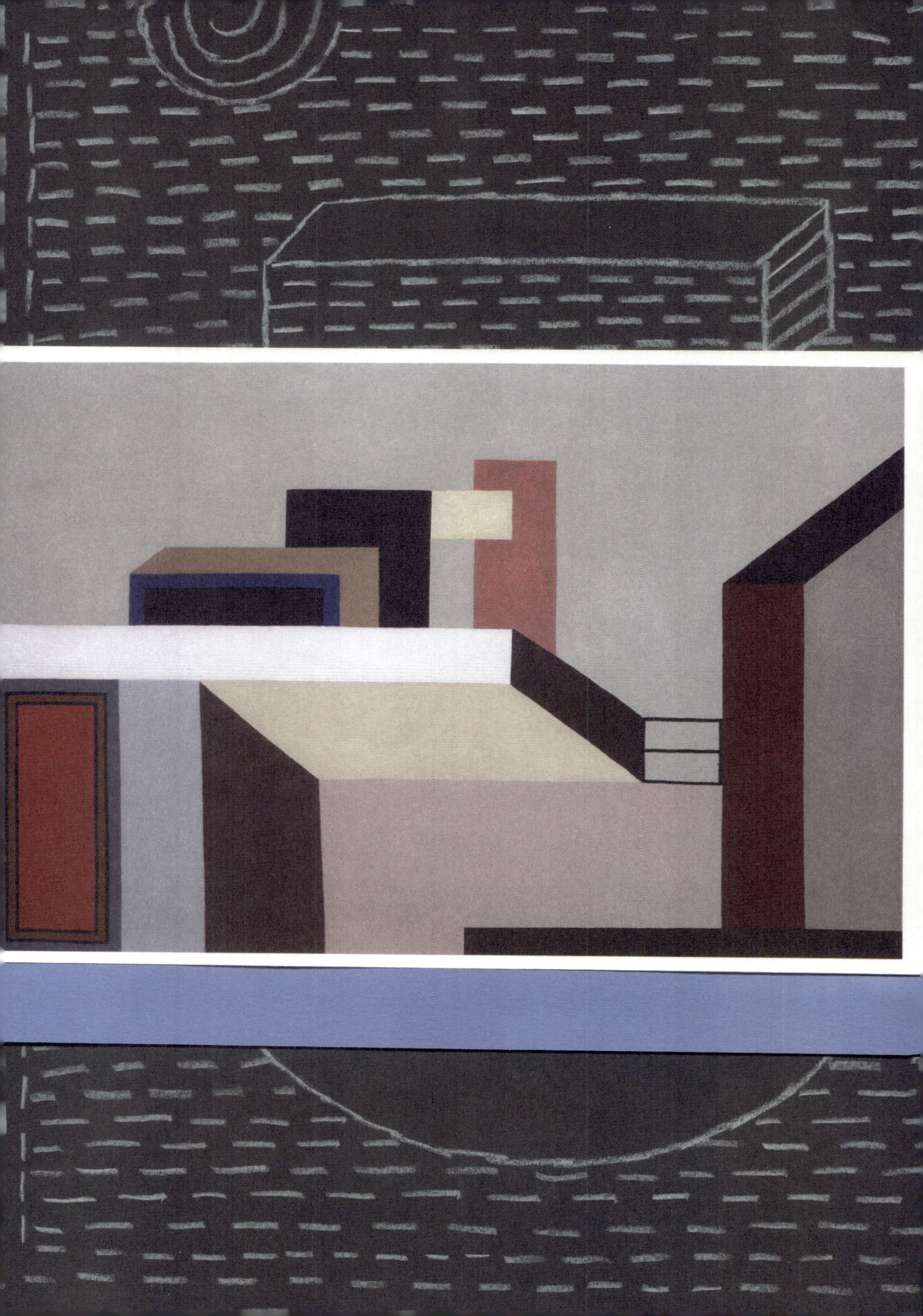

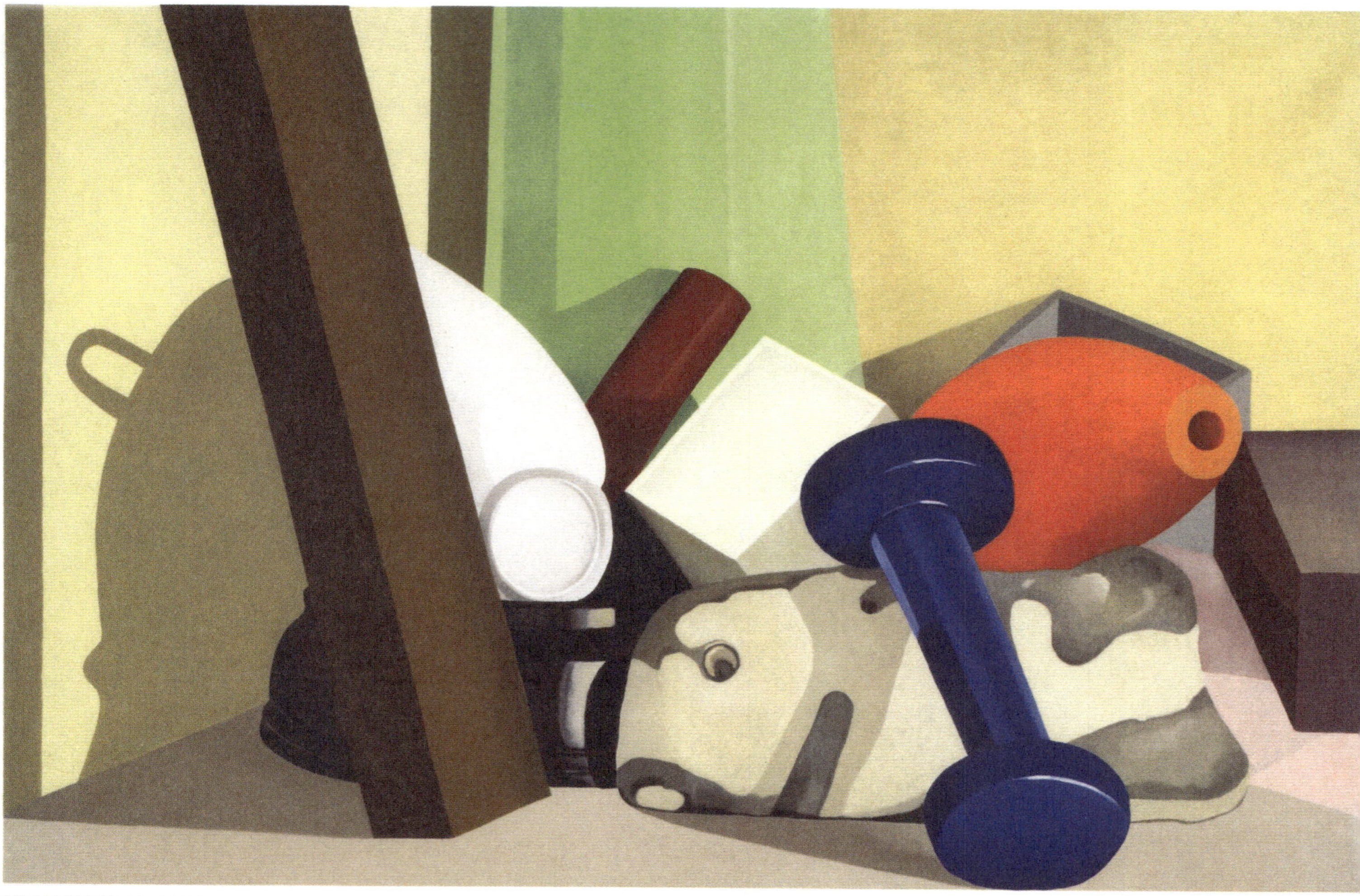

The room is painted a careful shade of buttermilk. The floorboards are stripped, of course. In the background, a striking contemporary painting hangs over the original fireplace. A fire burns in the grate, fuelled by an outsize wicker log basket. There is a Vico Magistretti-designed chair at a table, while the outsize sofa is flanked by a pair of Mies van der Rohe chairs and a flock of giant floor cushions covered is striped fabric. A spotlamp sits on the coffee table.

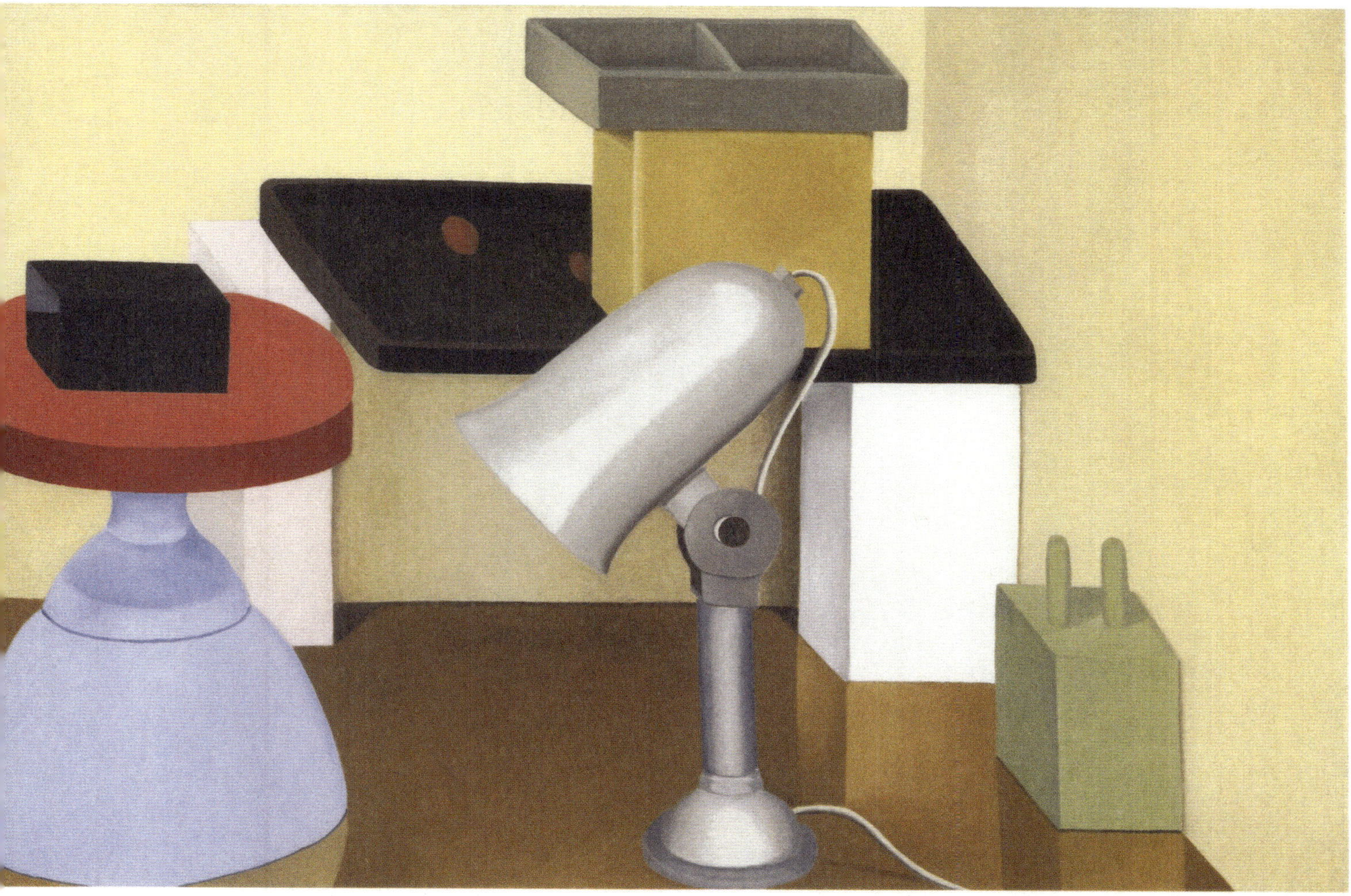
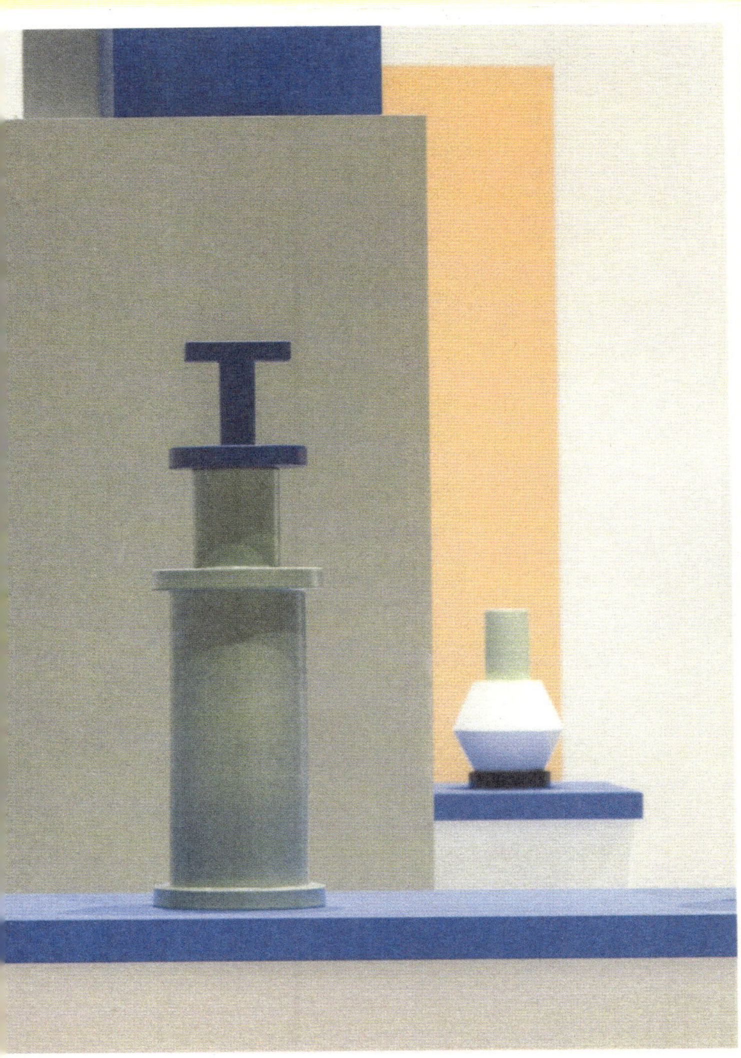
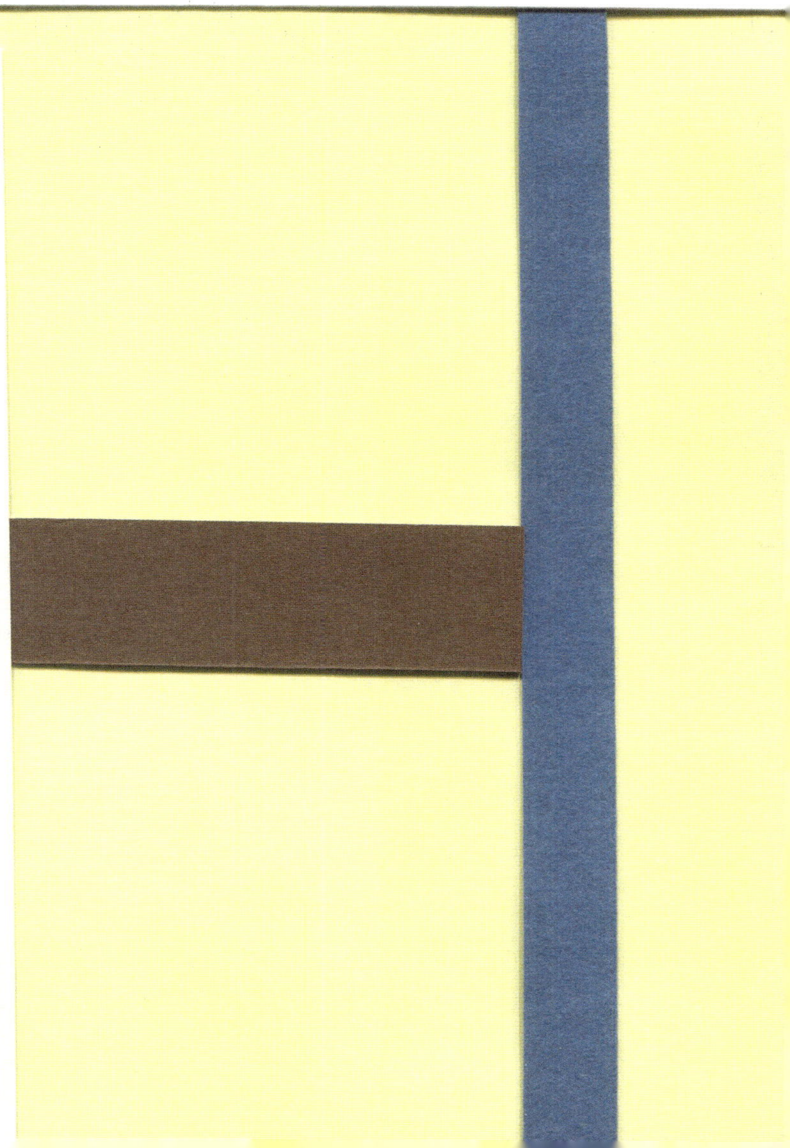

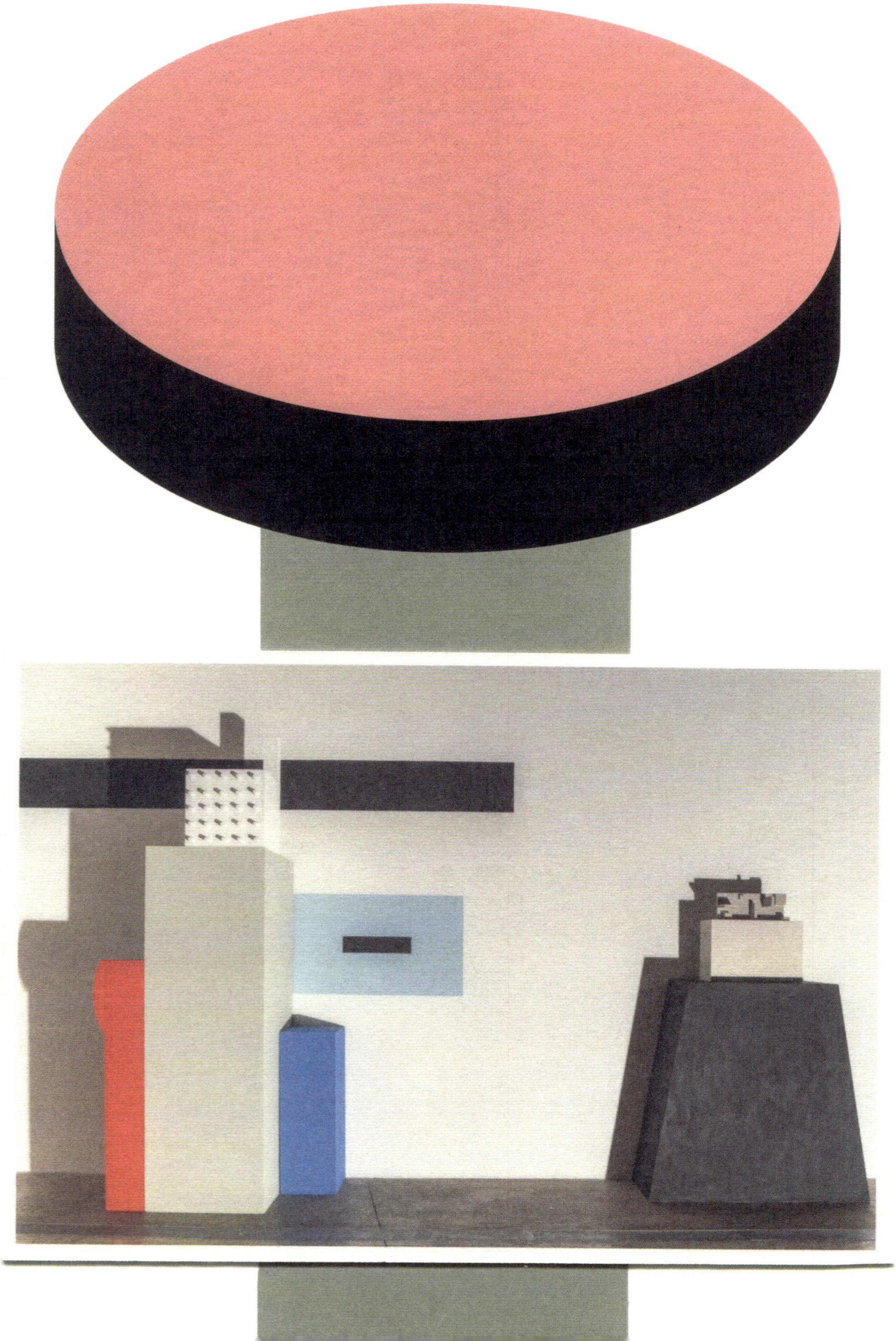

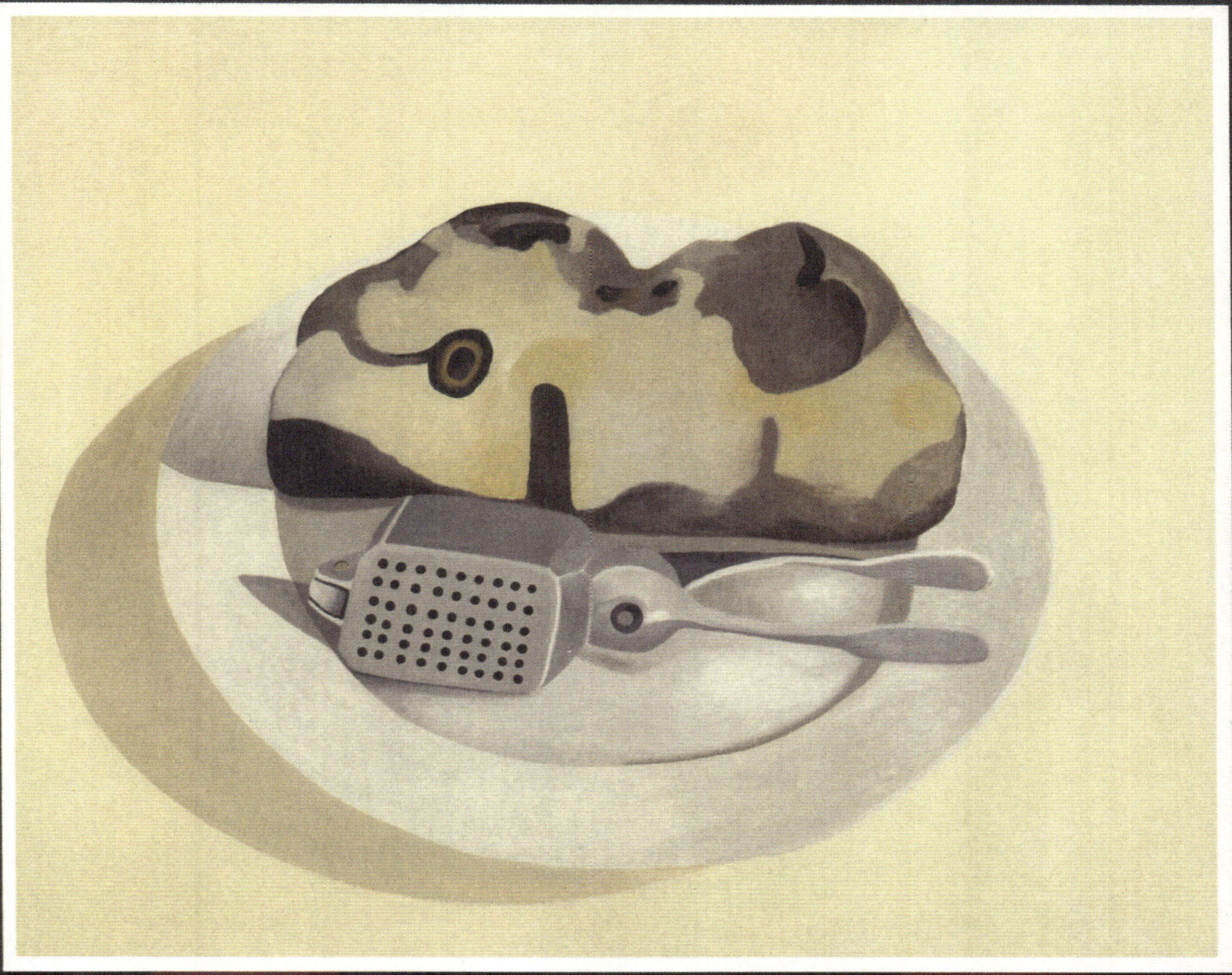

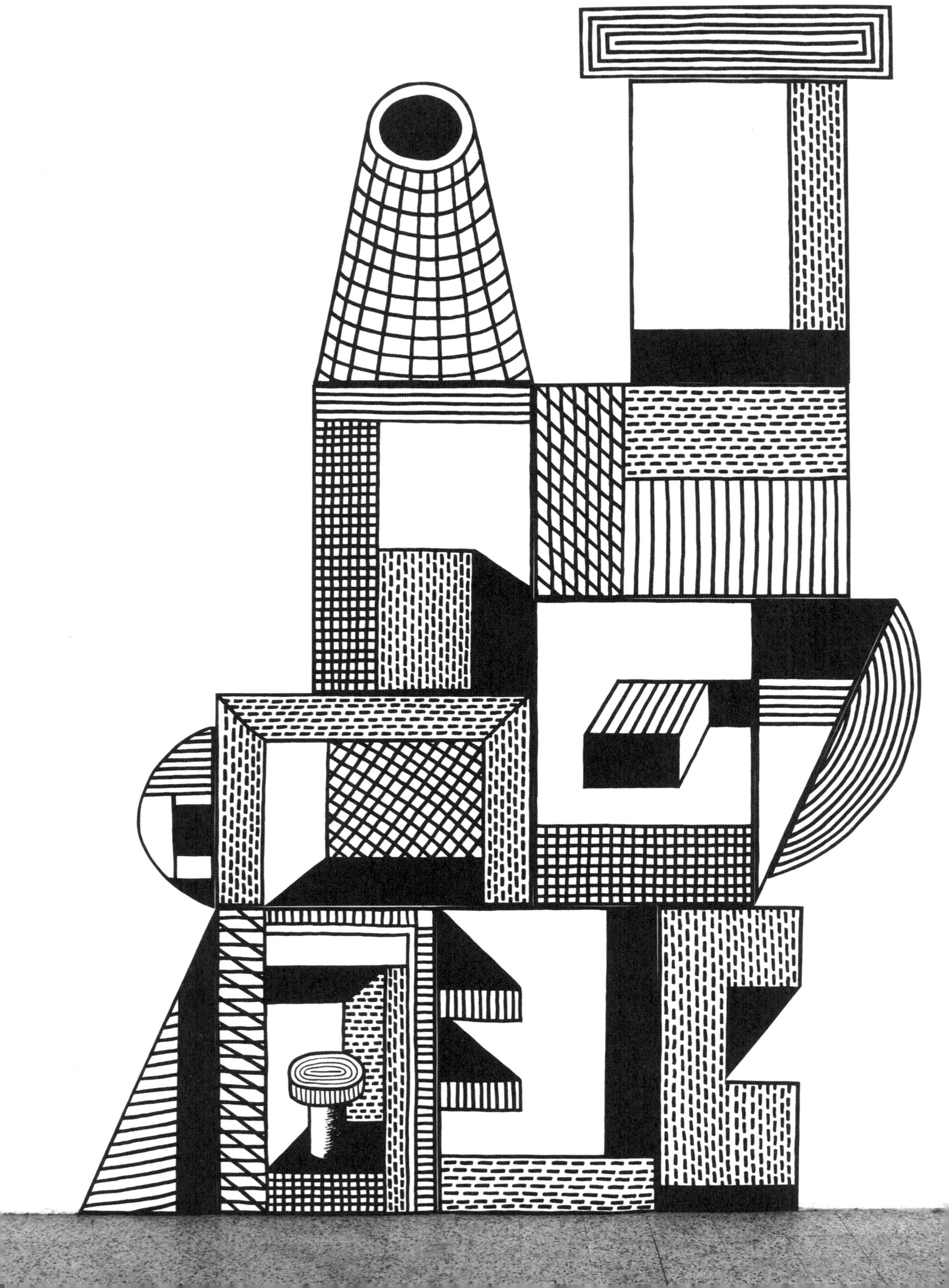

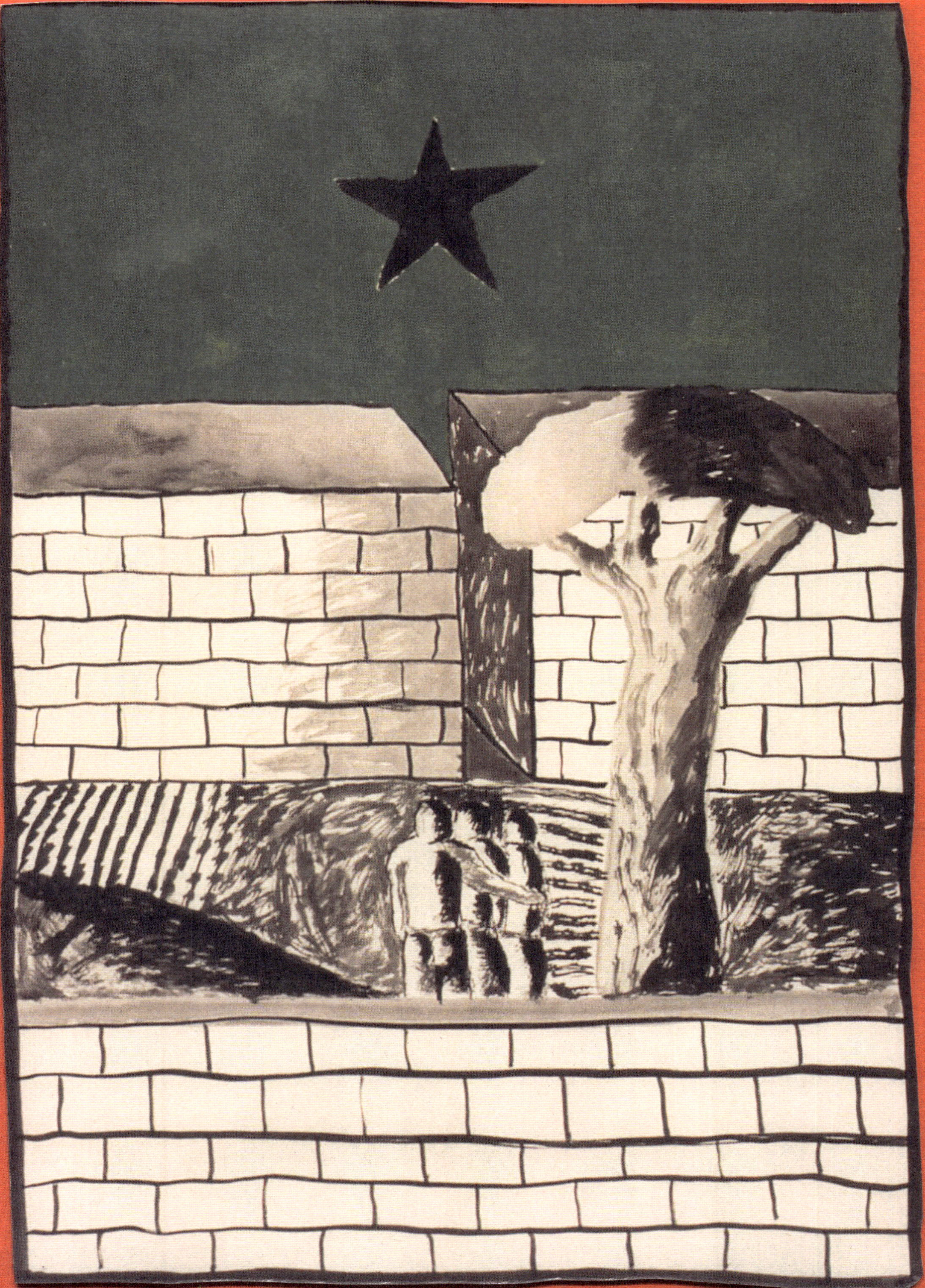

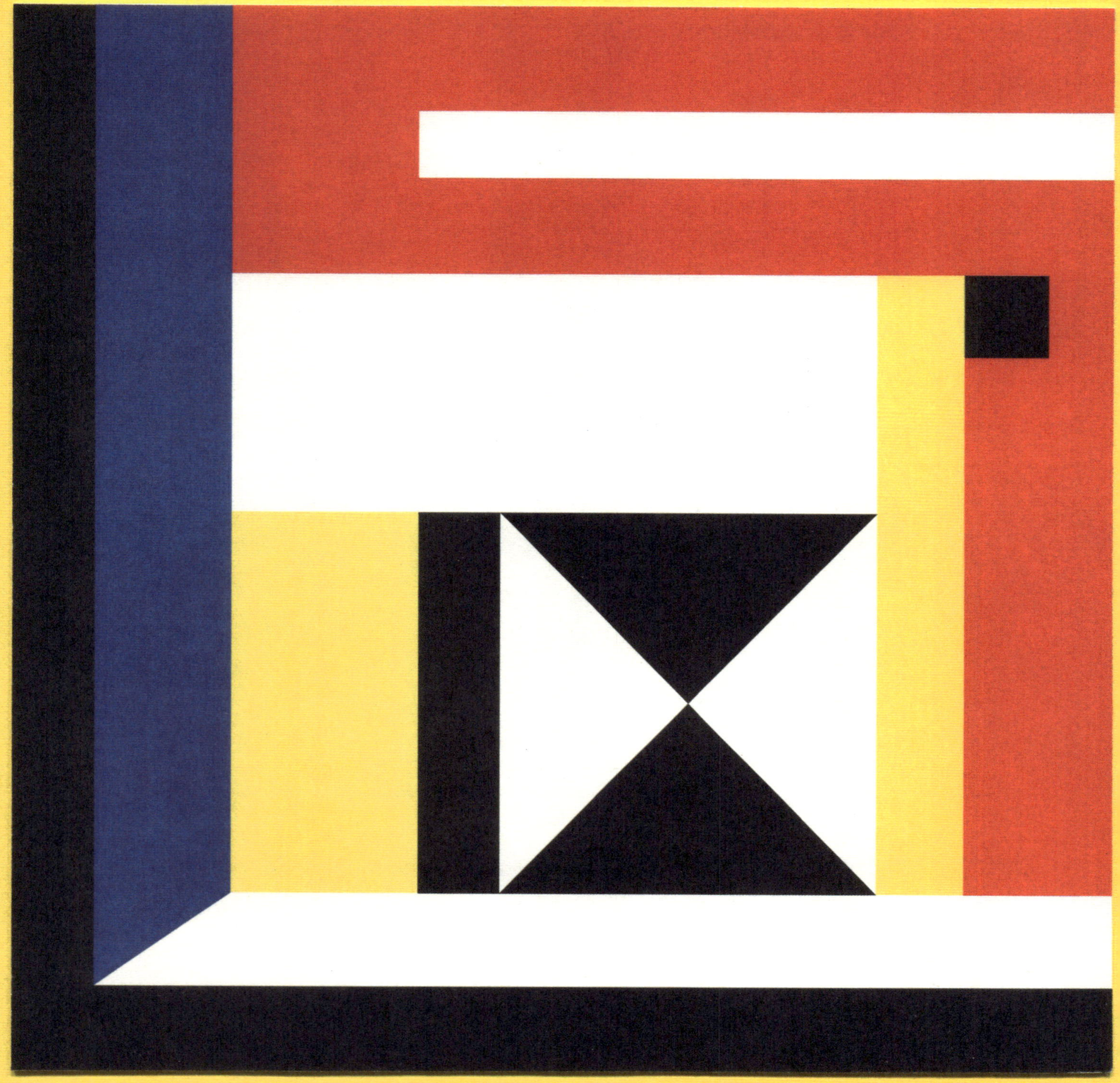

conservo l'abitudine di coricarmi tardi… L'abat-jour cilestrino della mia lampada conduce al sogno… Poi sfoglio i giornali, pizzico la mia arpa, scrivo i miei ricordi o dipingo conchiglie. Quando ero bambina tante ne portava lo zio Germano dai suoi viaggi, tante ne imbrattavo di colori. Adesso voglio farmi un bizzarro salottino di conchiglie, tutto di conchiglie dipinte e mi porrò là dentro bella e candida. Io sarò la perla!

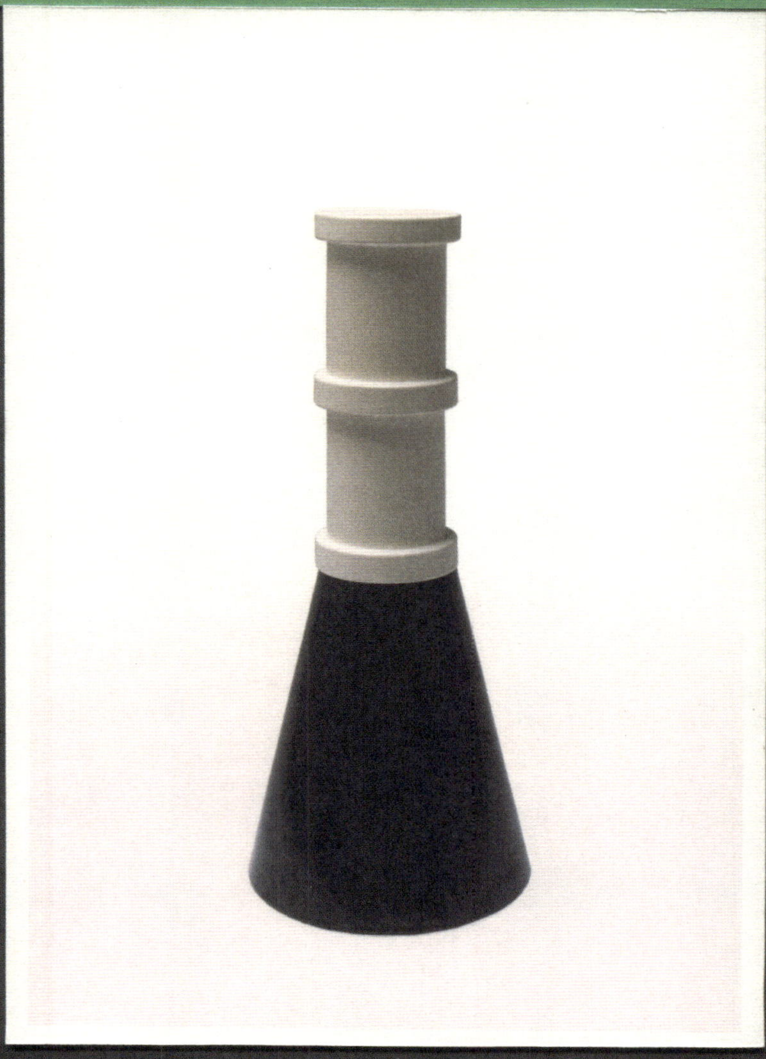

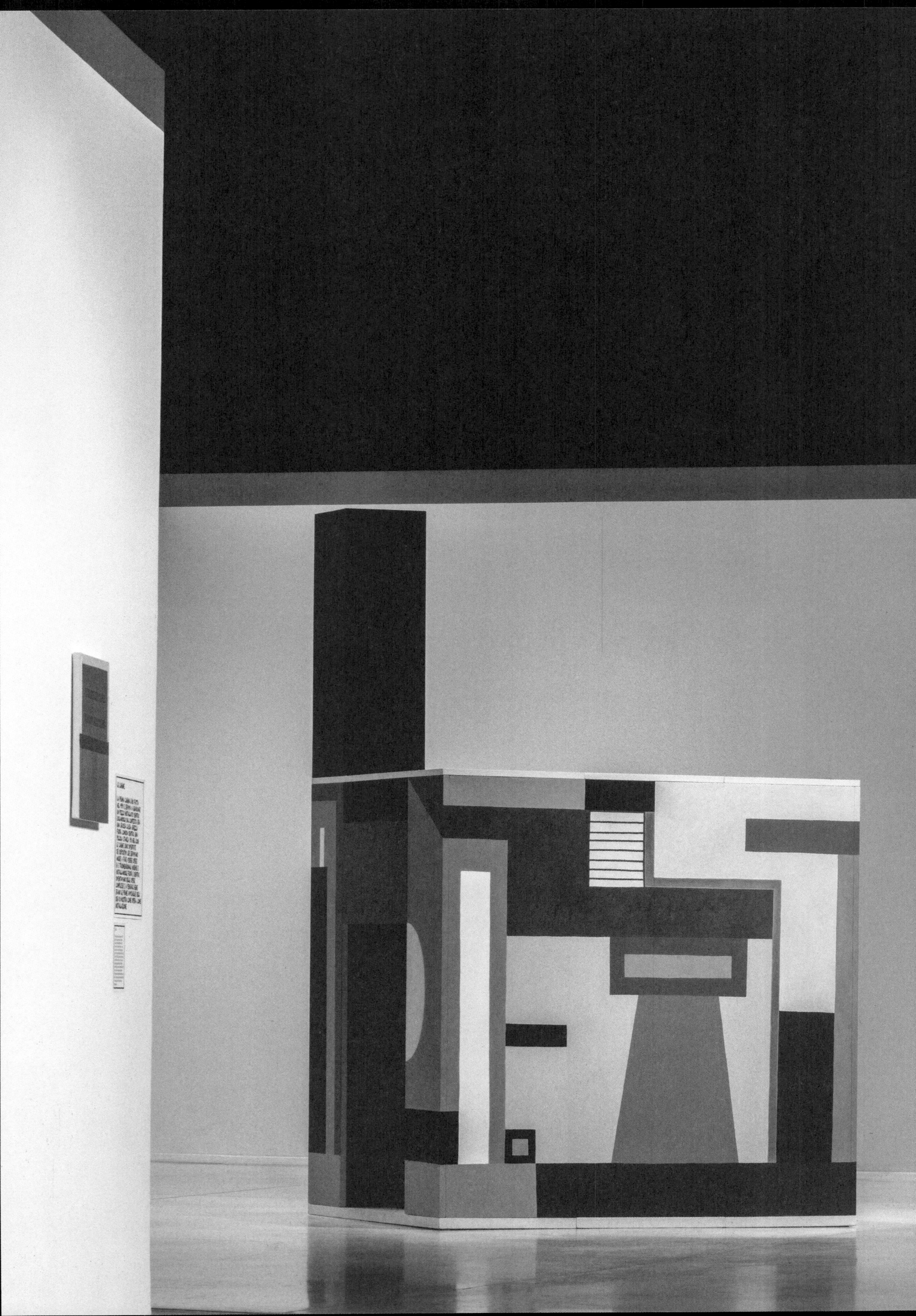

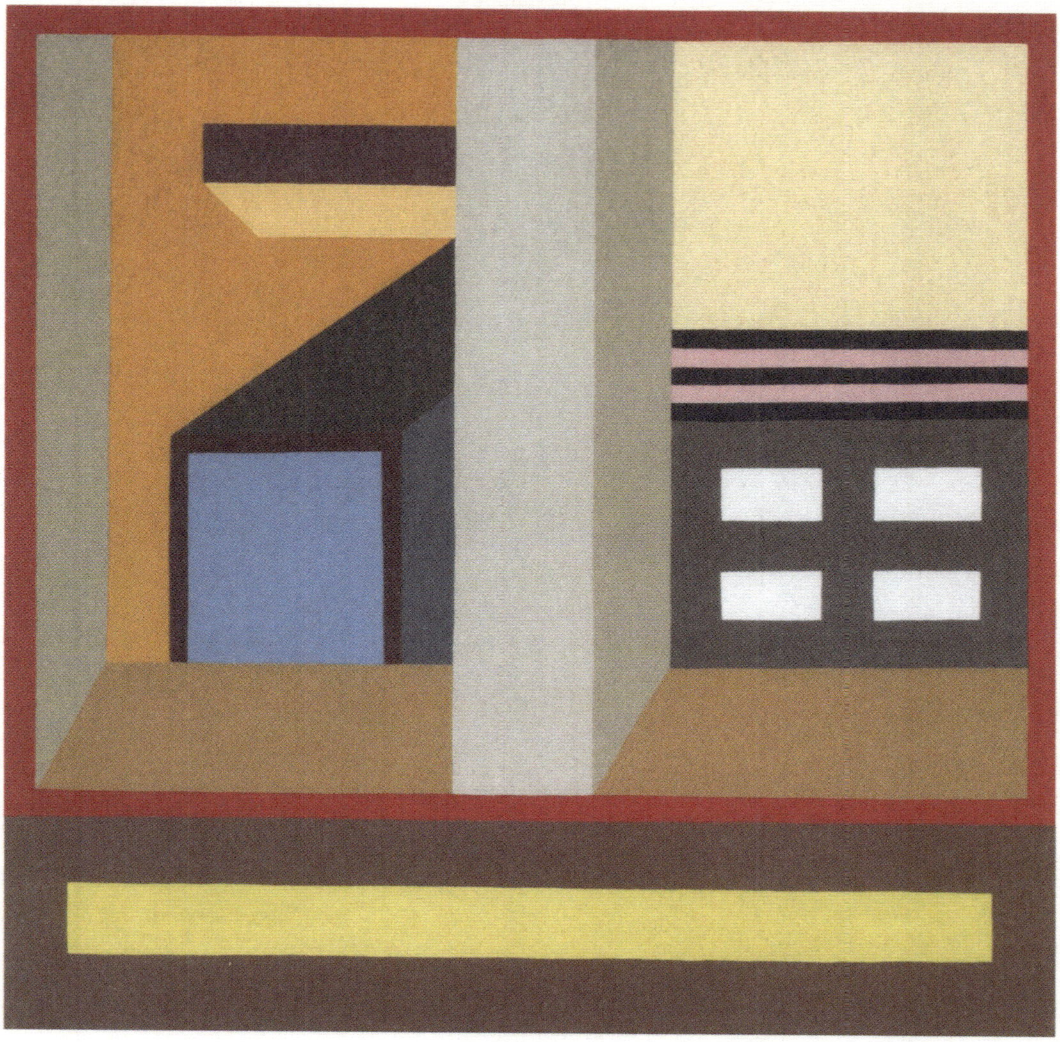

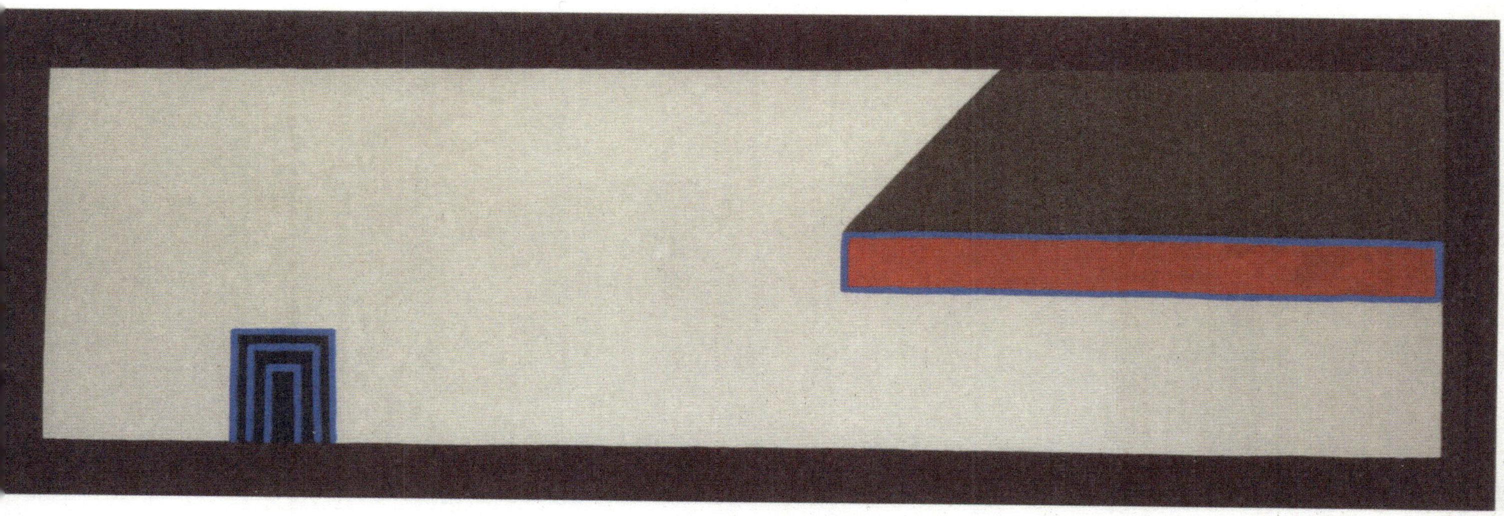

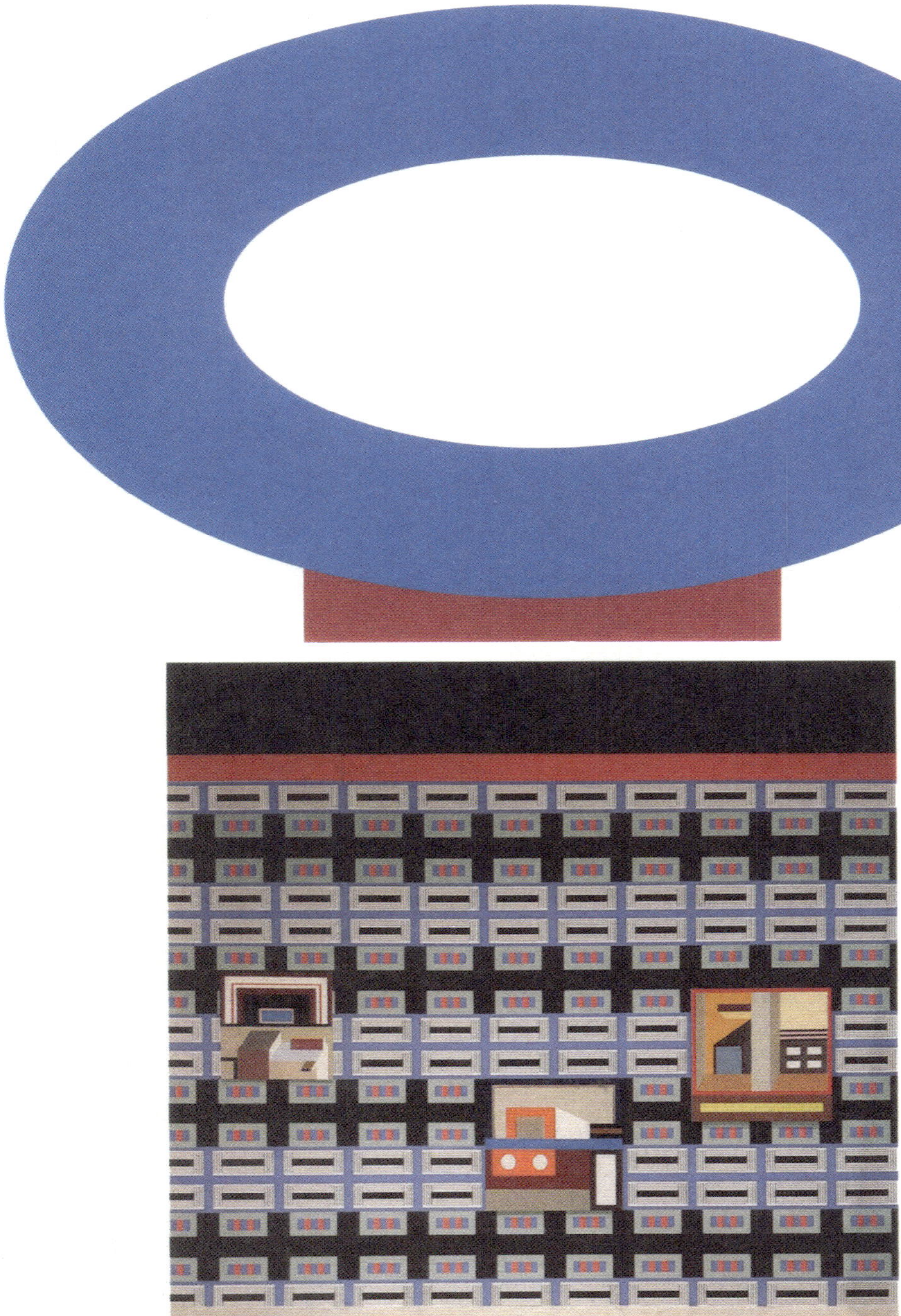

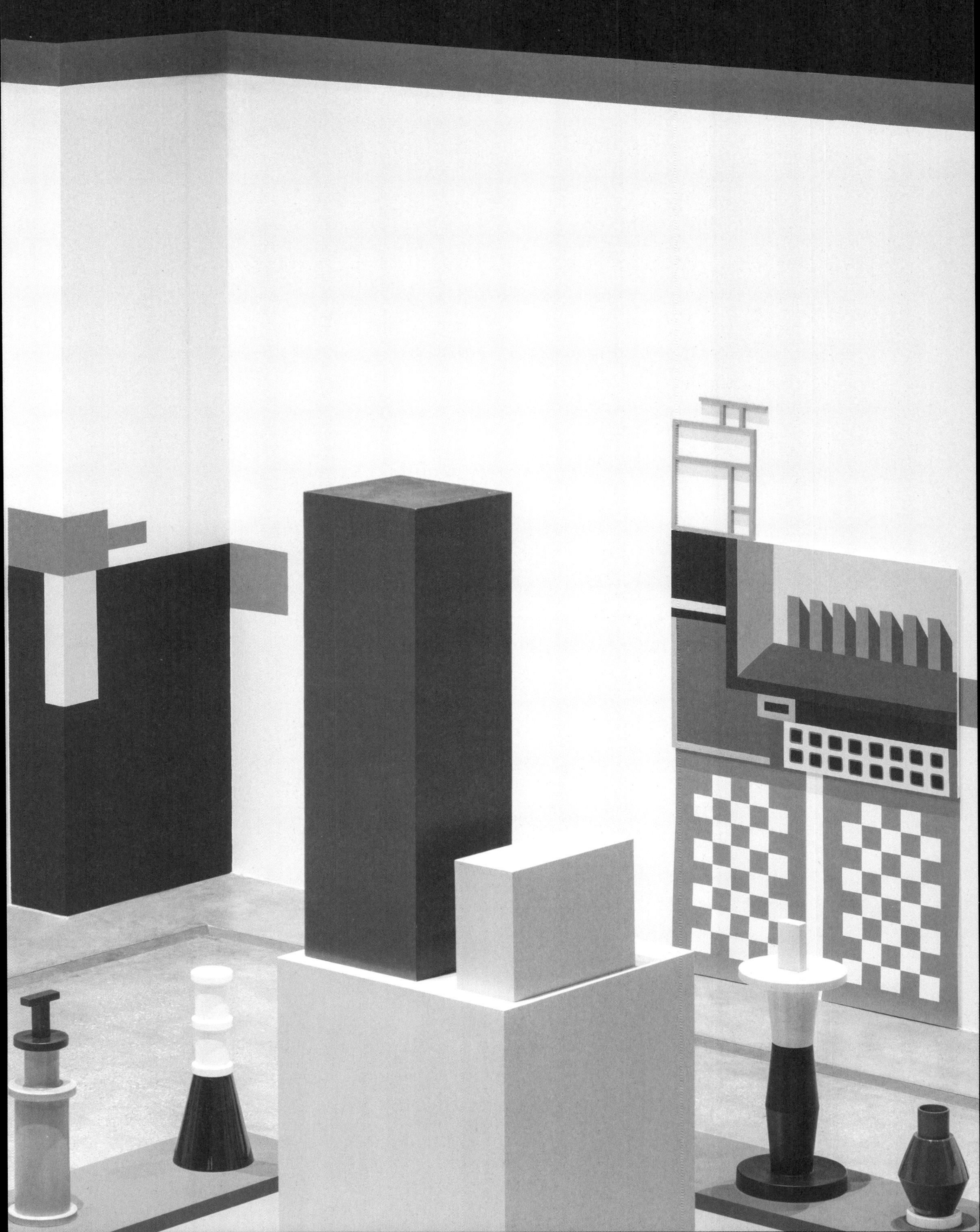

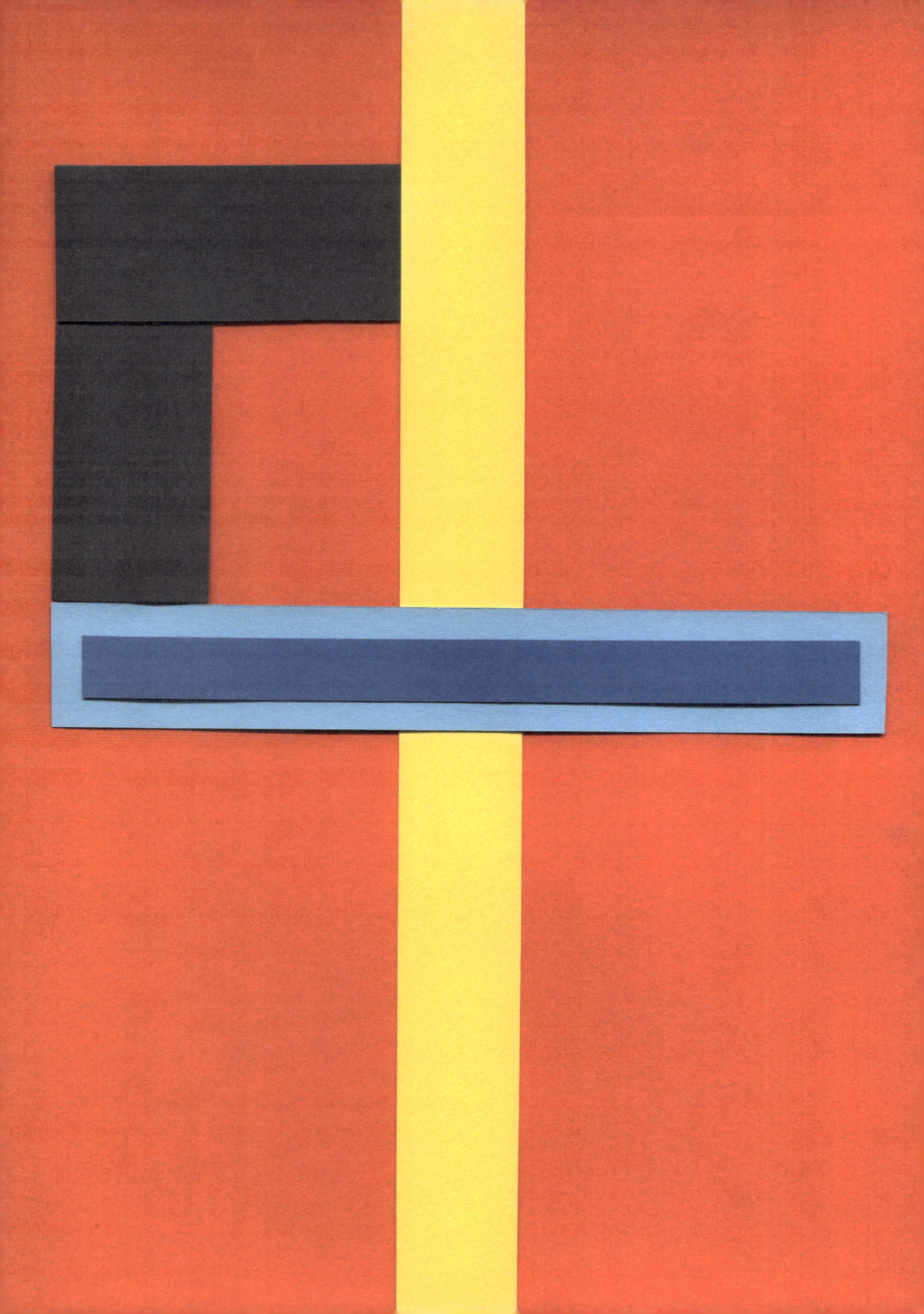

In fondo direi che non c'è niente da prendere proprio sul serio. Piccole decisioni prese per prova ci portano ad altre decisioni e a mano a mano che il tempo passa.

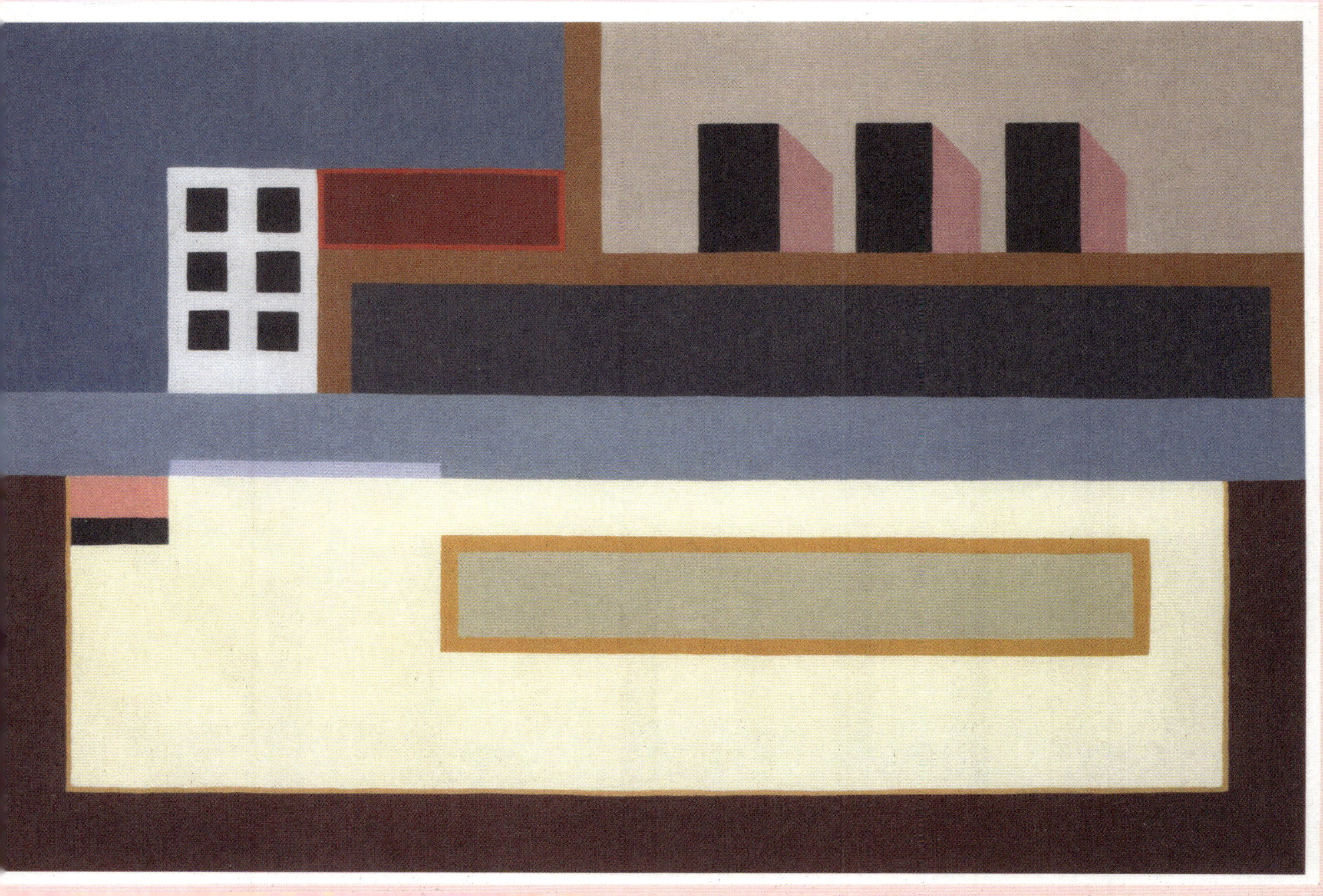

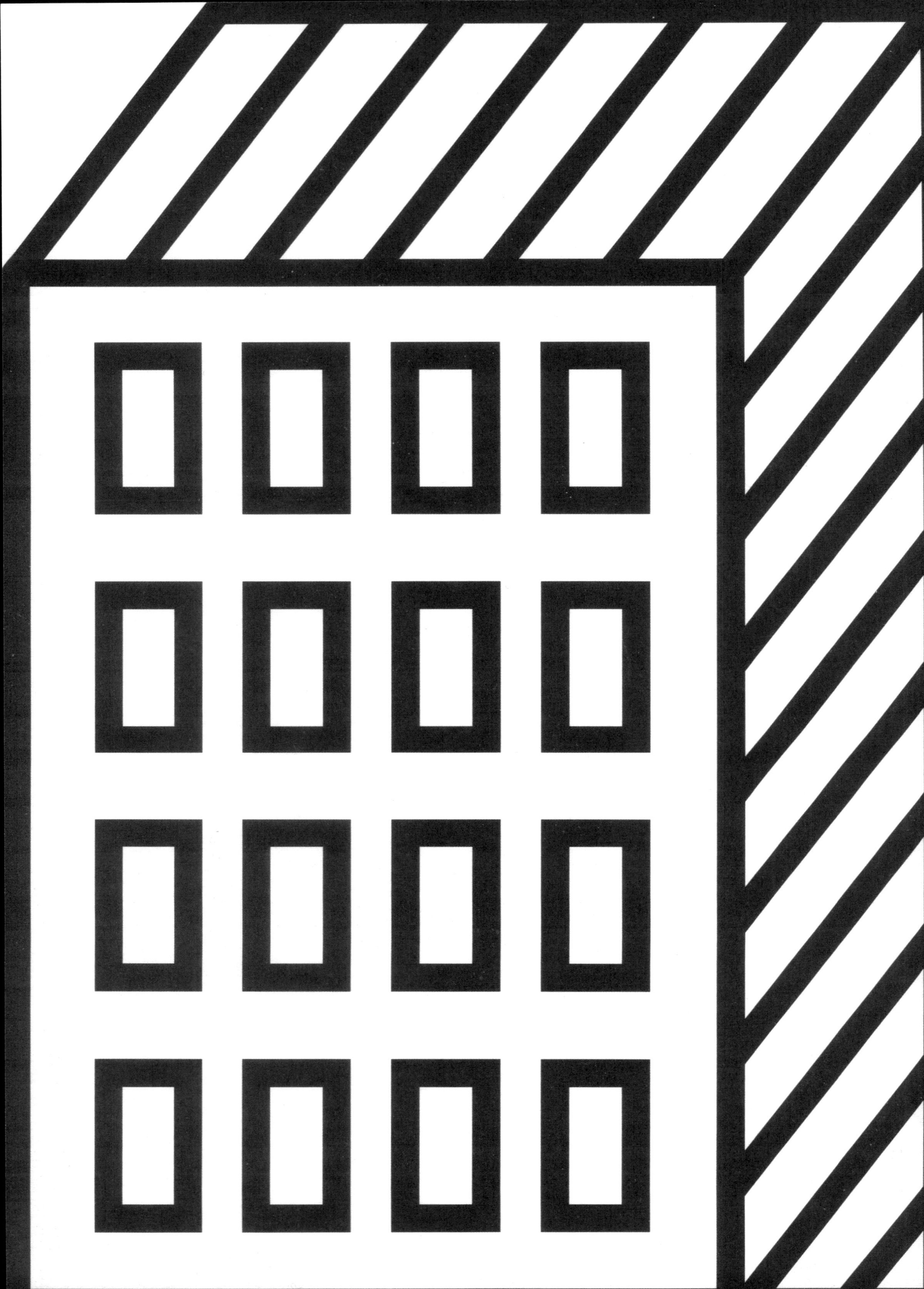

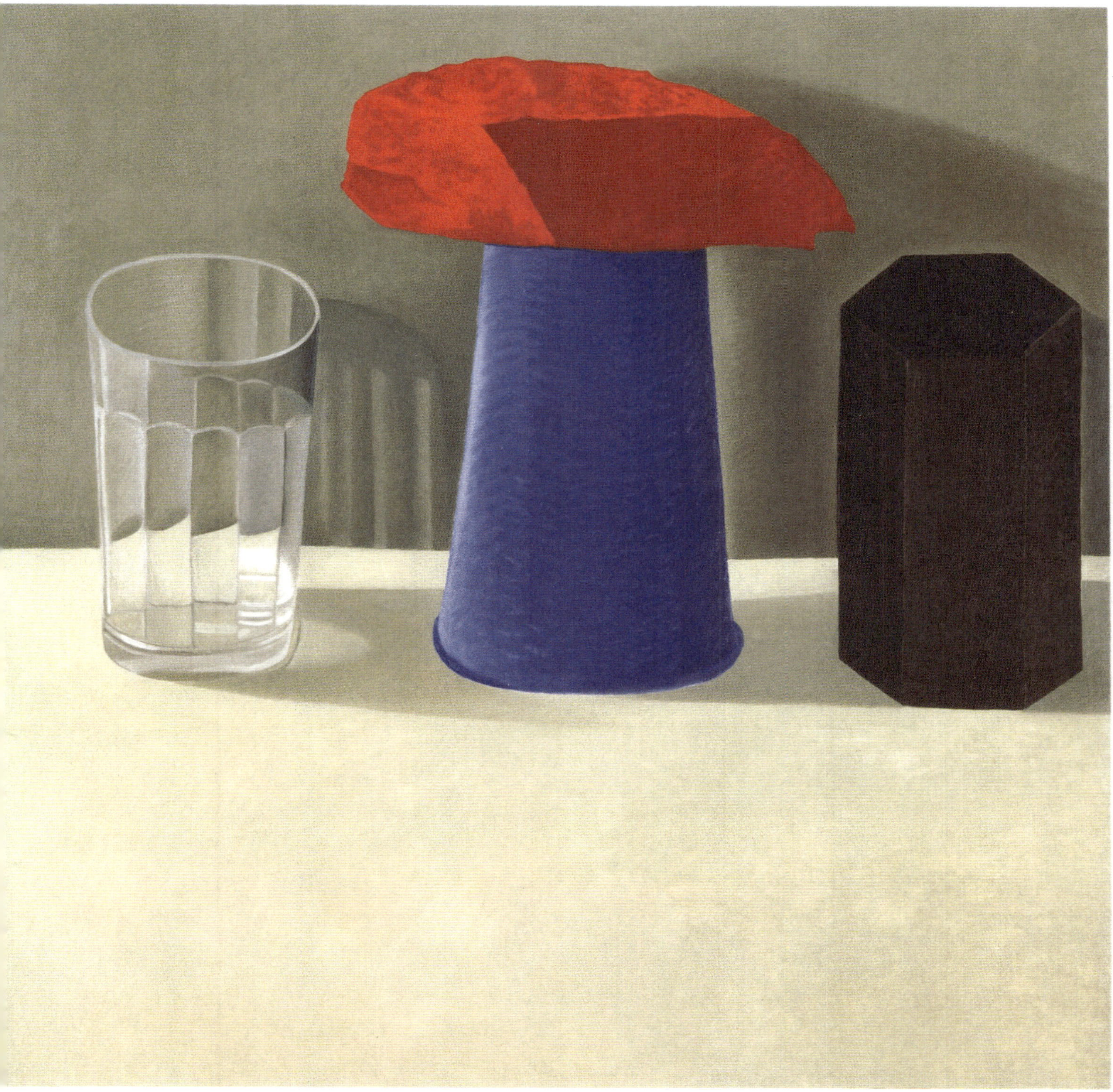

when he was making furniture he was a designer, and when he was making art he was an artist, no matter how superficially similar the products of the two categories might look, or how similar the processes involved might be.

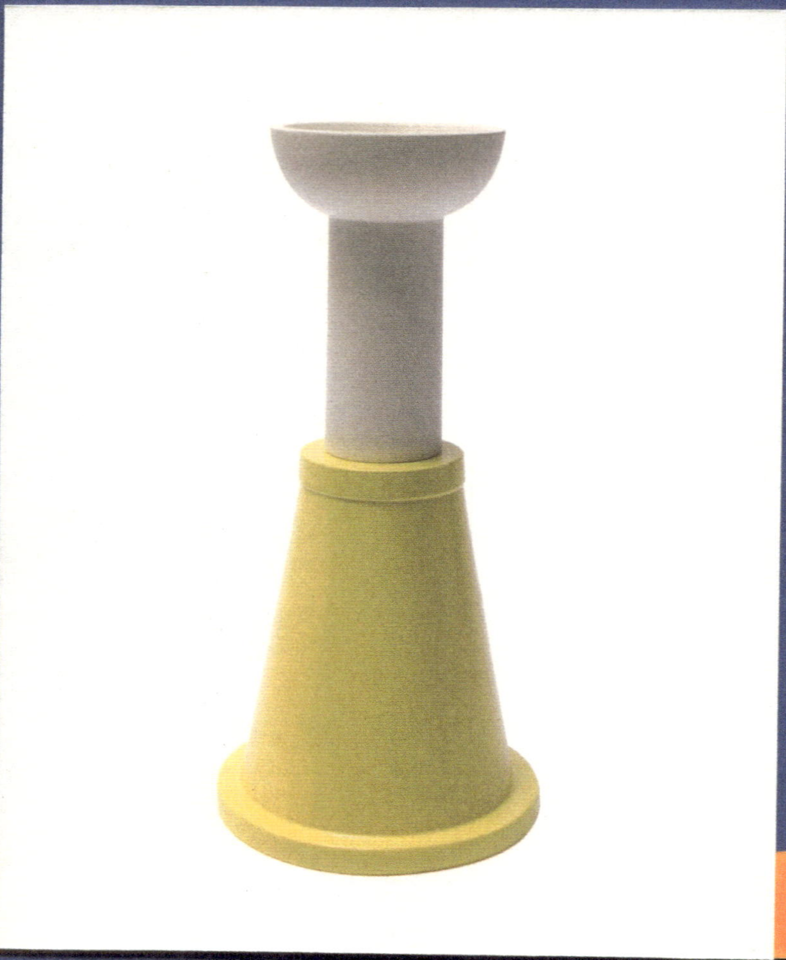

I was a palm-wine drinkard since I was a boy of ten years of age. I had no other work more than to drink palm-wine in my life. In those days we did not know other money, except COWRIES, so that every-thing was very cheap, and my father was the richest man in our town.

My father got eight children and I was the eldest among them, all of the rest were hard workers, but I myself was an expert palm-wine drinkard. I was drinking palm-wine from morning till night and from night till morning. By that time I could not drink ordinary water at all except palm-wine.

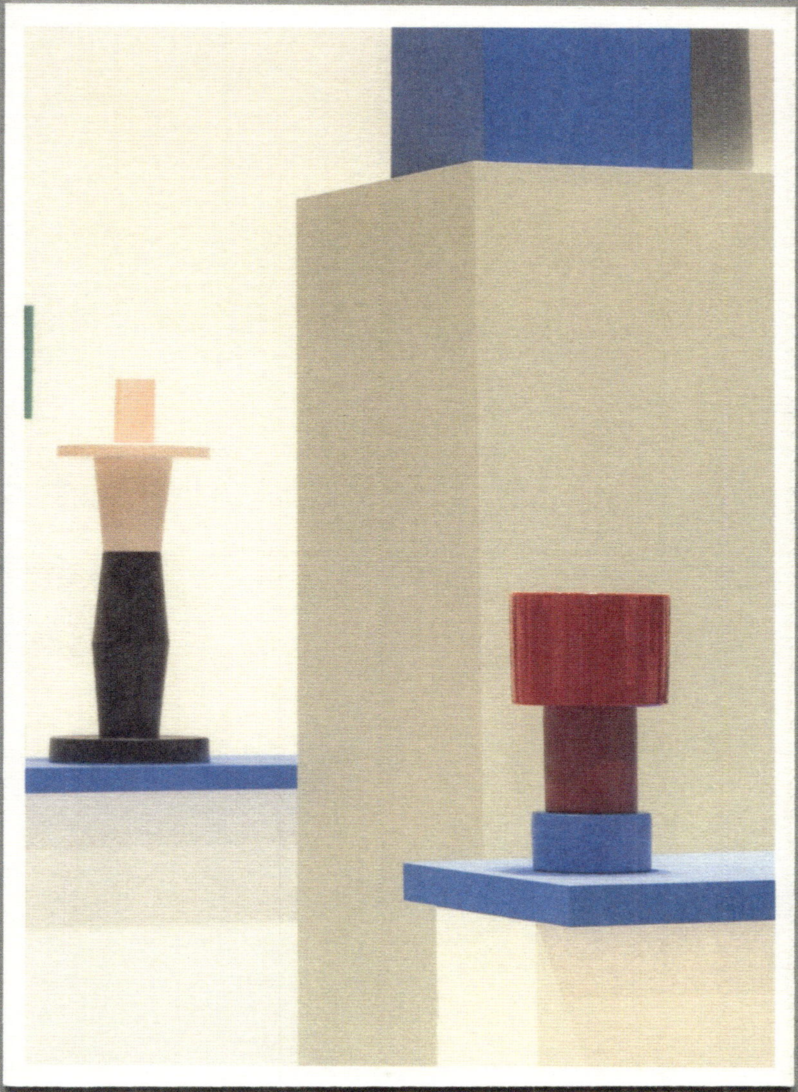

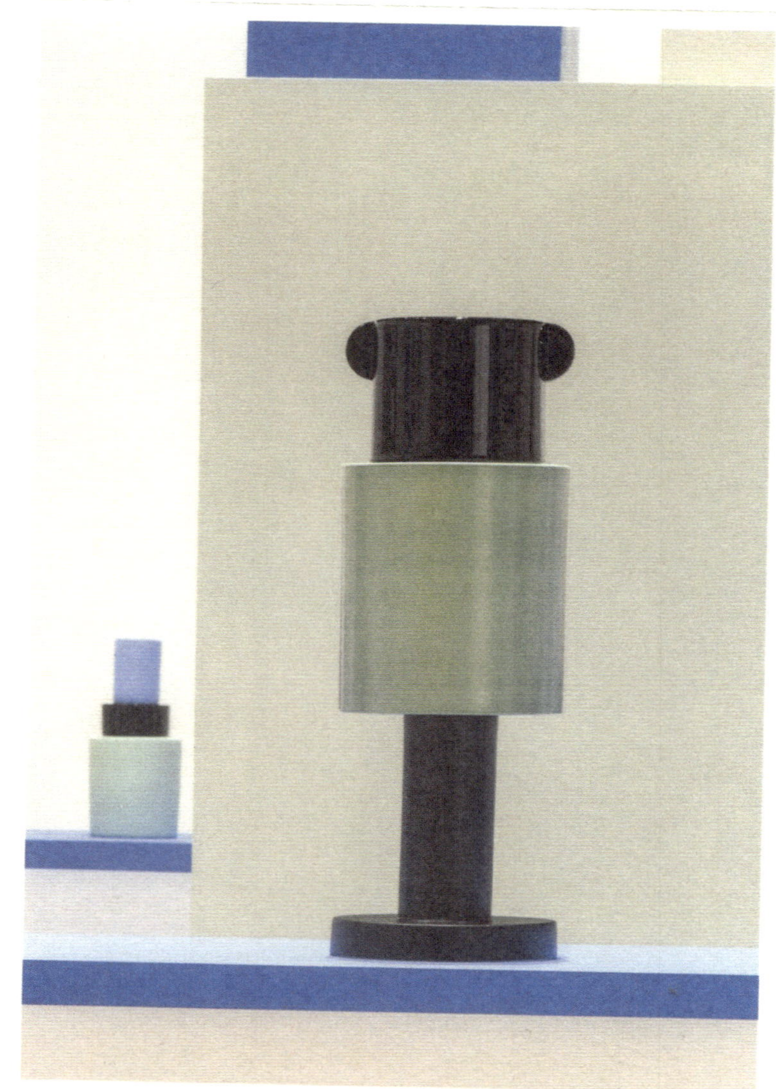

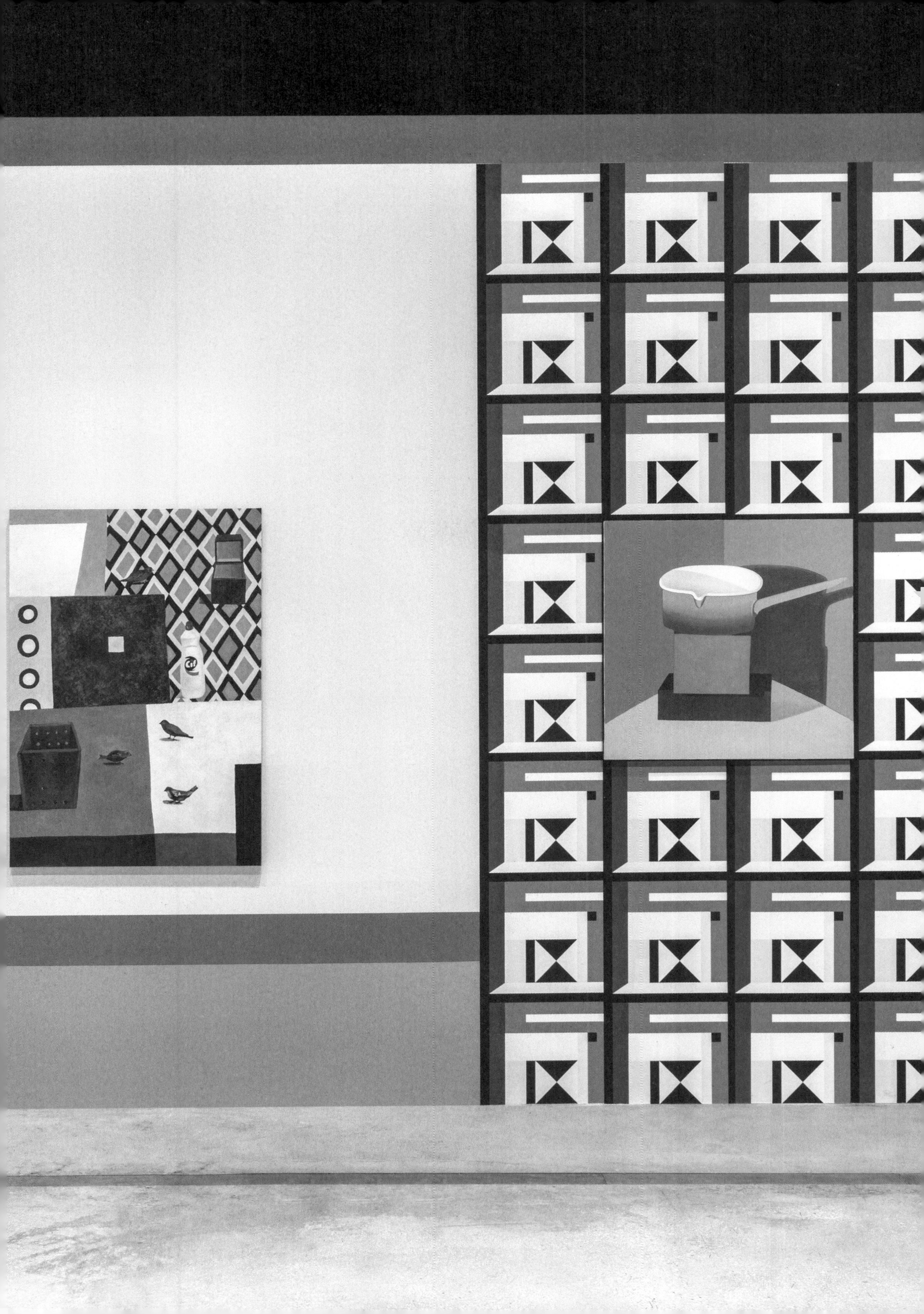

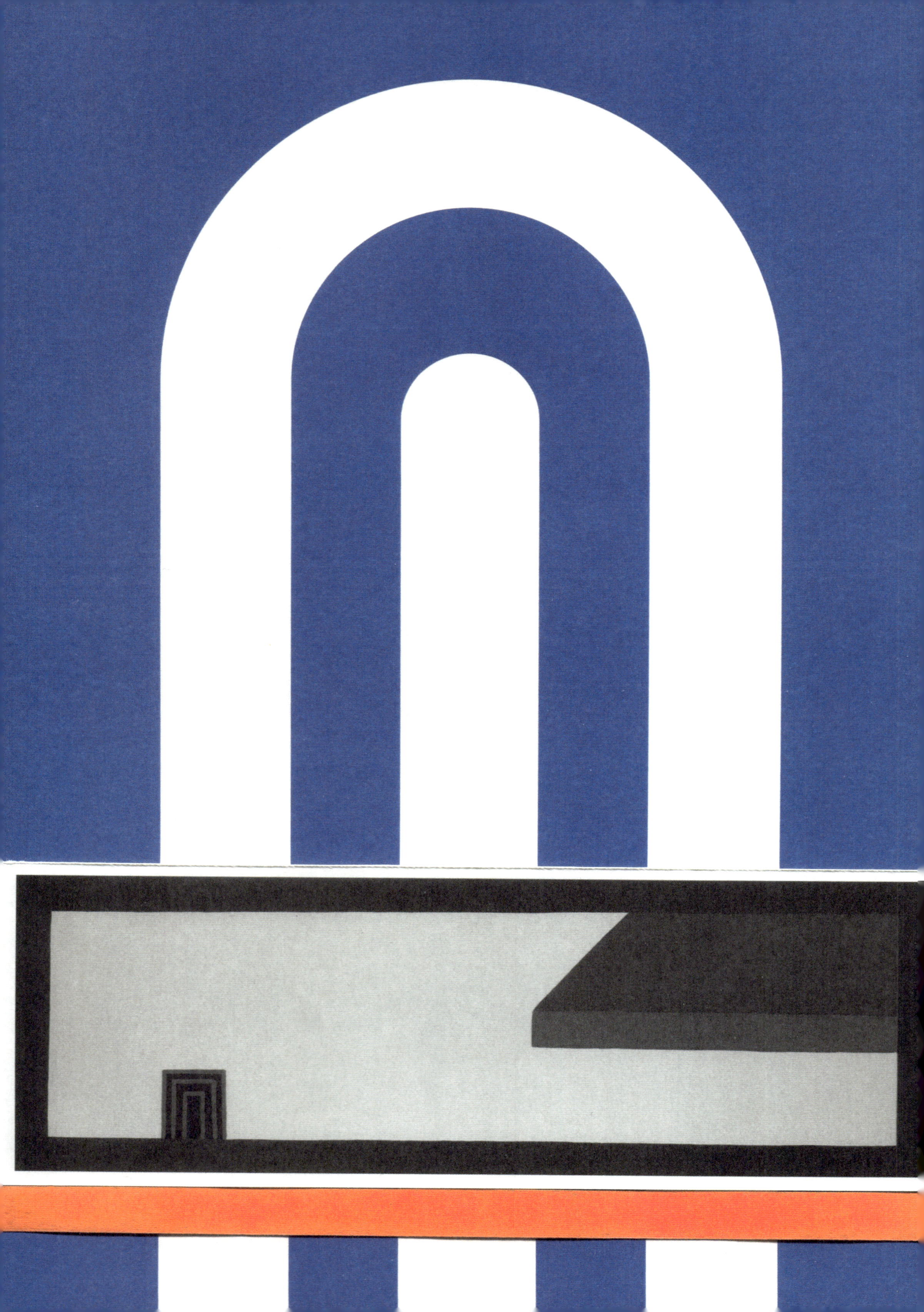

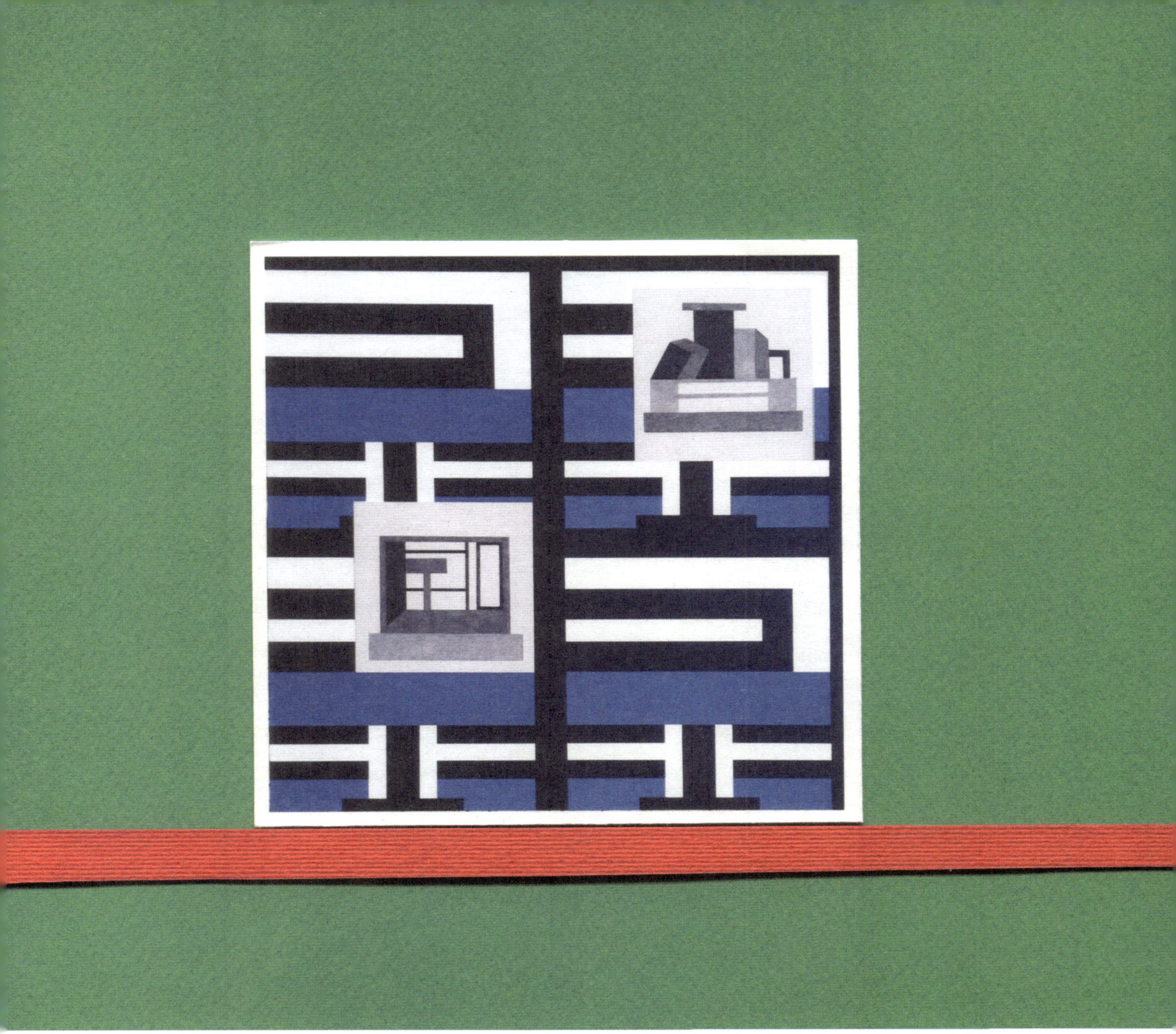

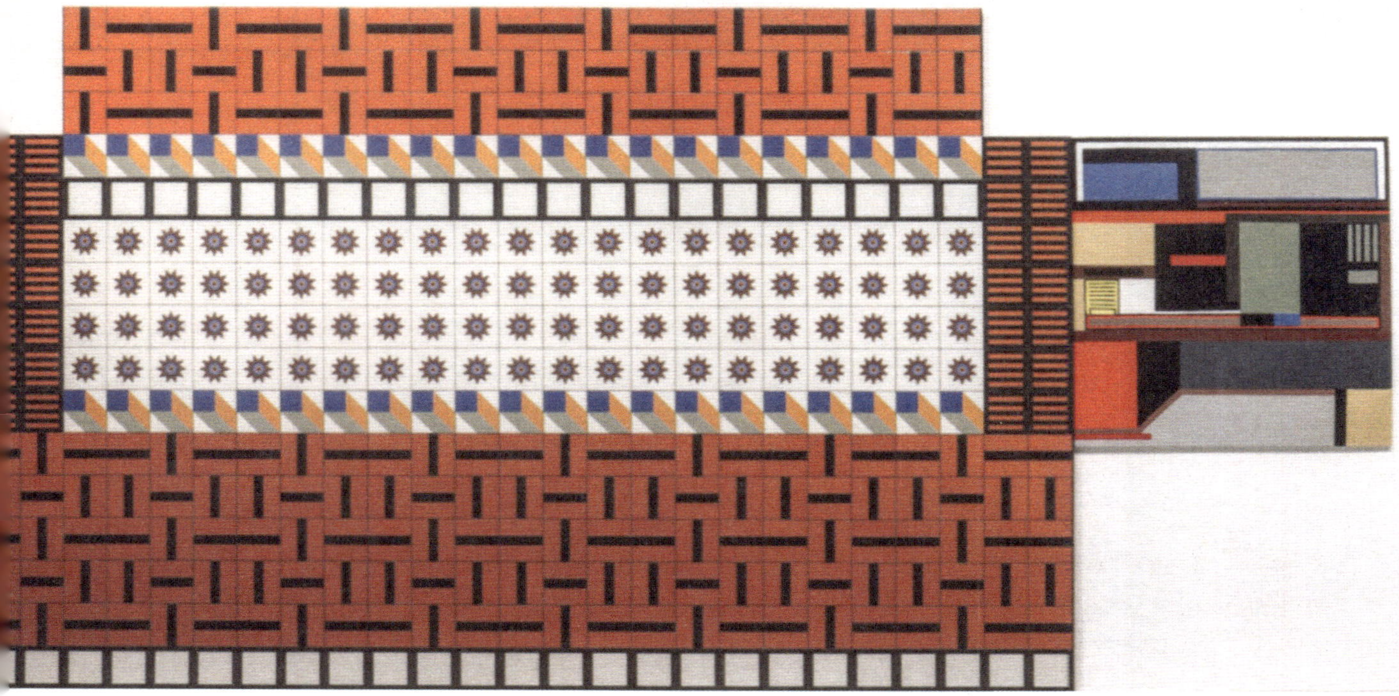

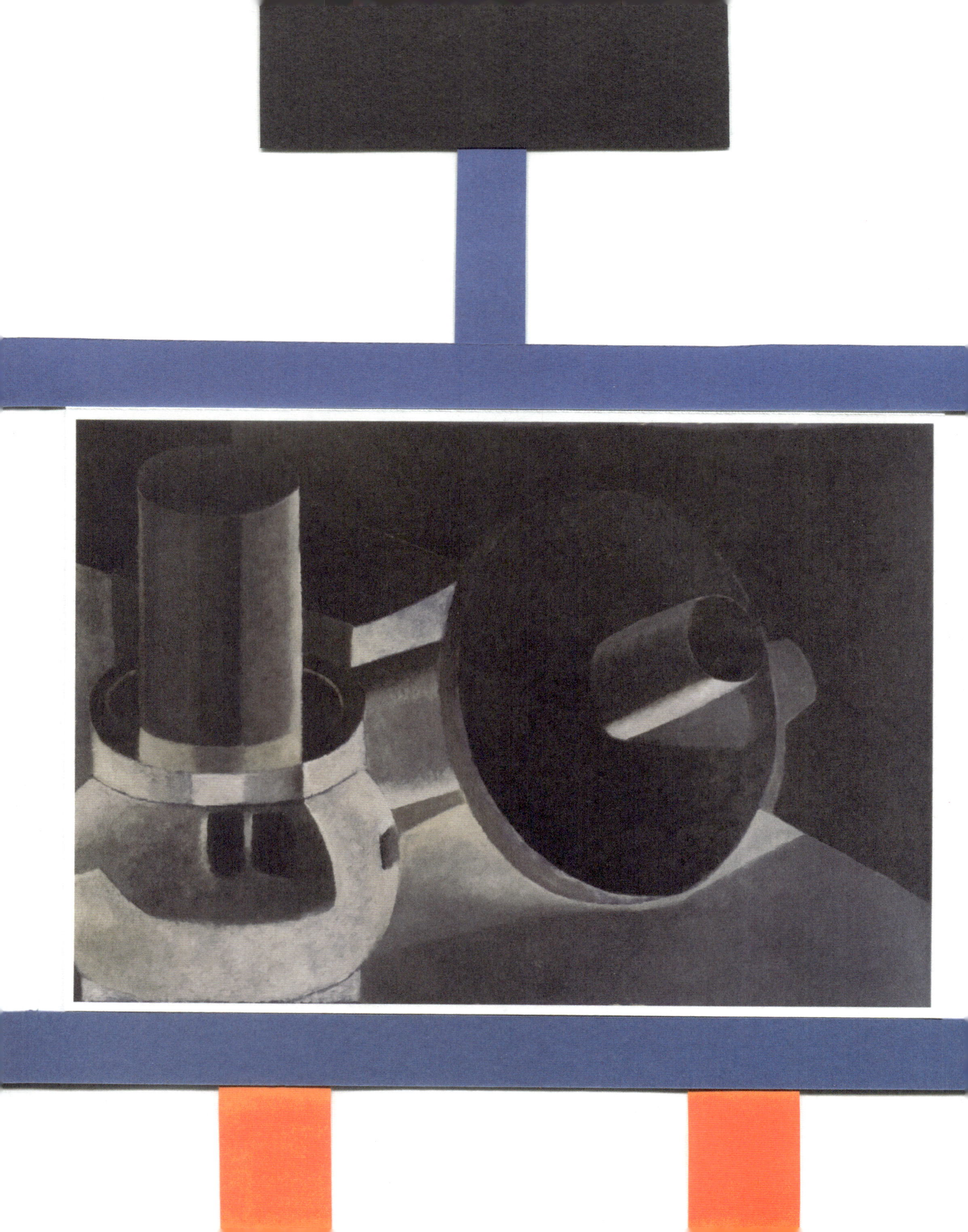

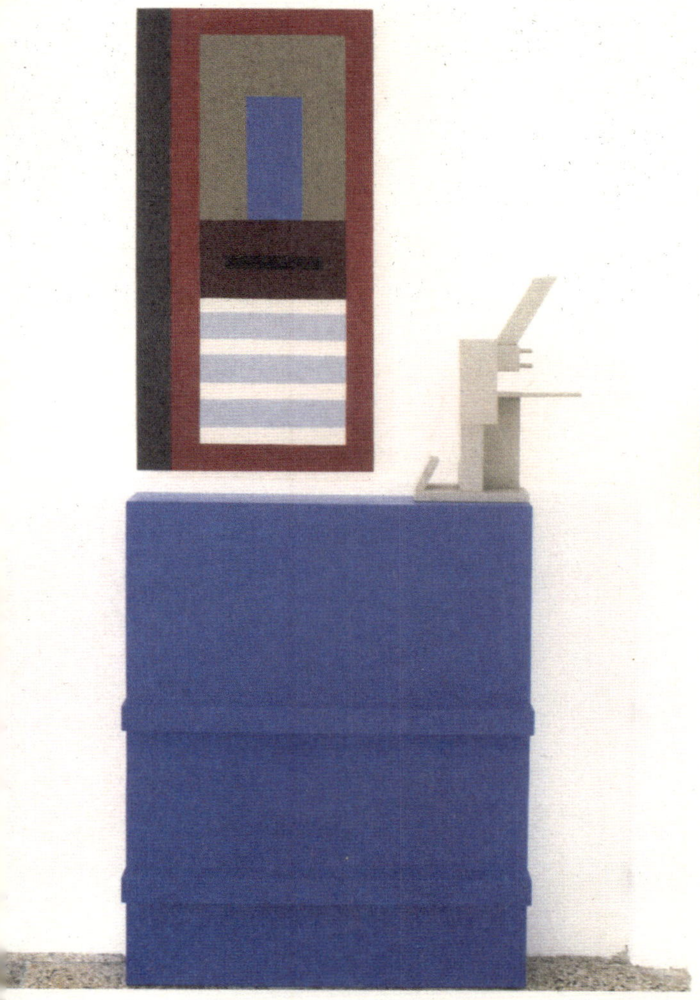

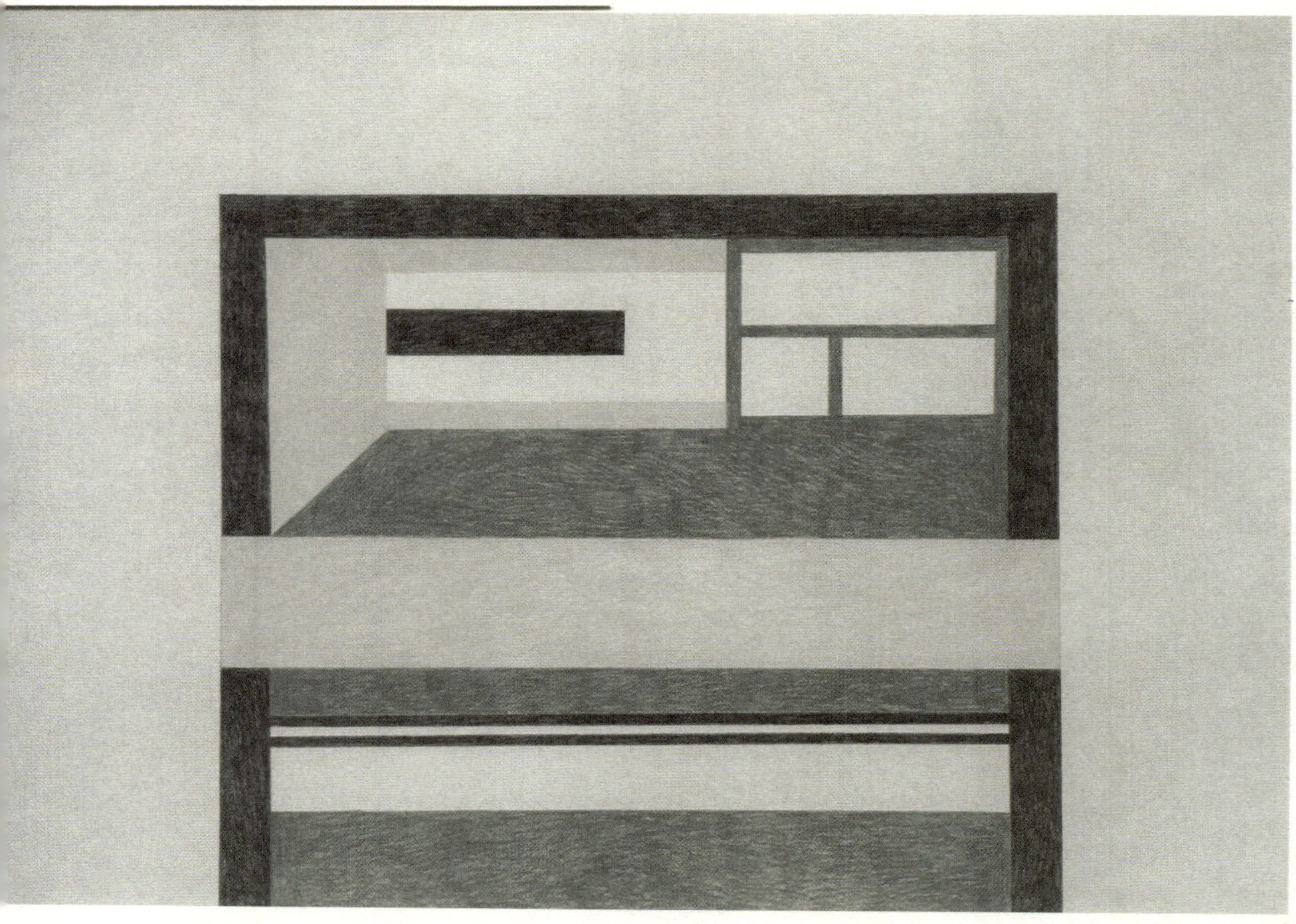

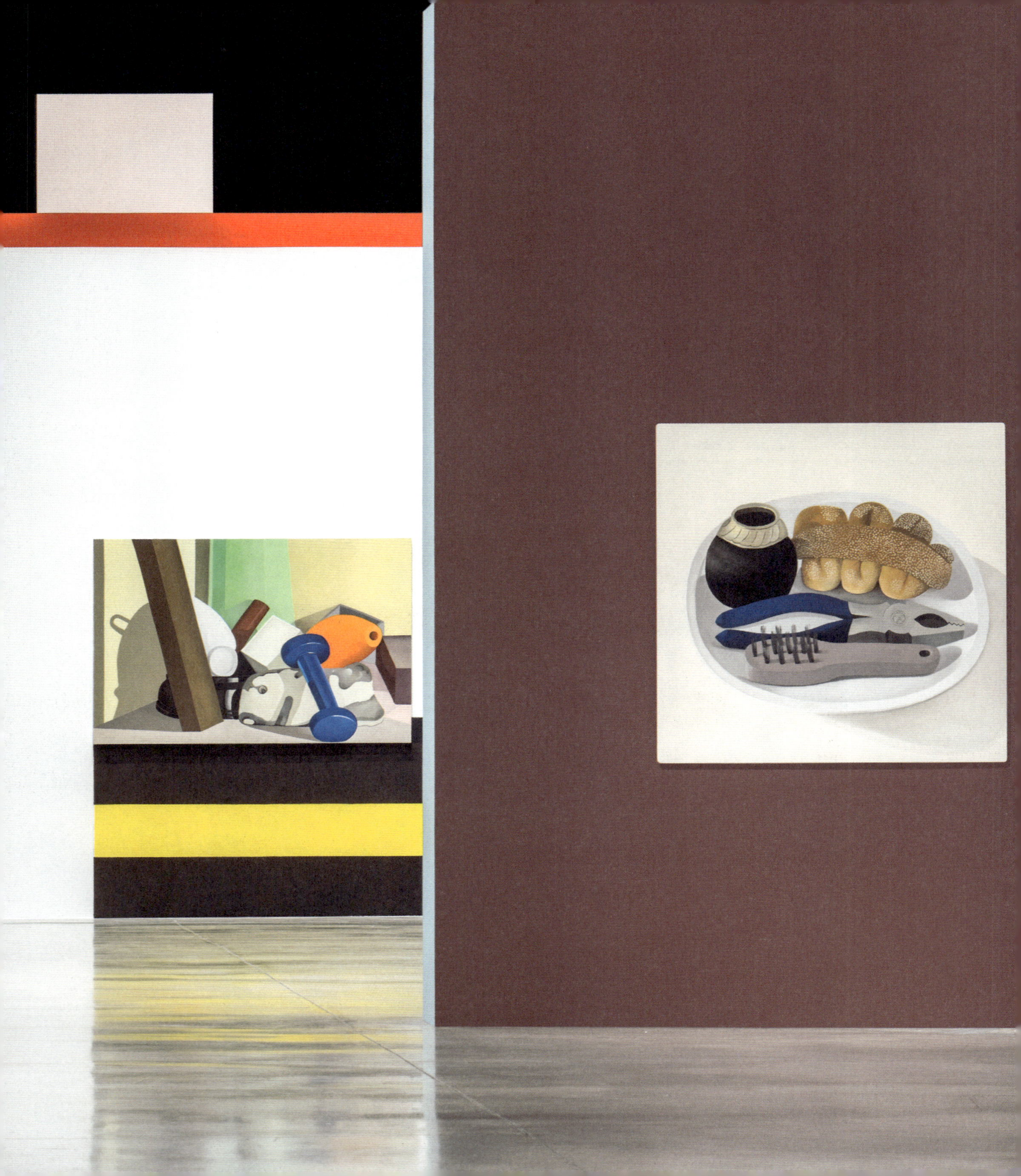

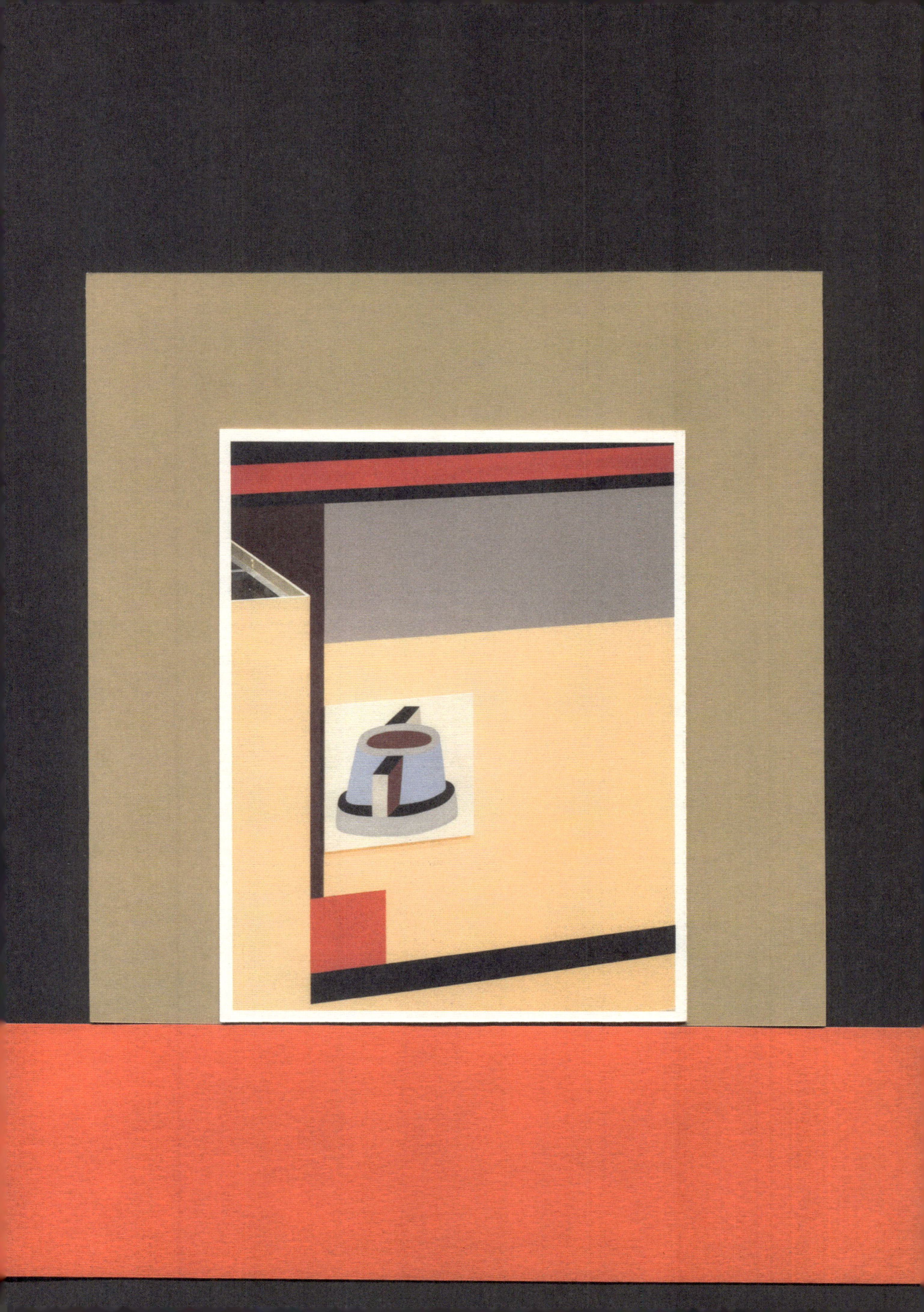

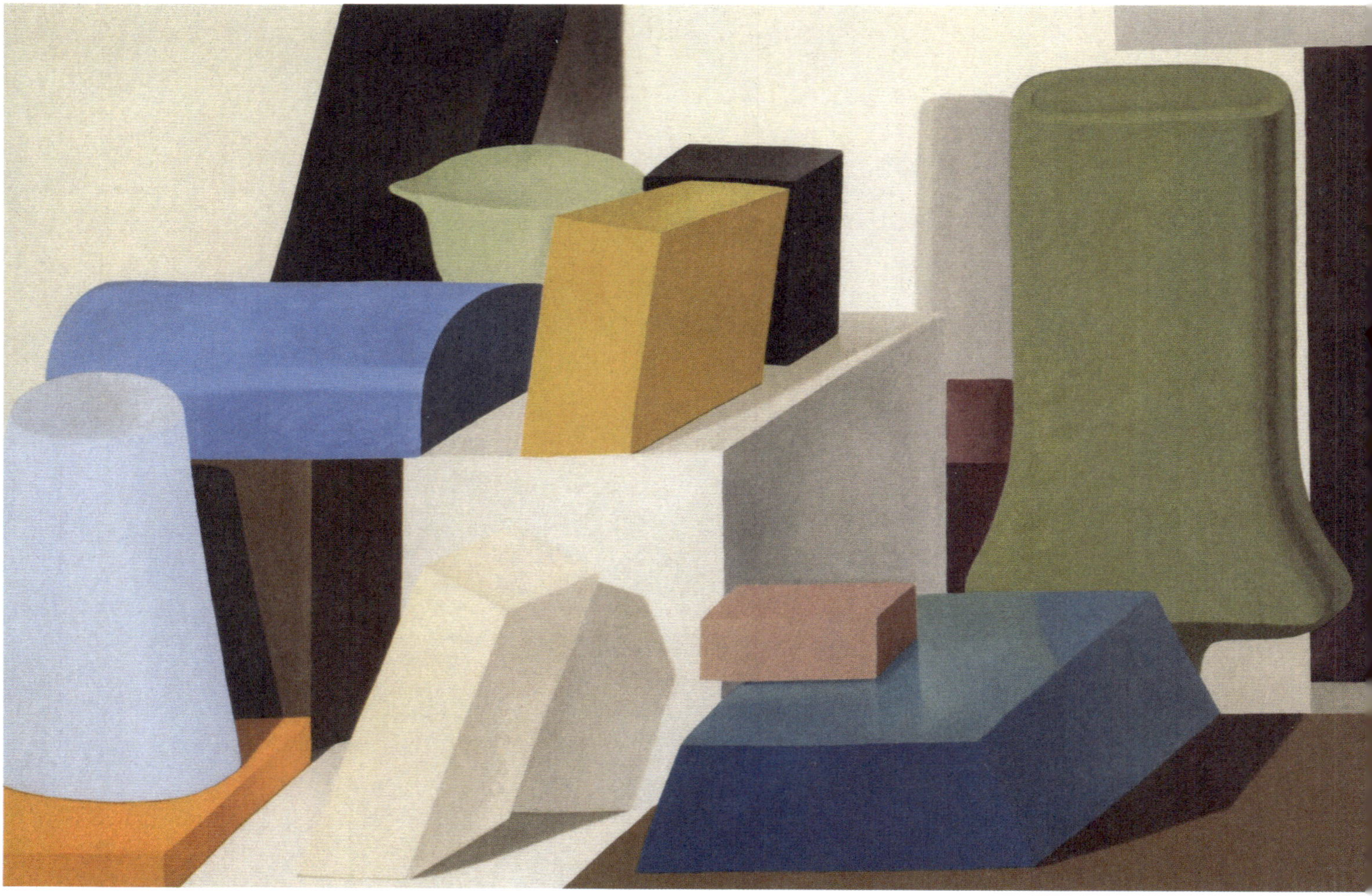

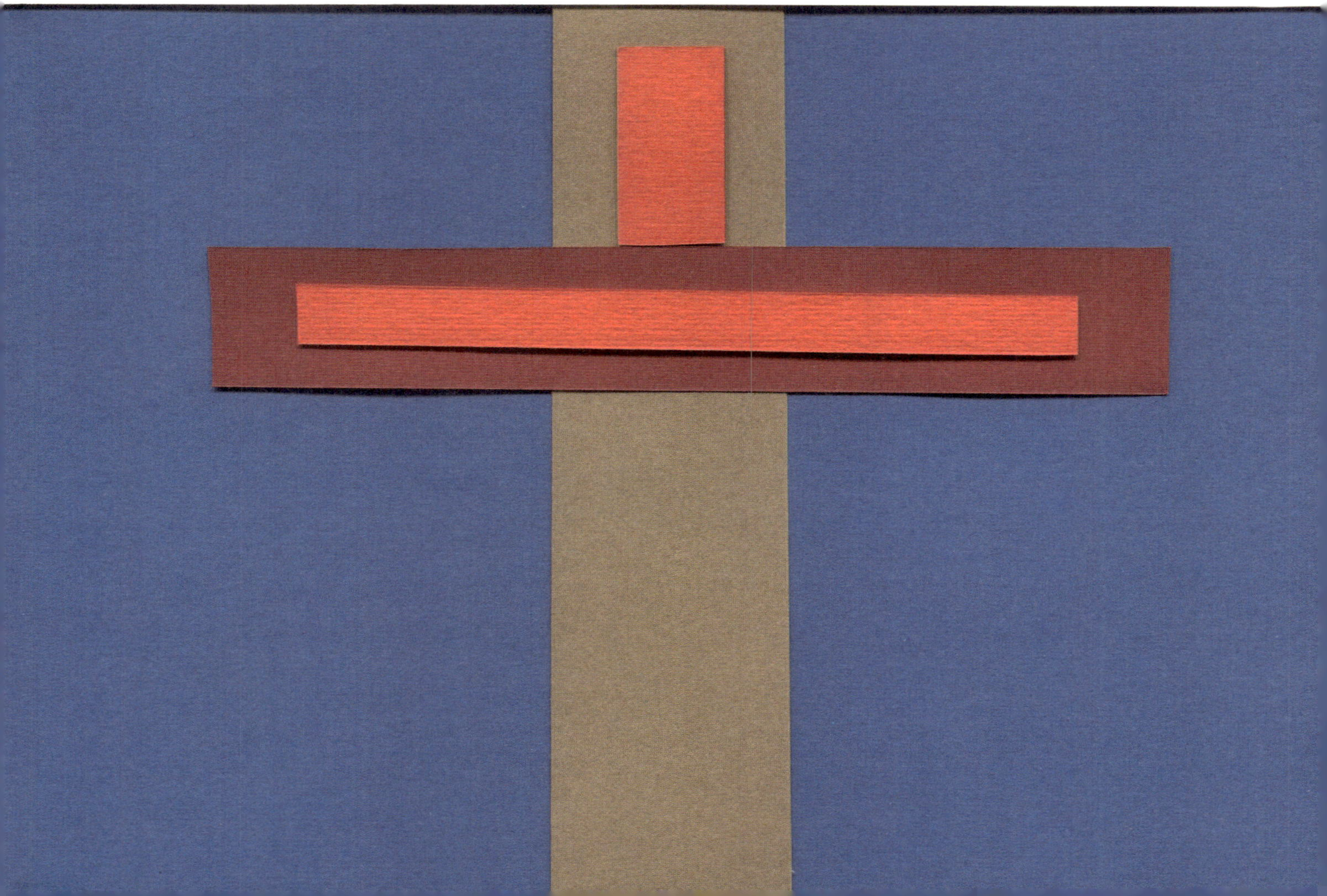

«La pittura» dice D. «è nata nelle caverne in un giorno di pioggia. Col diluvio universale, i pittori crebbero talmente di numero che... insomma, ci siamo capiti.» In questo senso, il pittore D. è antidiluviano, gli piace fare il semplice, non pronuncia mai la parola arte, veste come un piccolo commerciante, si illumina soltanto quando parla di cucina.

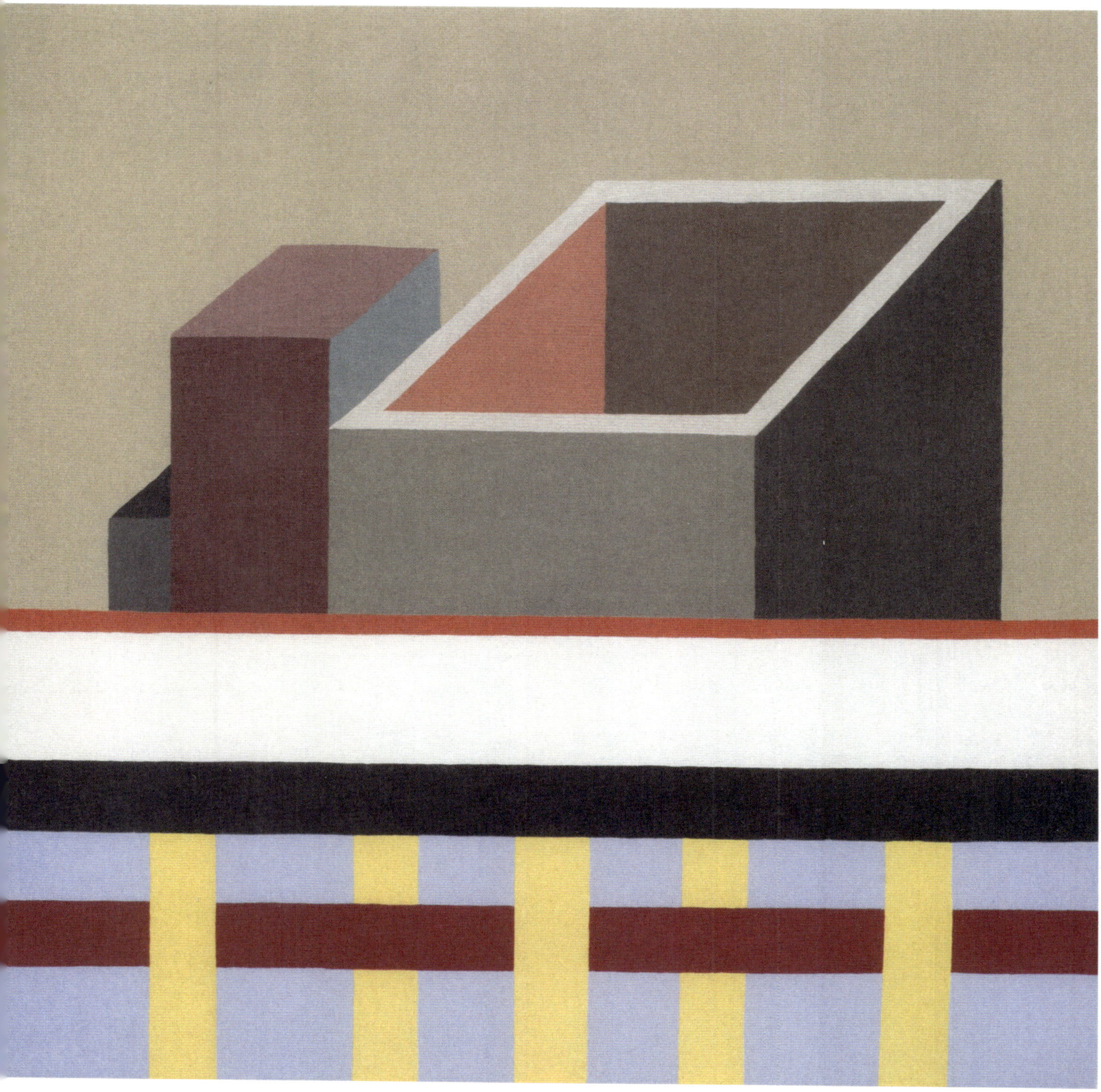

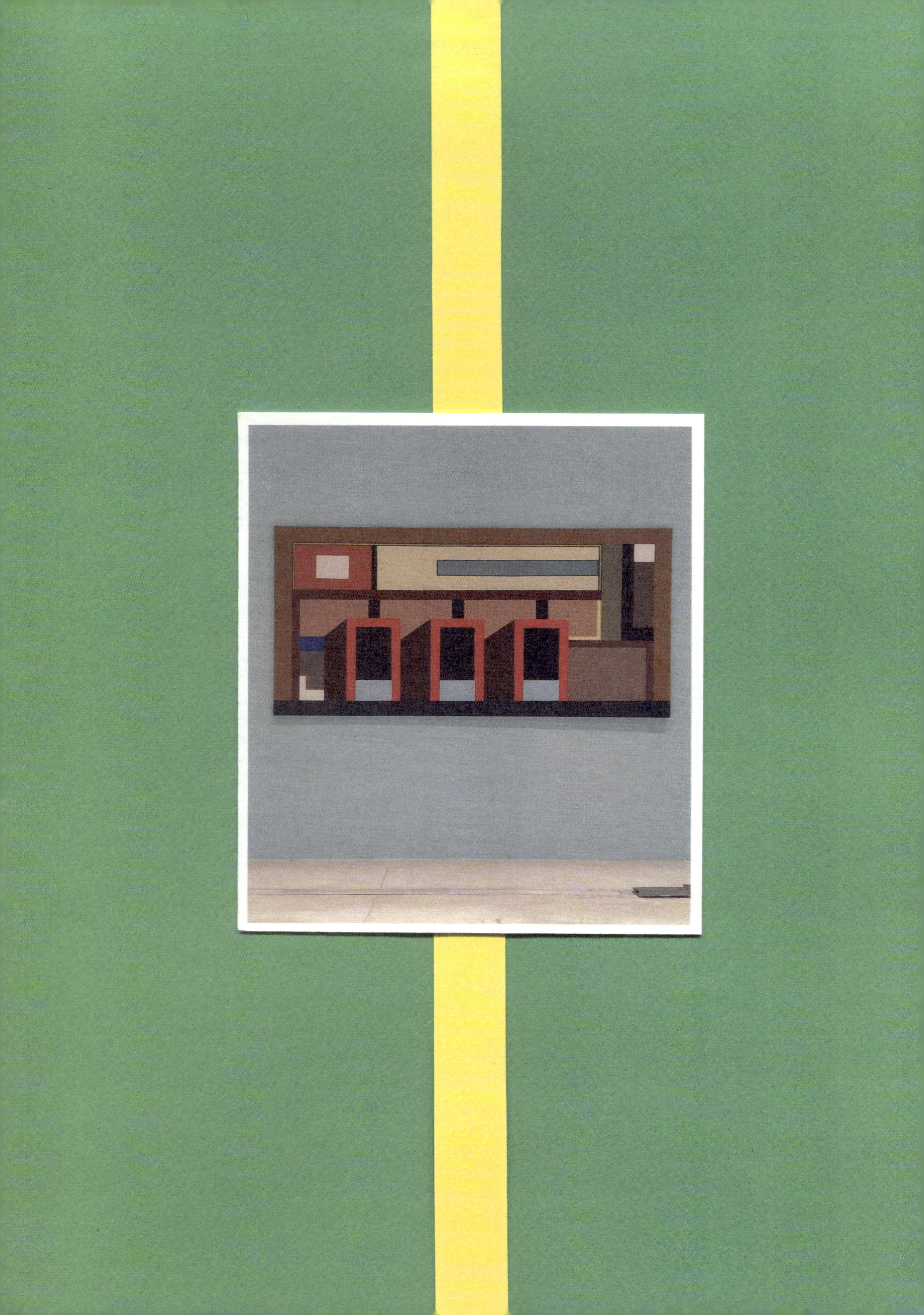

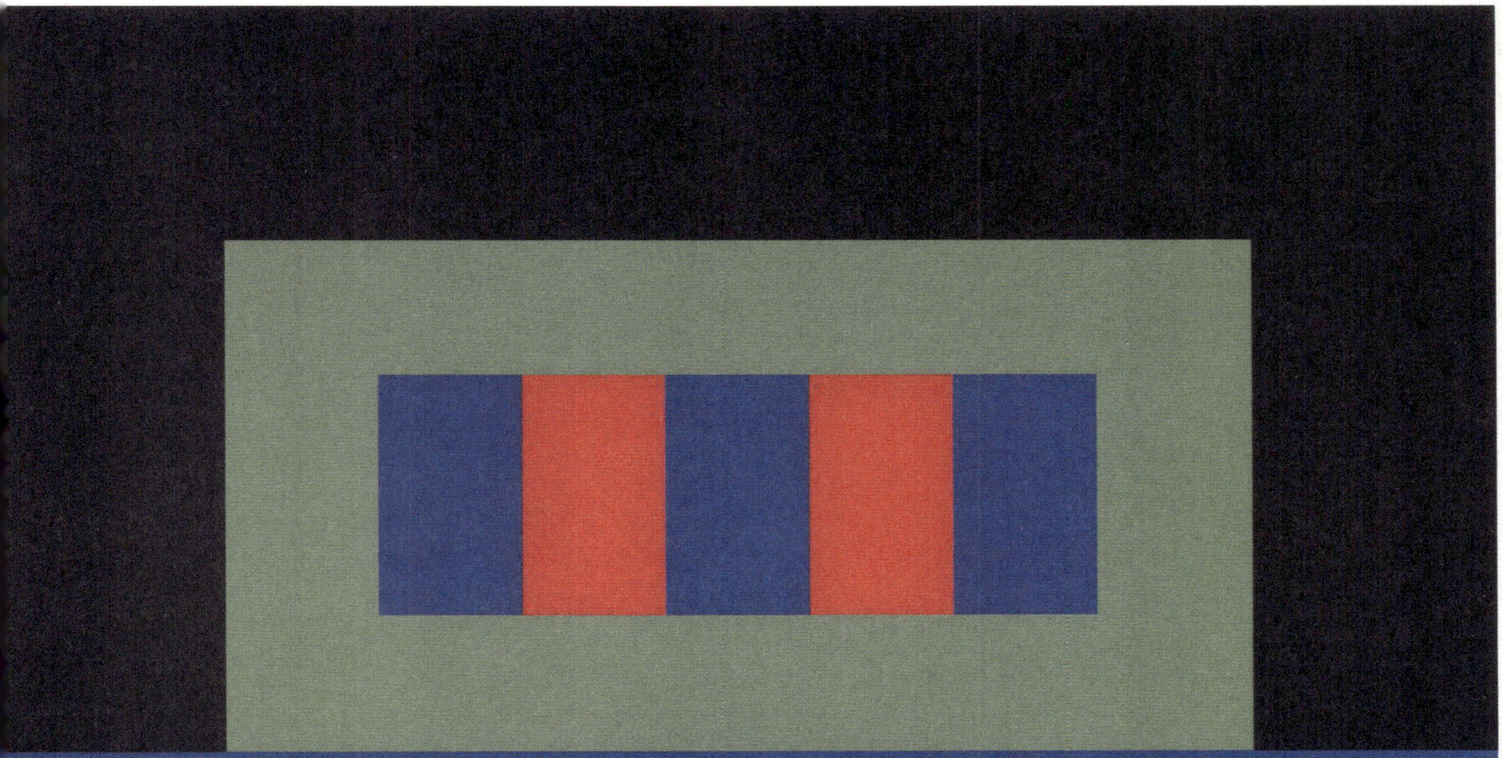

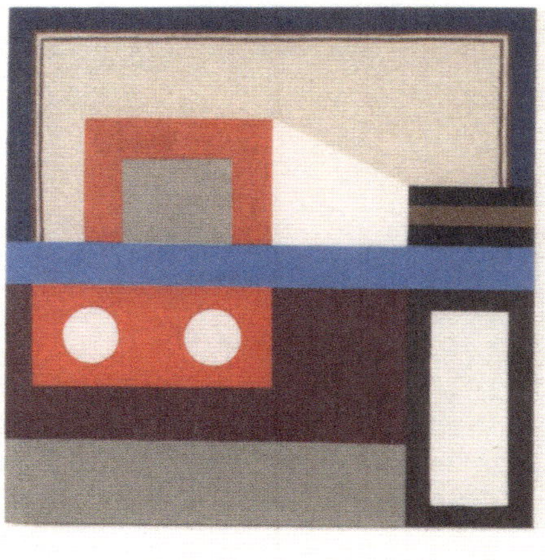

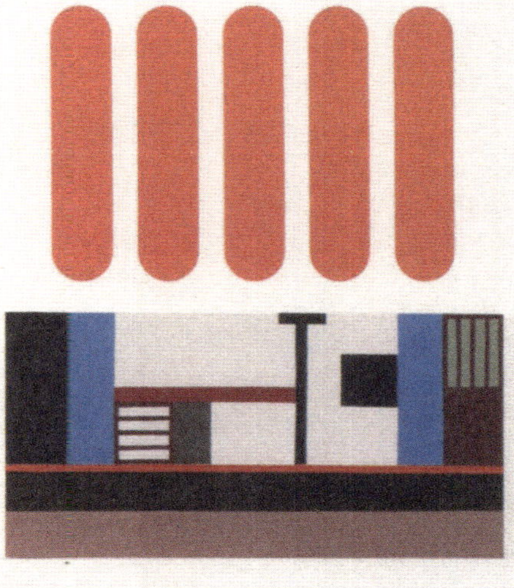

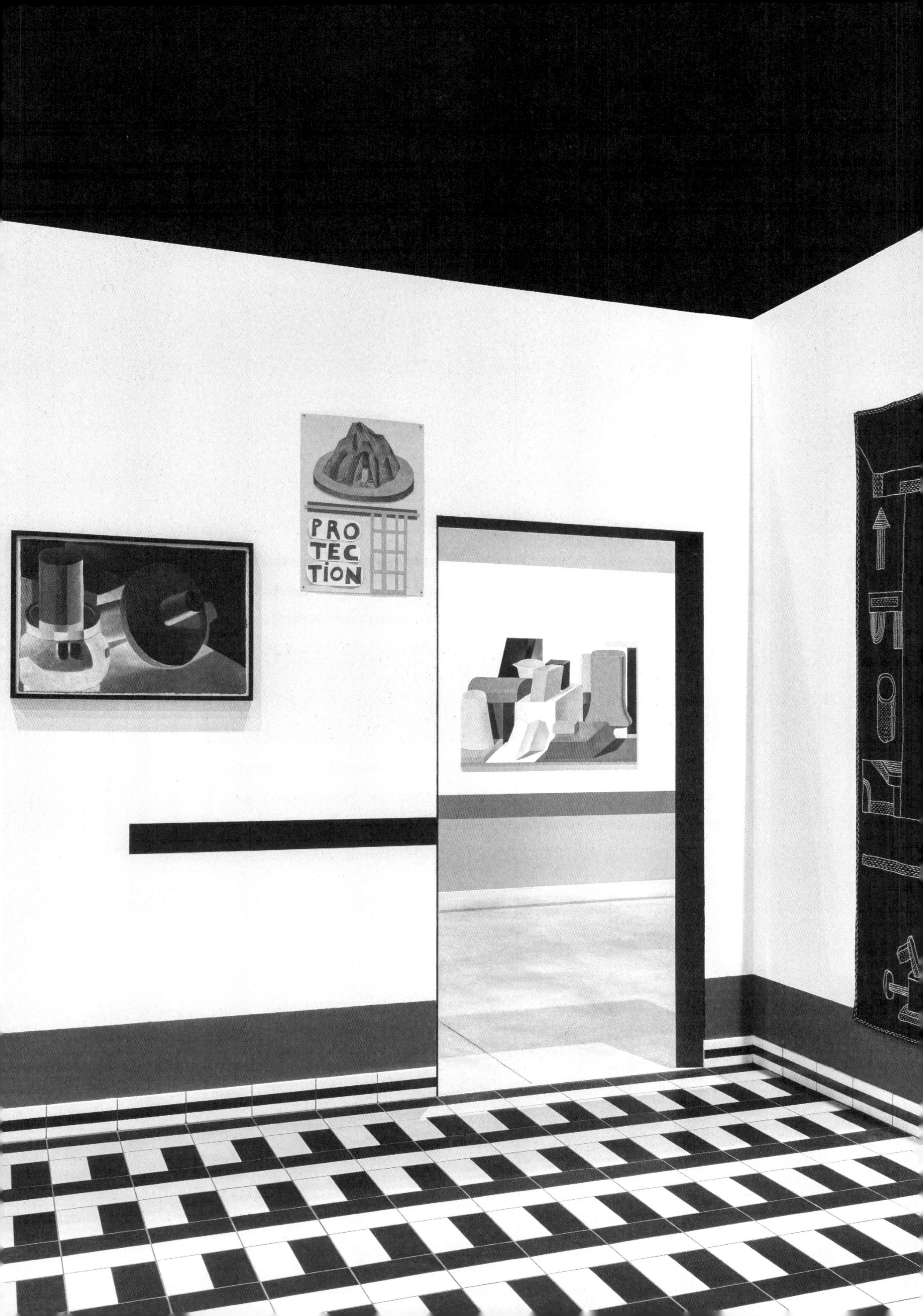
PRO
TEC
TION

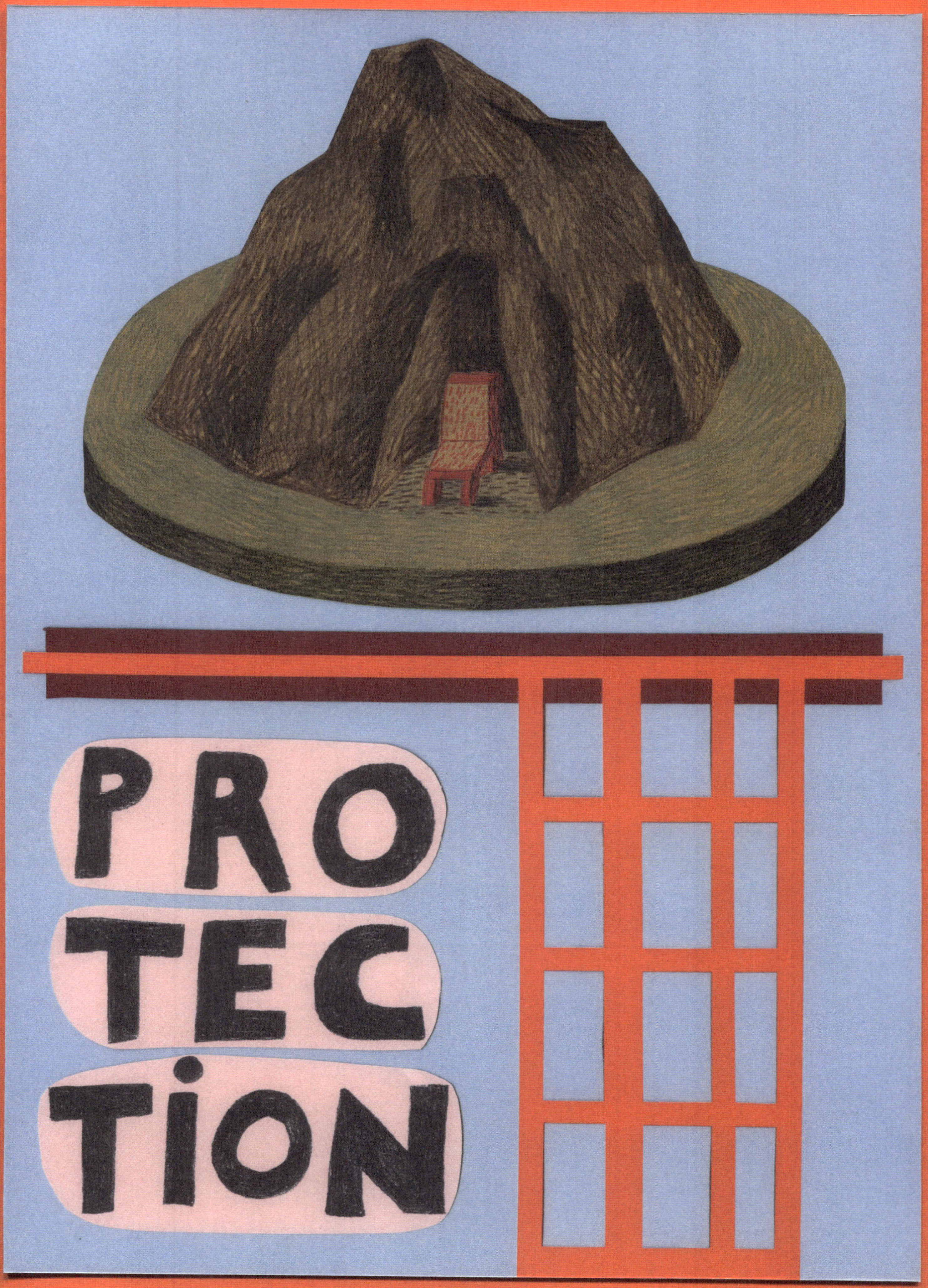
PRO
TEC
TiON

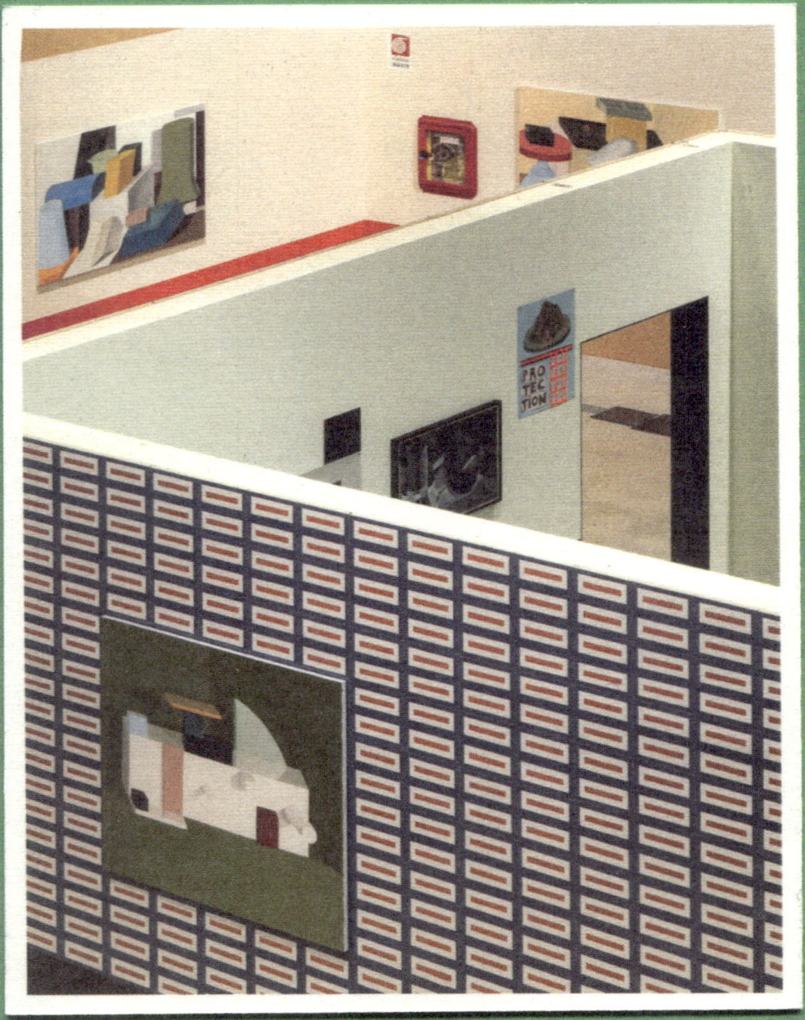
PRO
TEC
TION

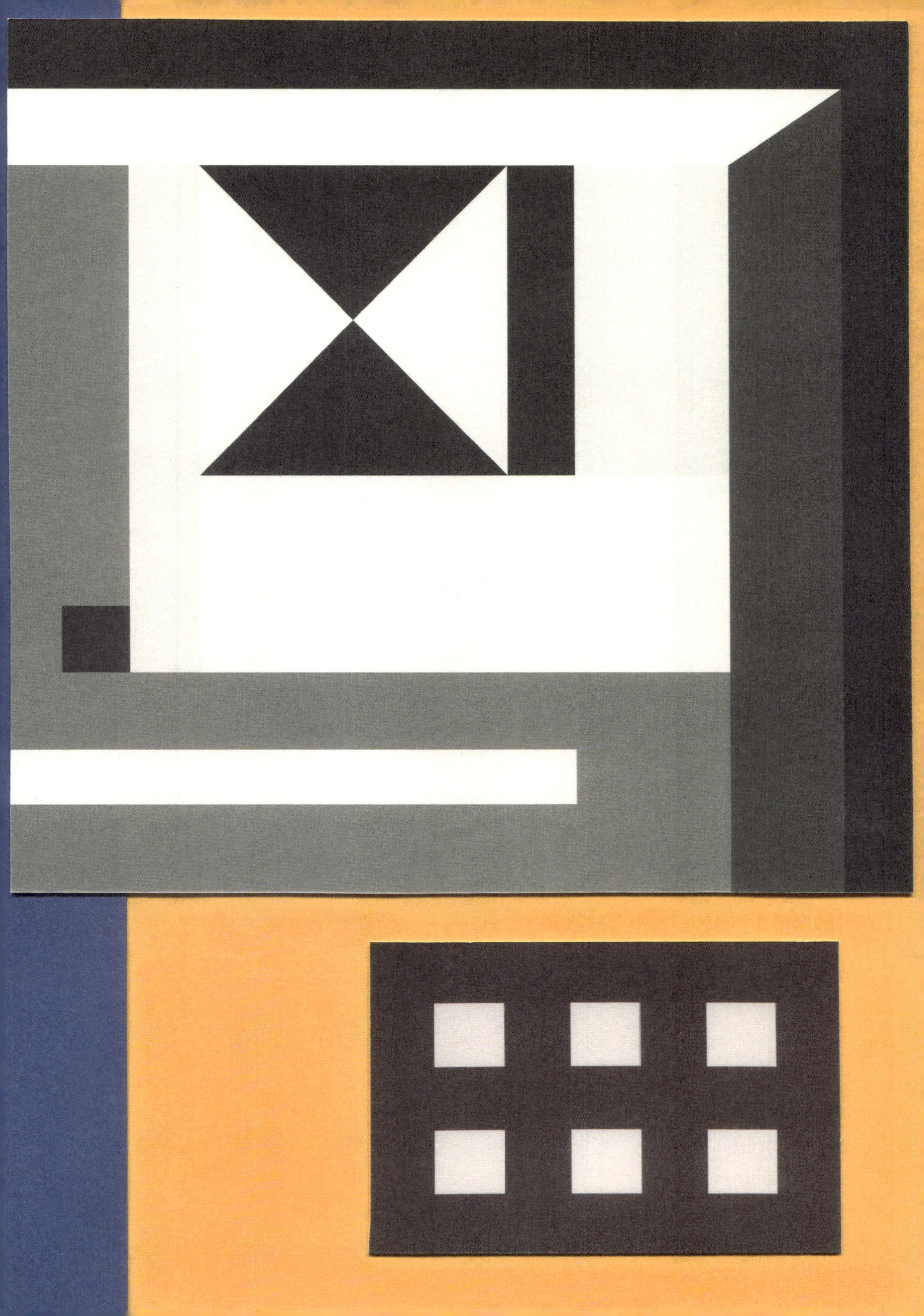

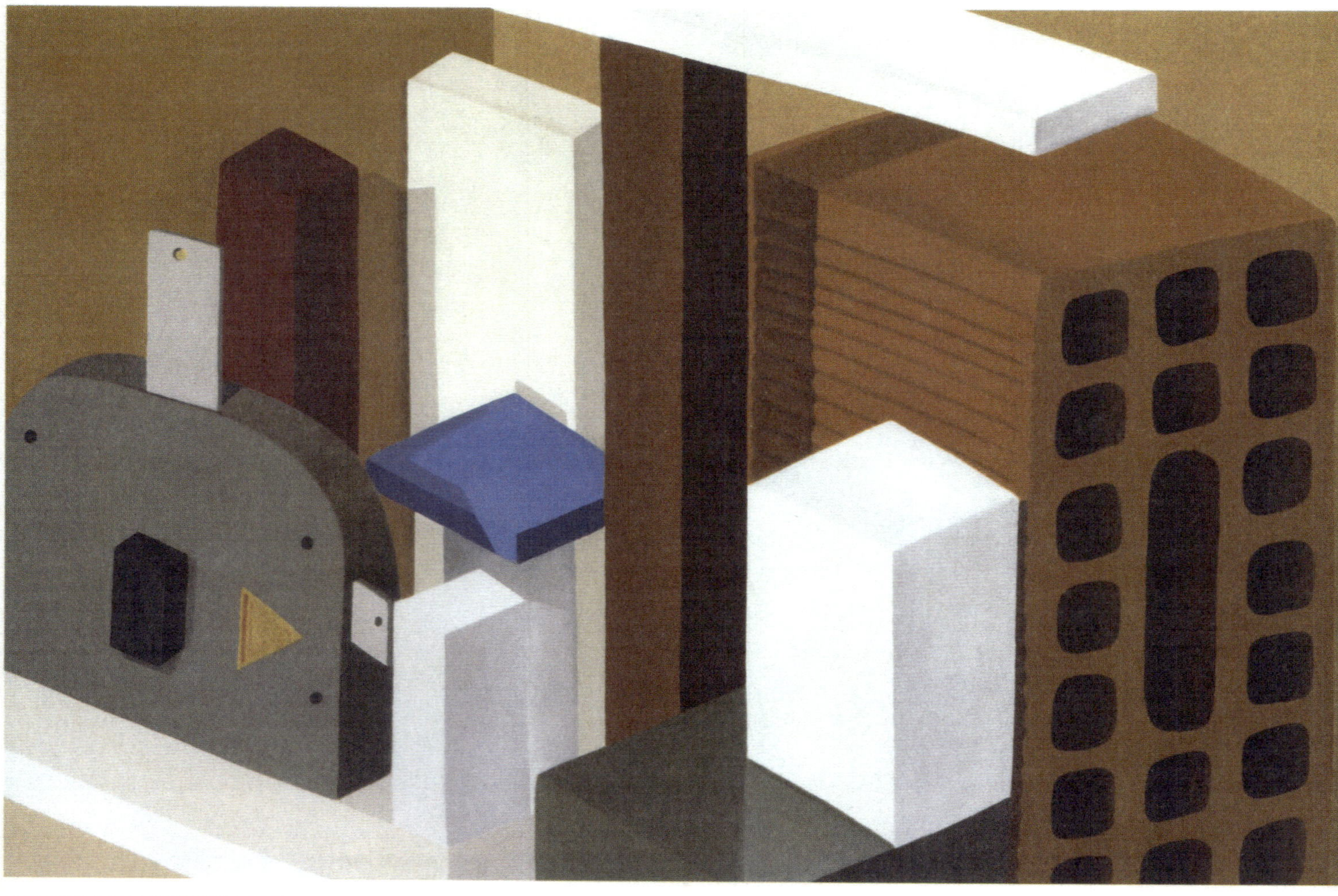

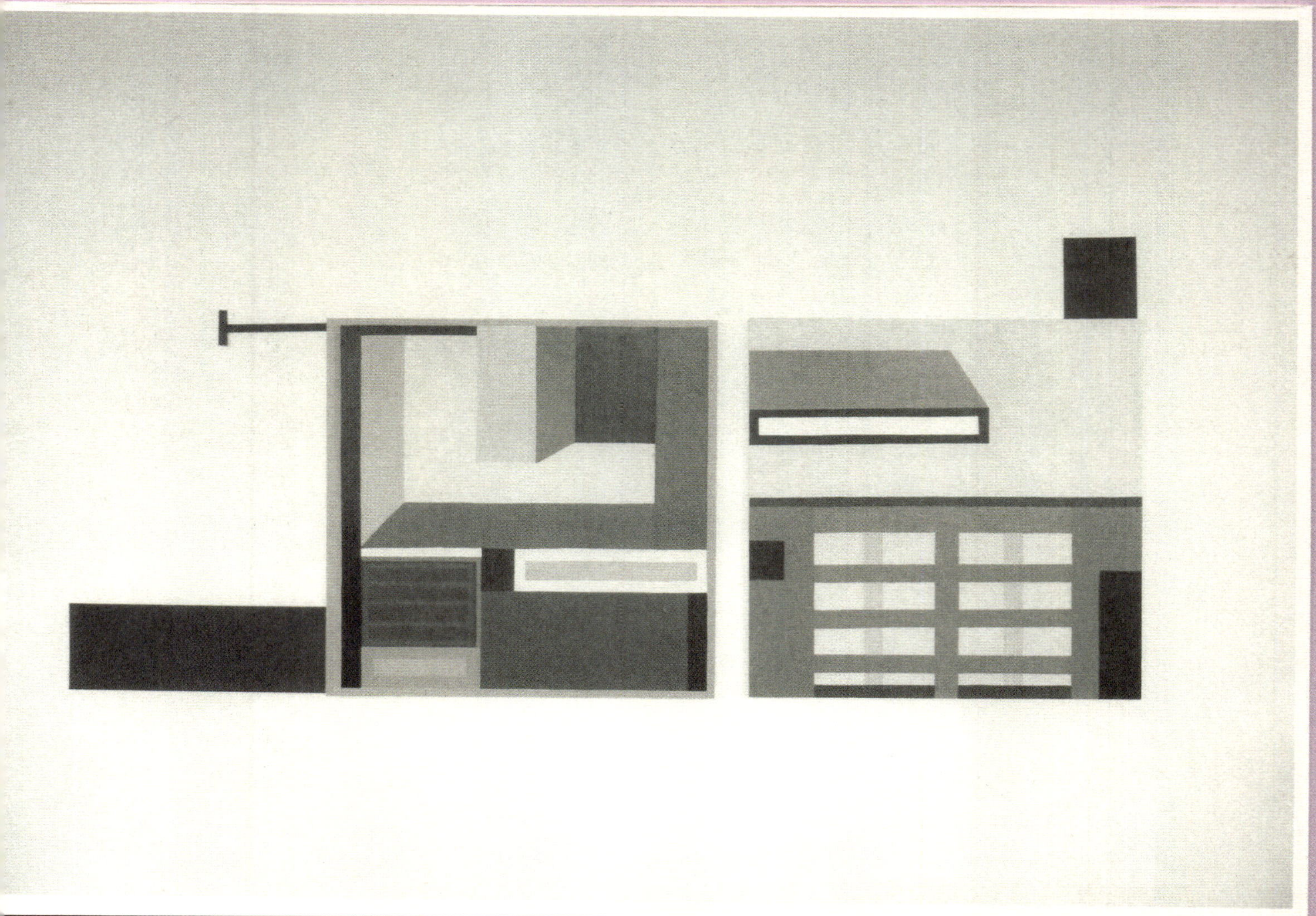

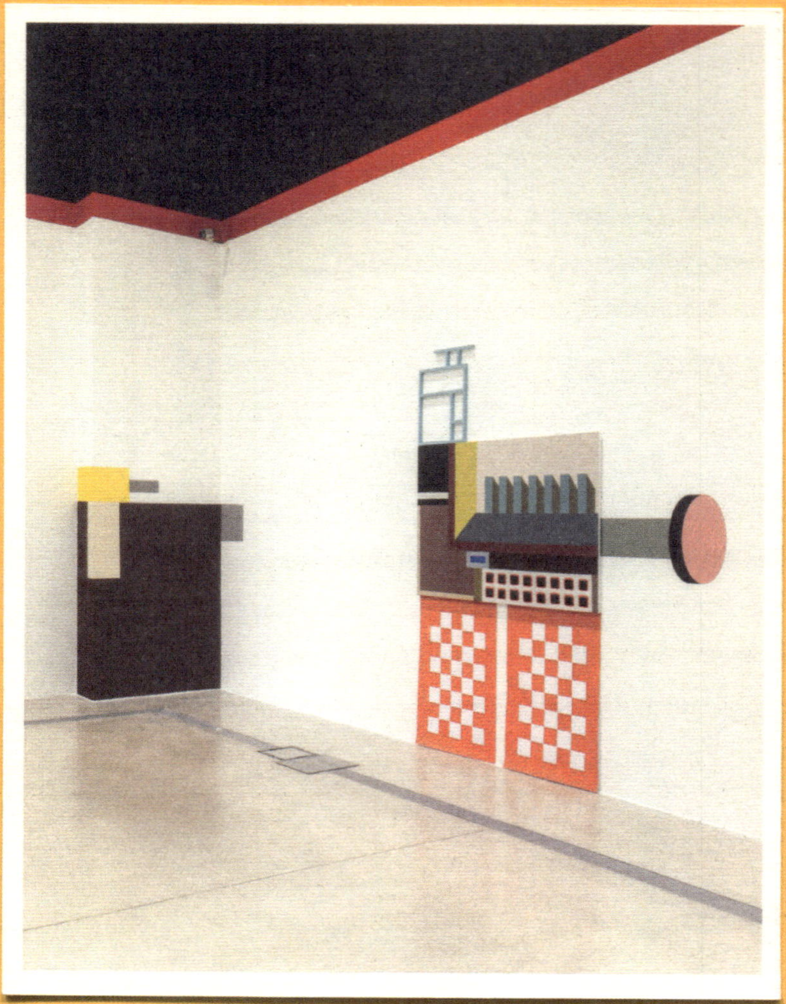

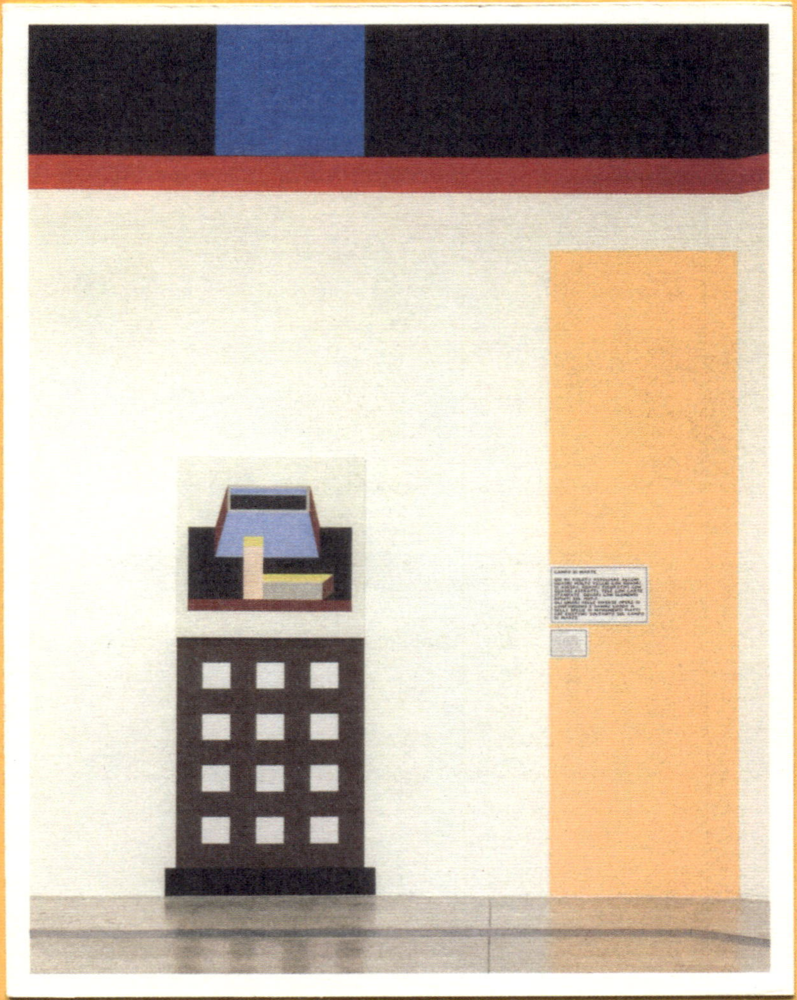

Tale è il virtuoso potere dei libri che in coloro che sono iniziati e reverenti esso può operare in forza del titolo, o più propriamente della copertina.

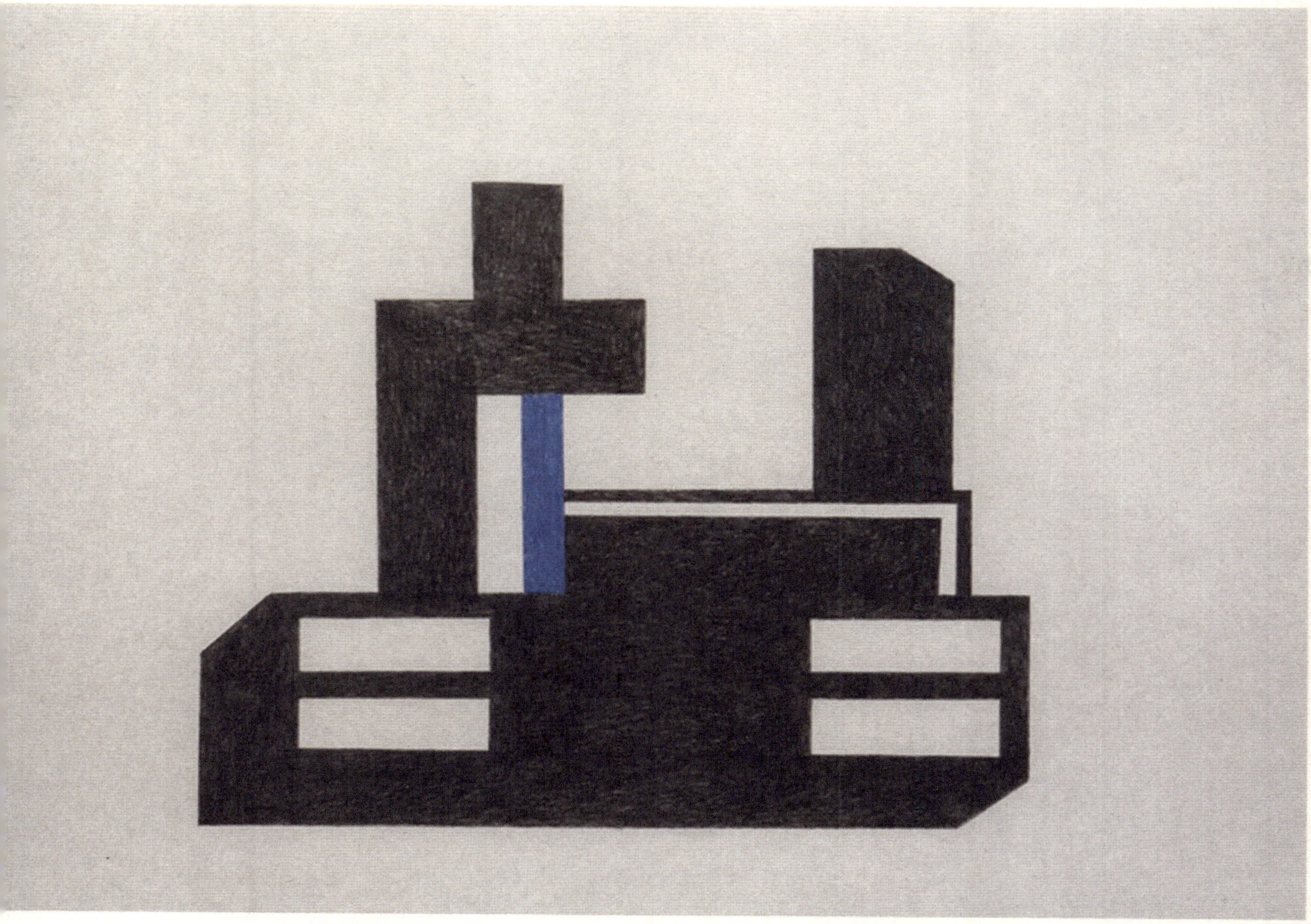

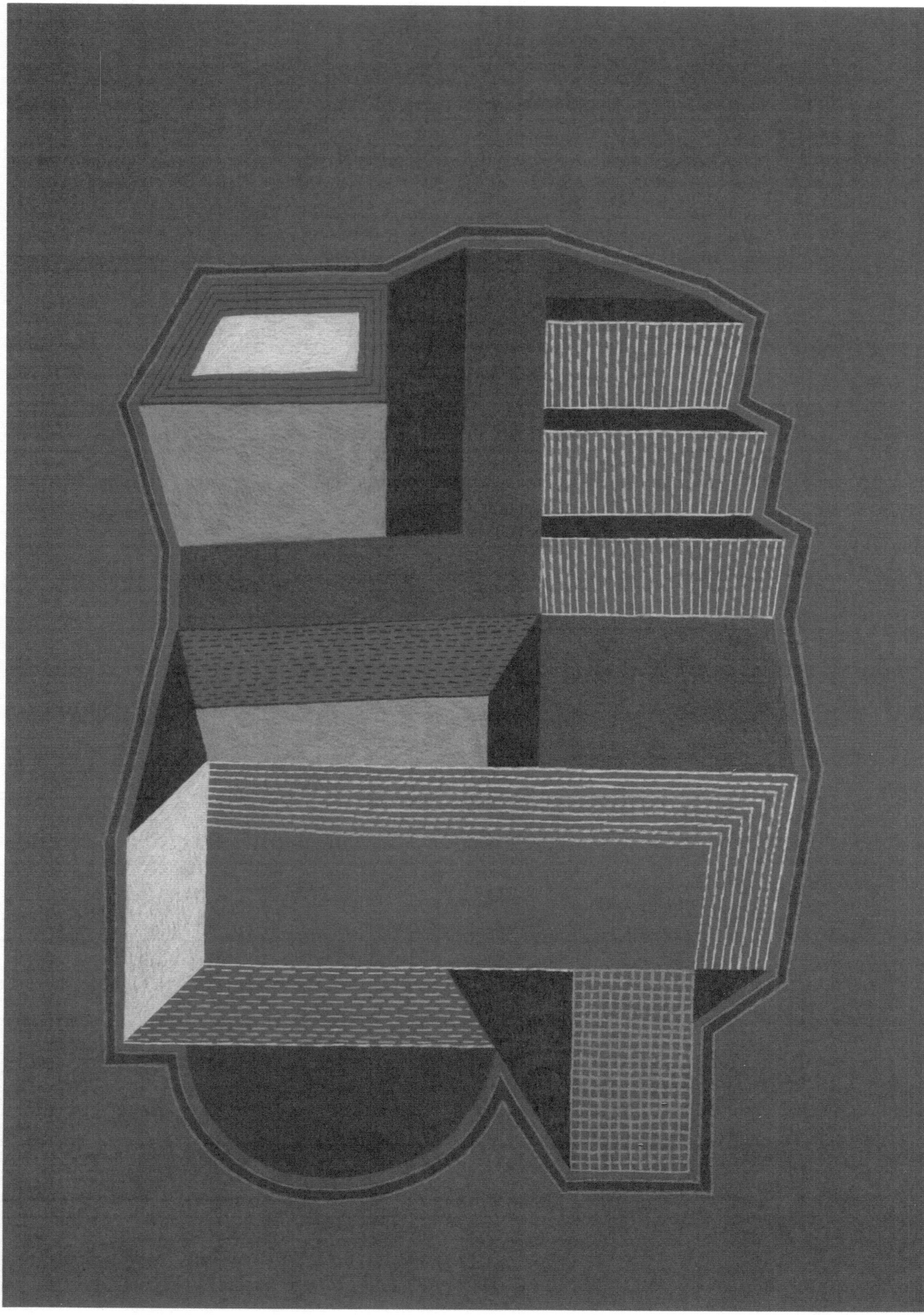

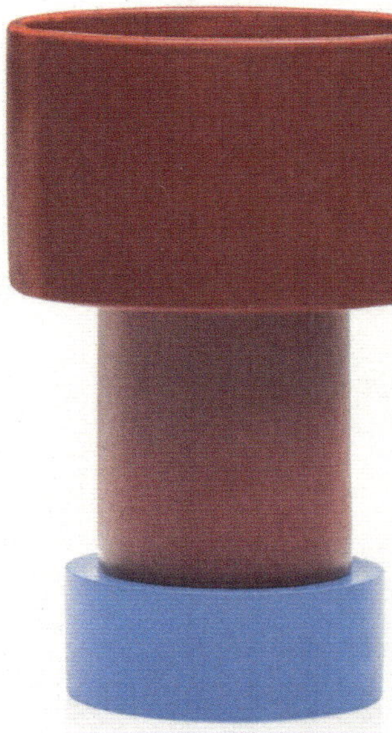
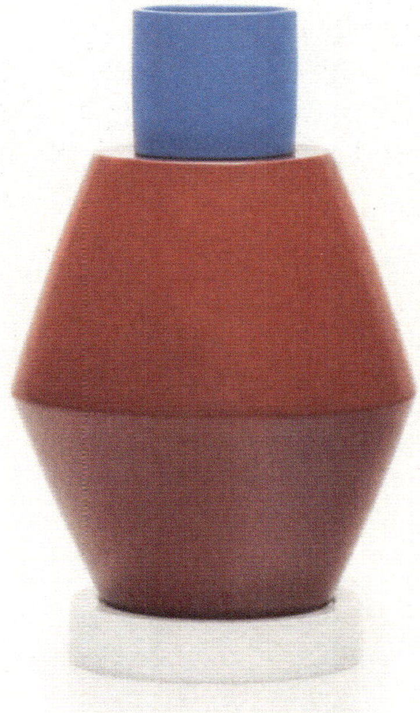
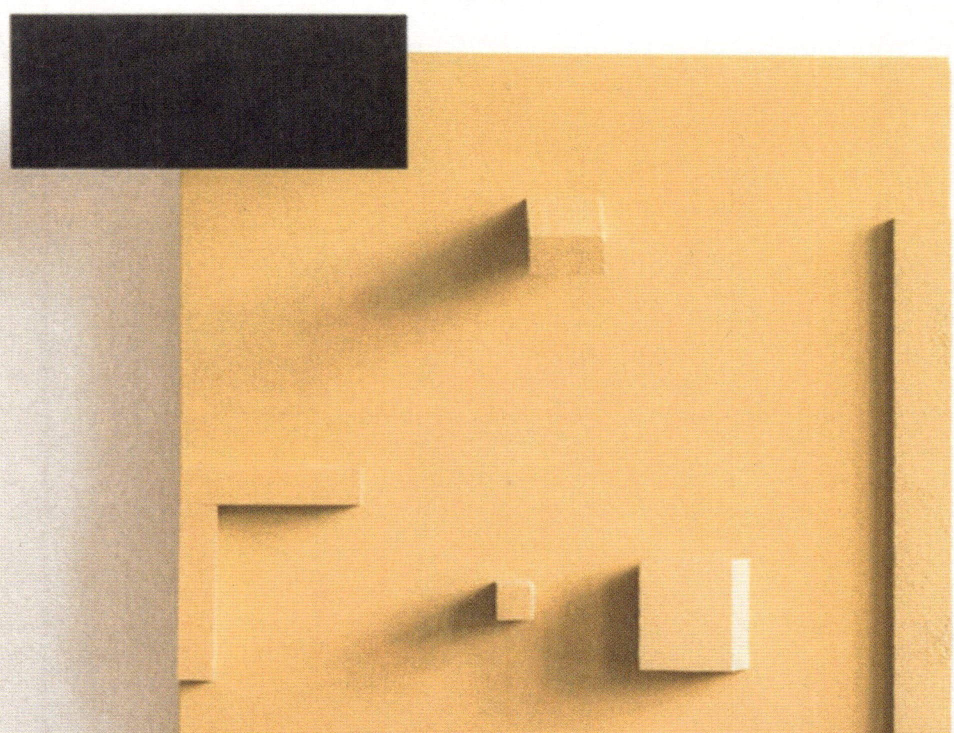

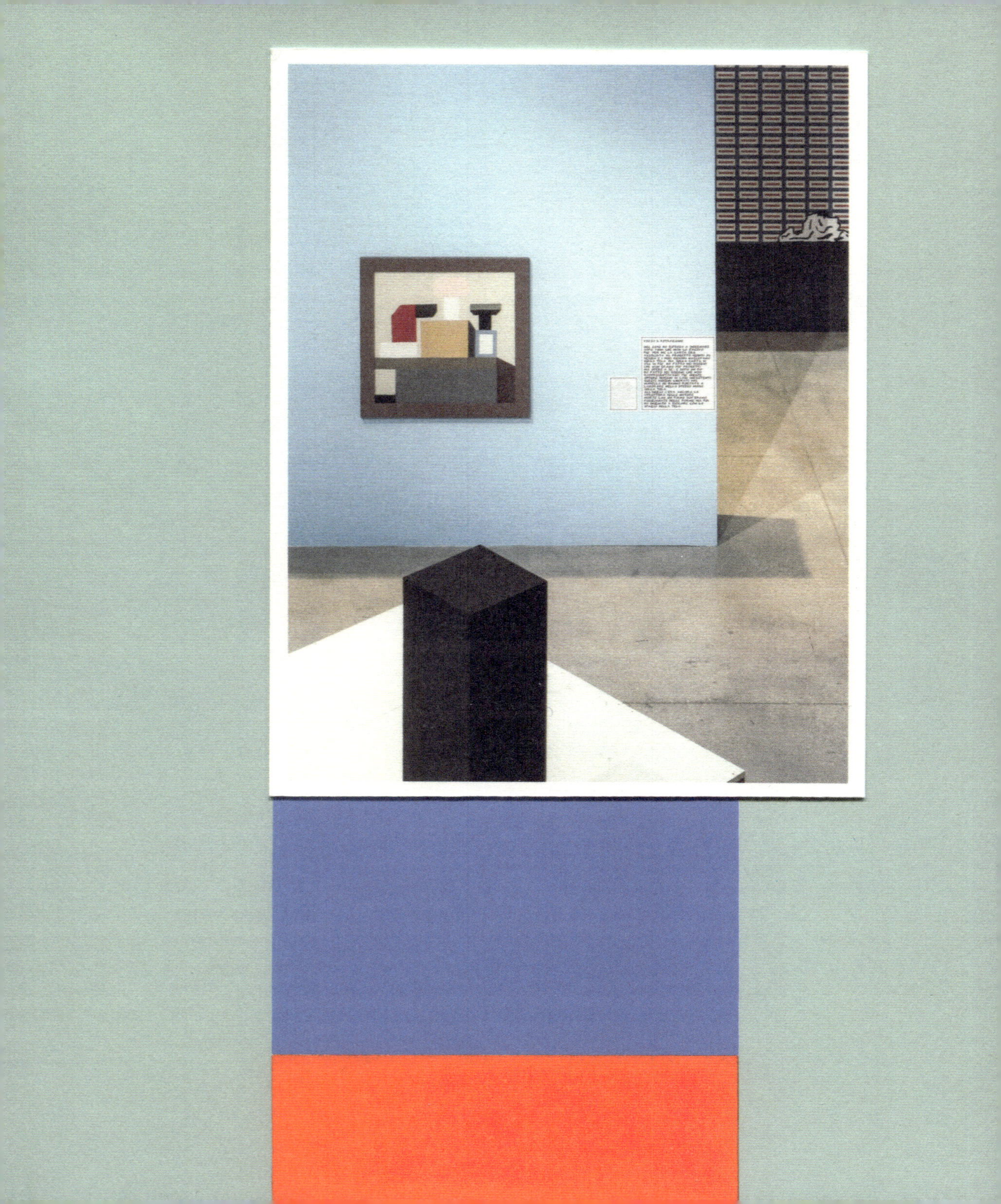

Da cosa nasce cosa

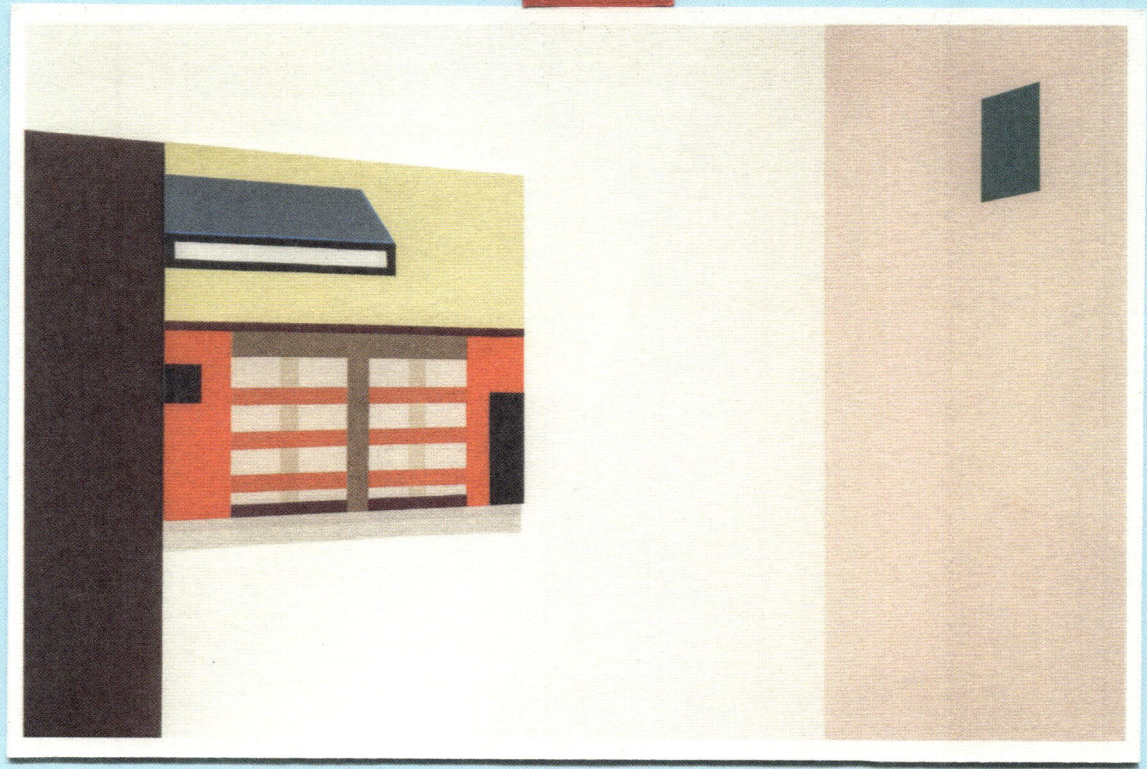

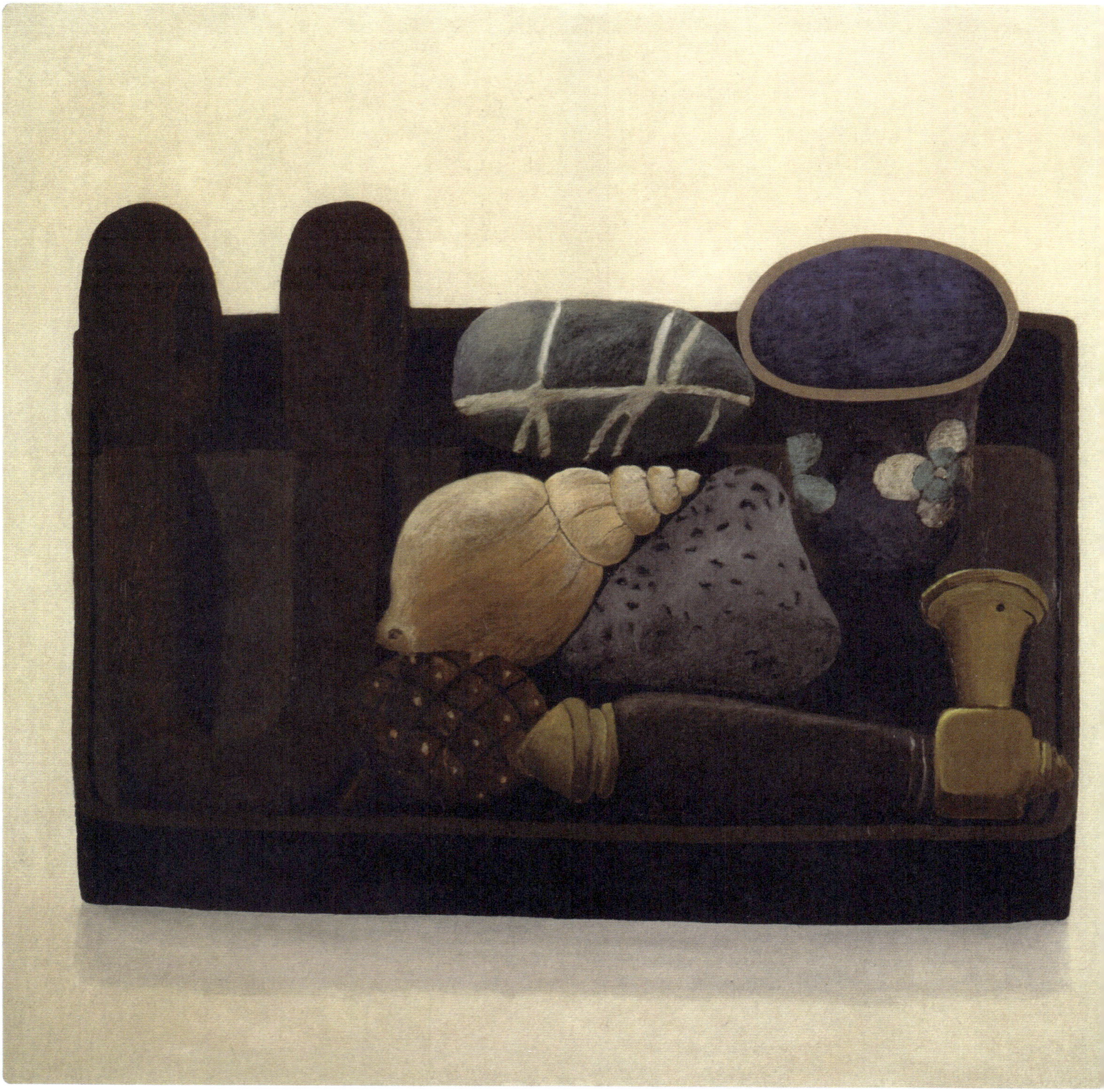

Per il tipo d'arredamento considerato elegante
nell'ultima parte dell'800 soltanto le parole
bric-à brac o junk (inglese) o cianfrusa-
glia sembrano termini appropriati.
L'esempio lo dettero gli studi degli artisti
e su quelli si modellò il salotto di
buon gusto. già poco dopo il 1830 trovia-
mo il compiacimento nel bric-à-brac.

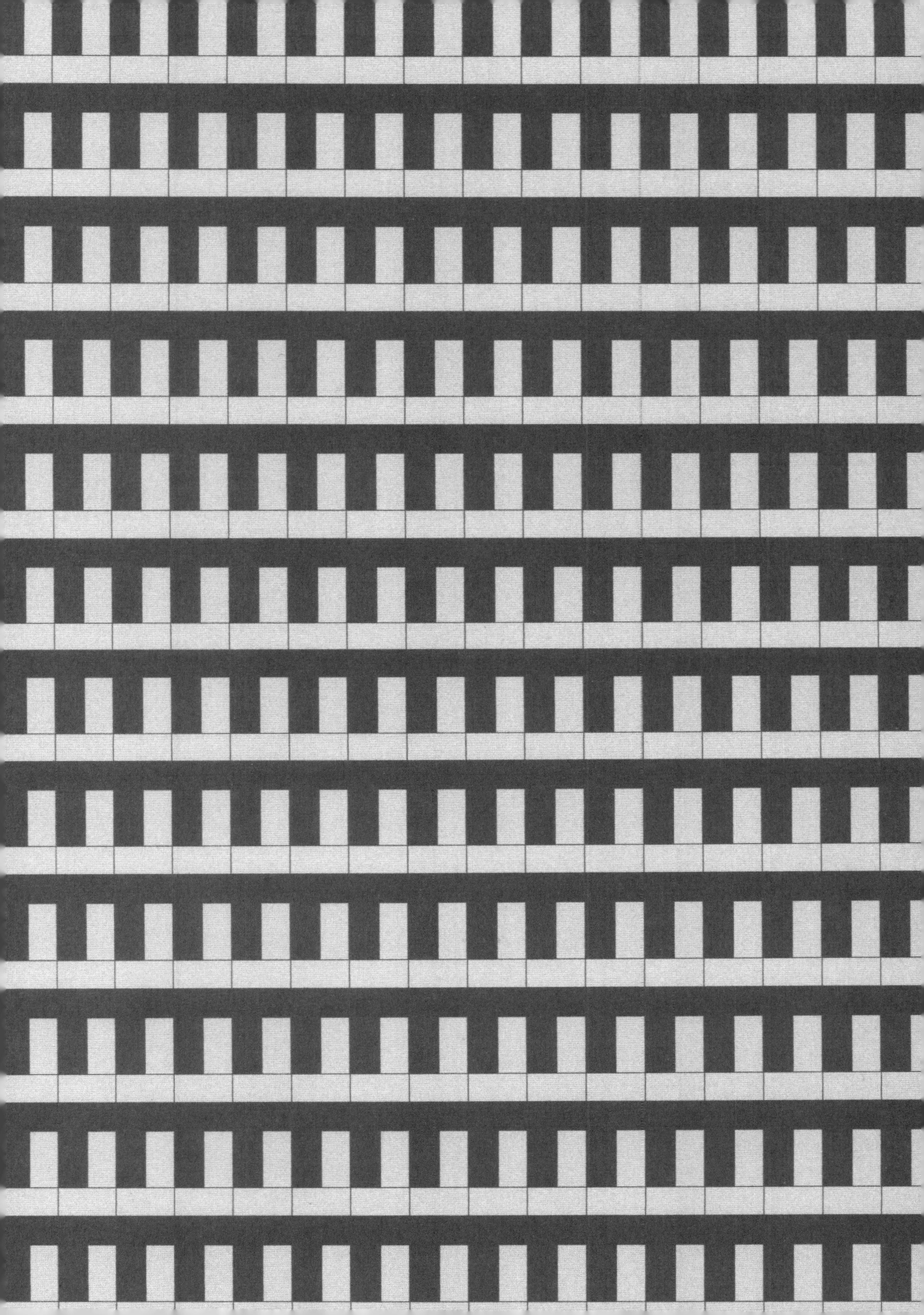

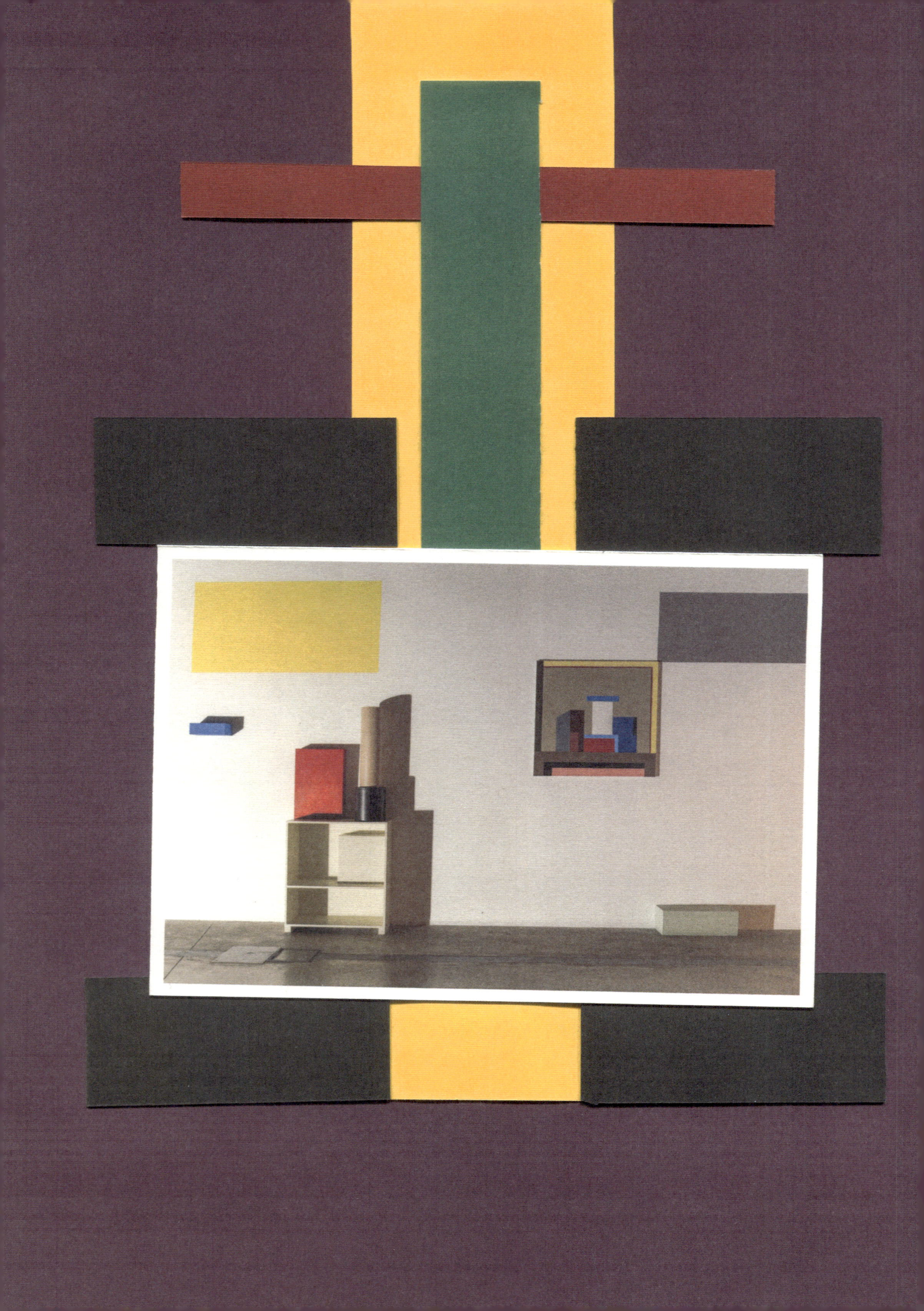

Il nostro compito è la creazione di cose nuove. Remizov ora vuole creare un libro senza intreccio, senza il destino di un'uomo alla base della composizione. Egli scrive ora un libro, composto di frammenti; libro di brani di libri.

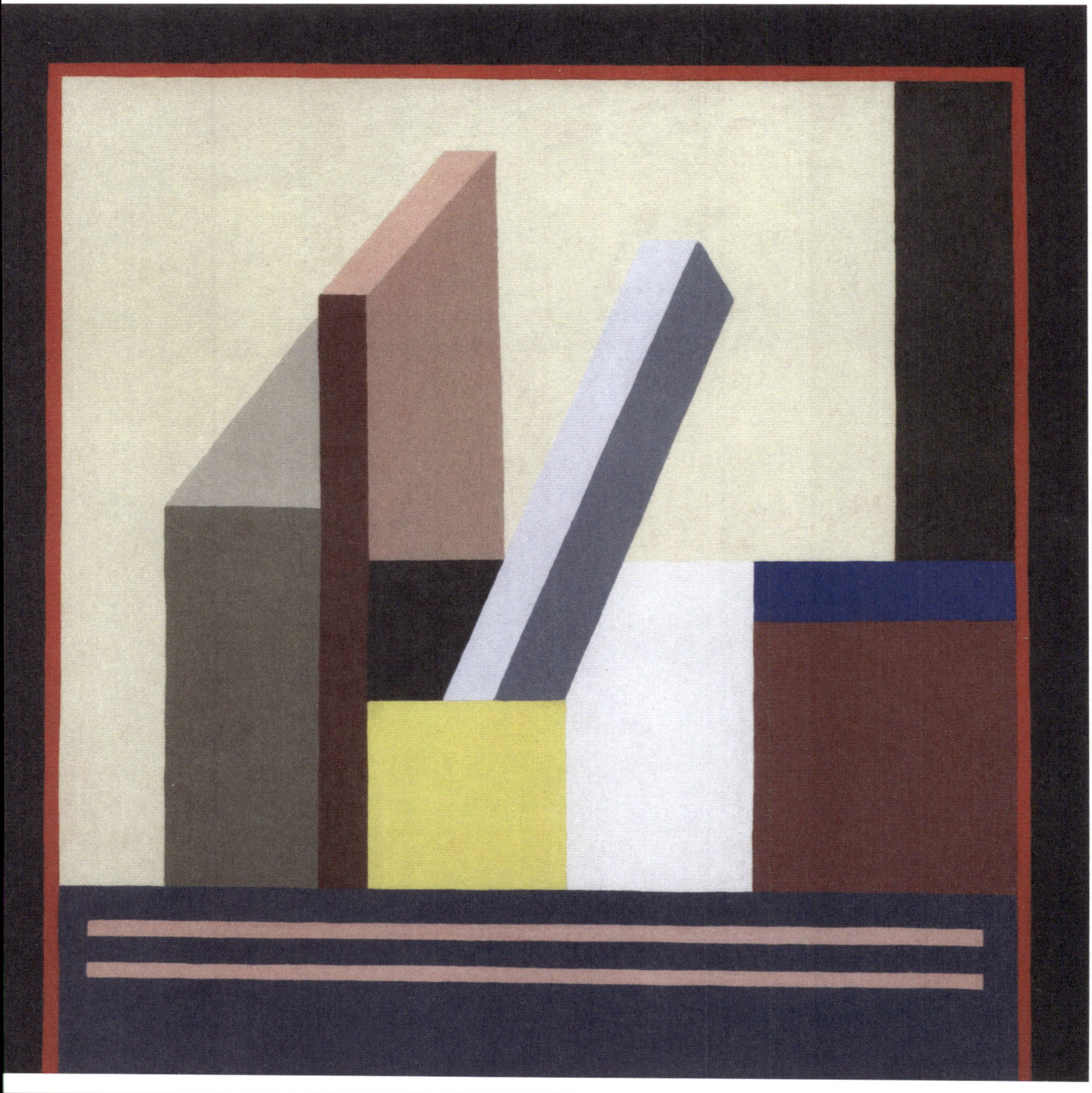

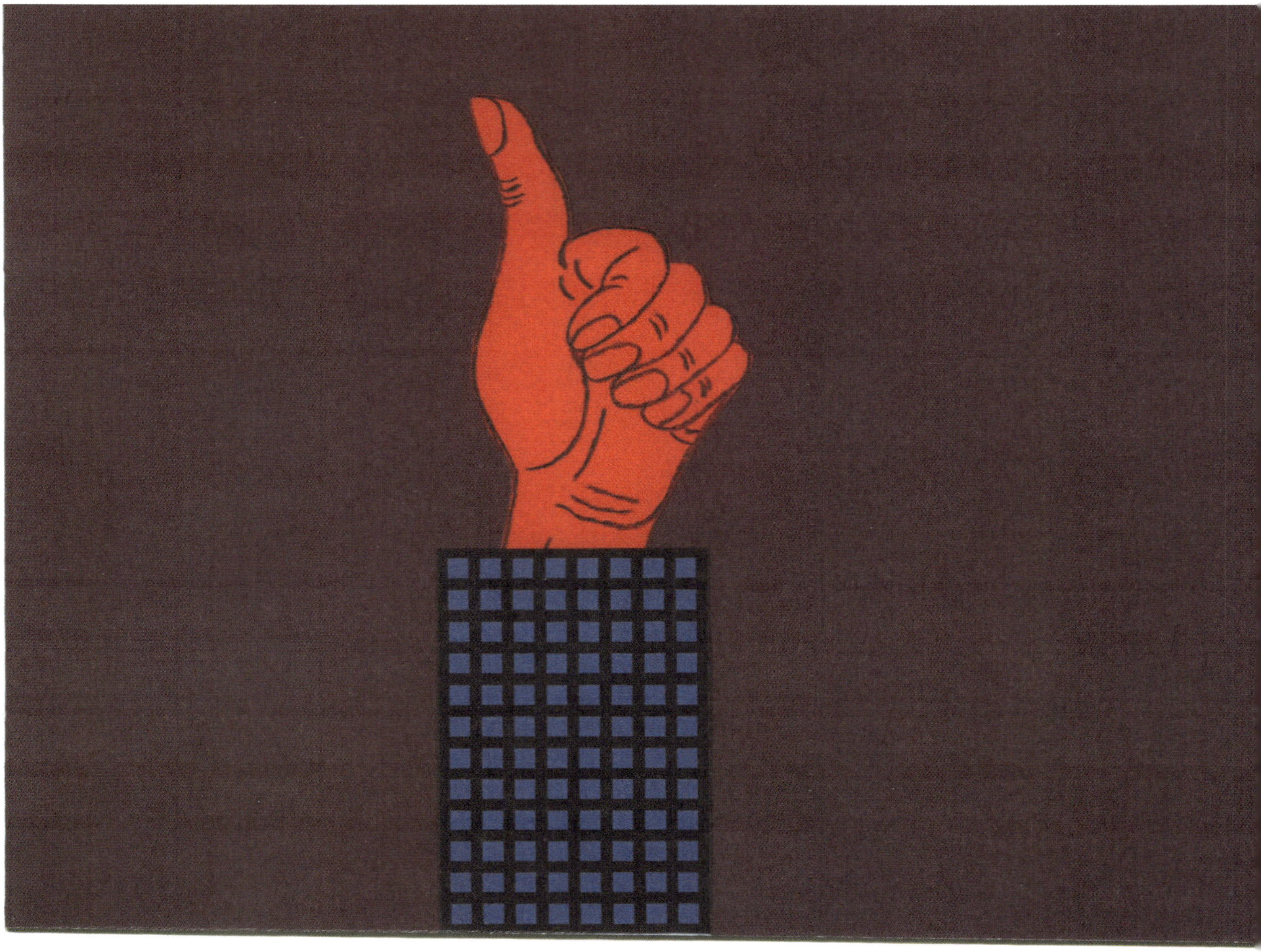

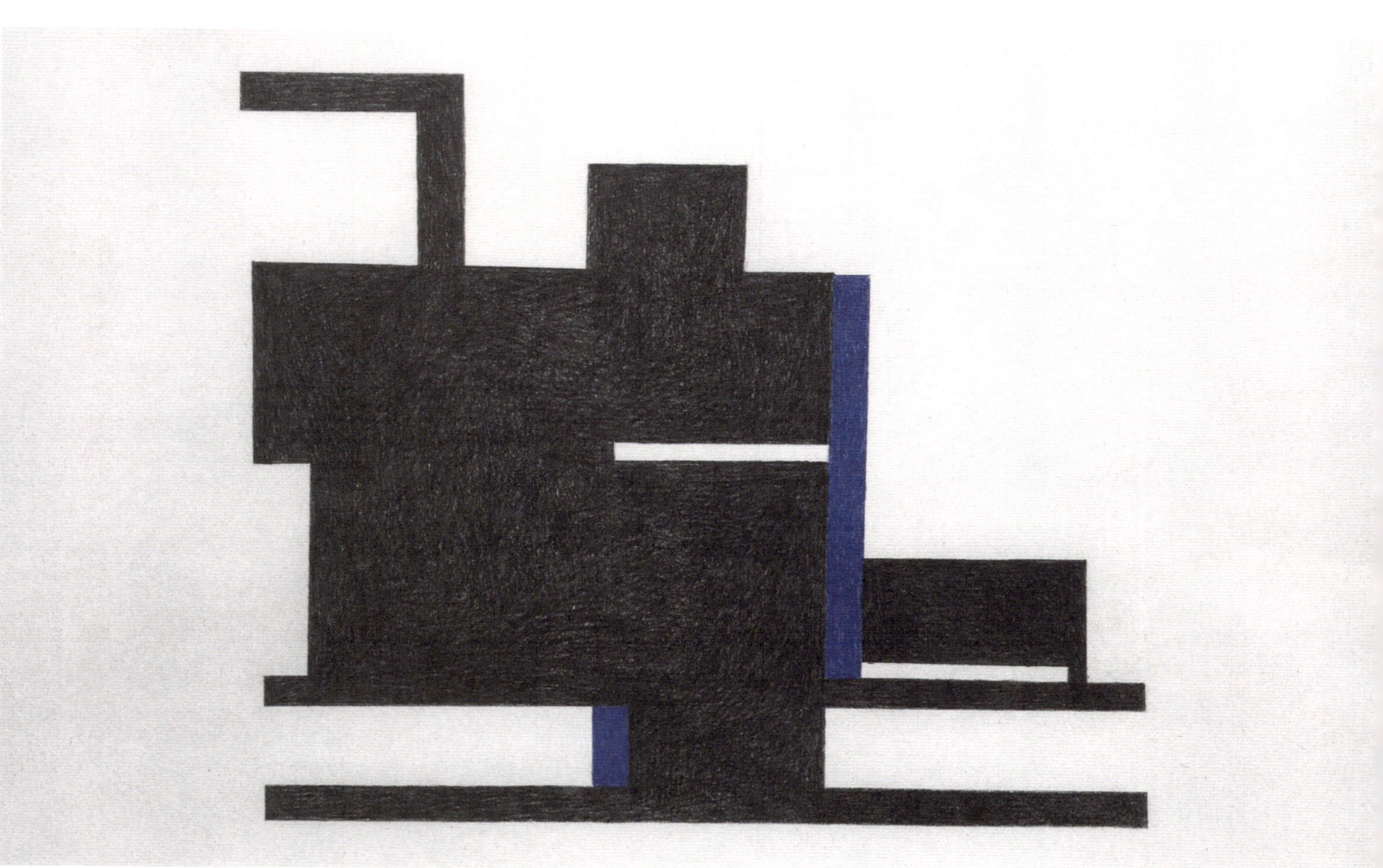

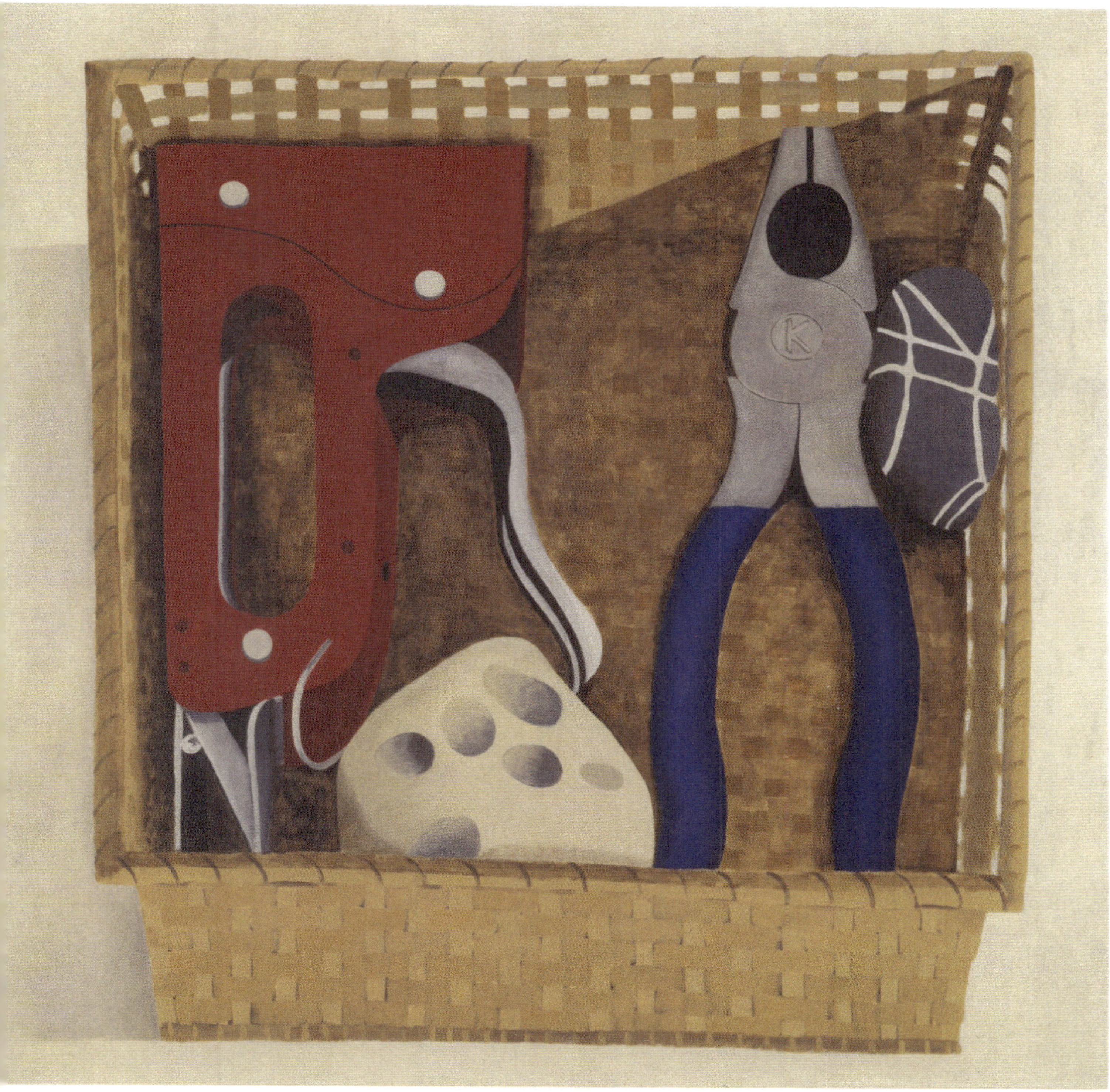

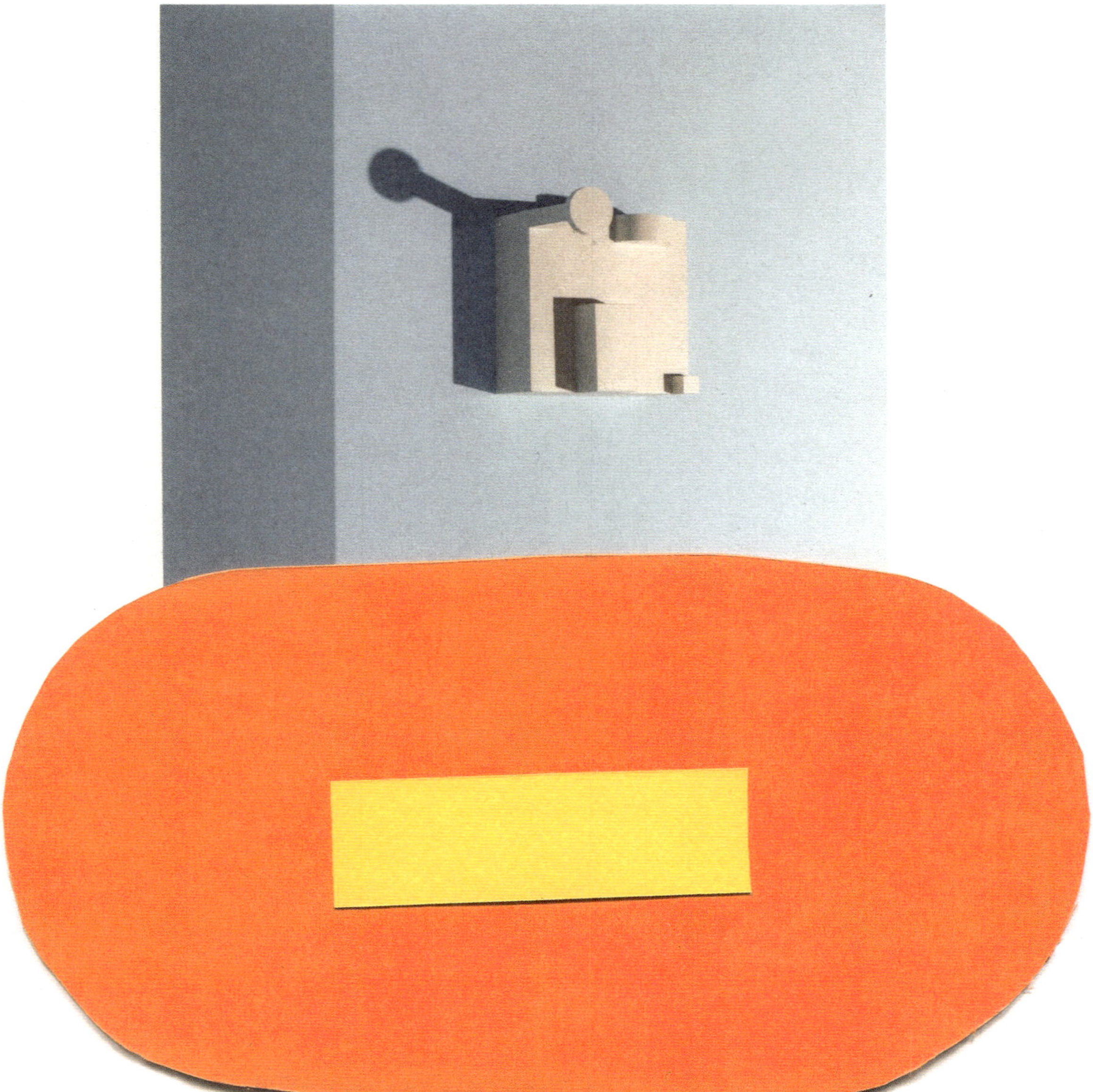

Il salotto era "custodito", ossia riparato dal sole e dal caldo, con una cura che dinotava scienza profonda delle necessità biologiche di un clima sul quale i furori della canicola pesavano così atrocemente. Per un infingimento squisito, l'unica finestra cui fosse permesso lasciar passare un po' di luce, era mascherata da uno storino calato fino a terra, sul quale brillava in trasparenza un paesaggio con verzure e torrentelli giocondamente tinteggiati.

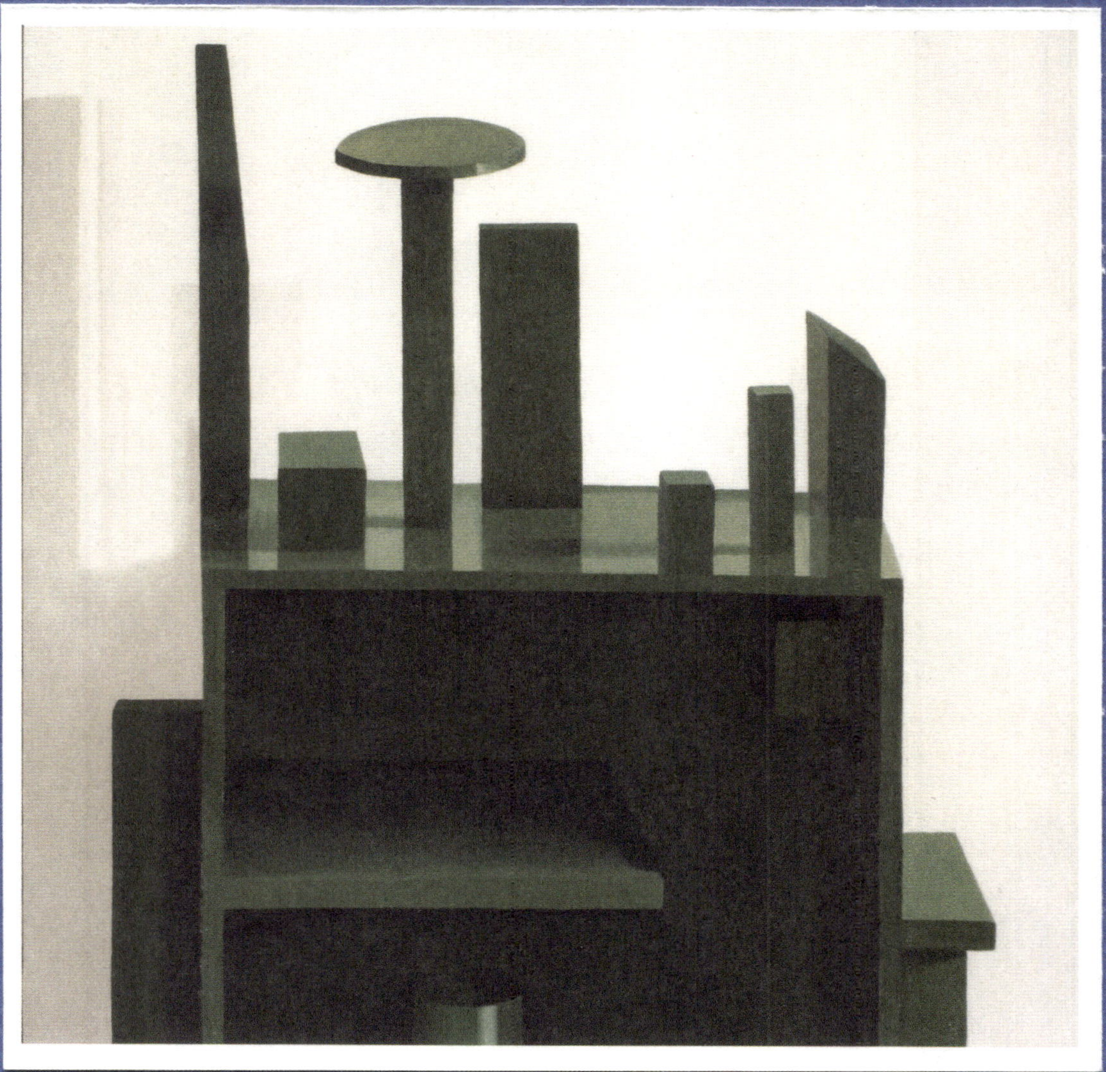

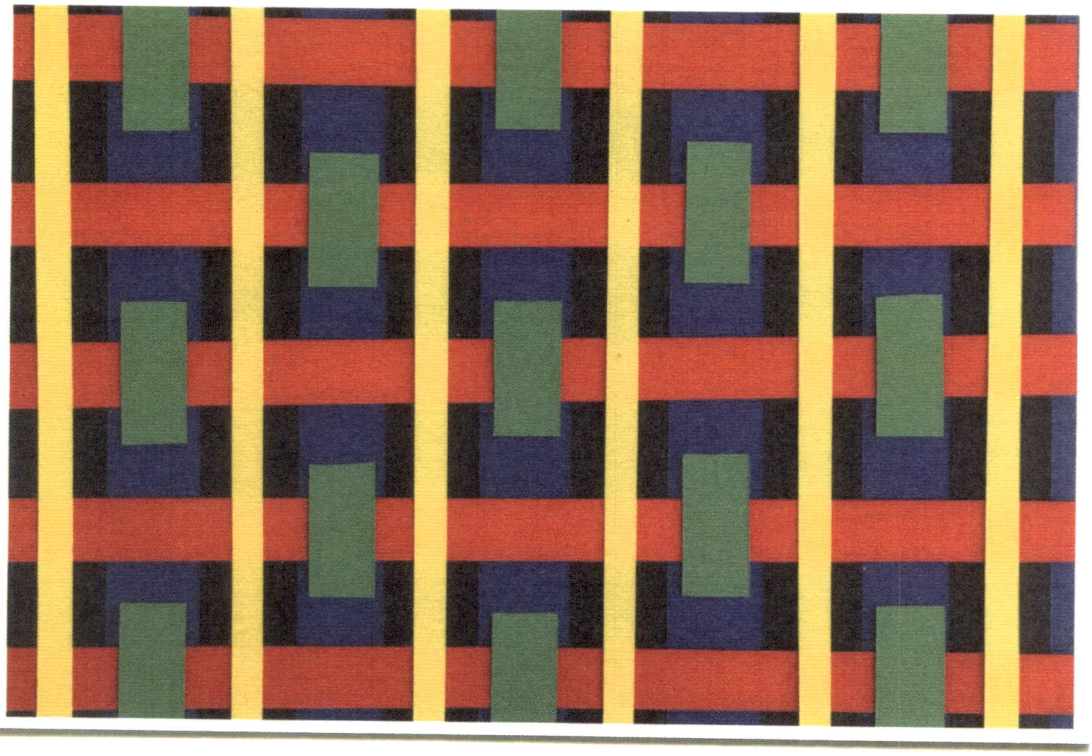

Una delle prime volte che gli uomini della mia generazione divennero coscienti del significato del kitsch fu, credo, quando un purgante si servì dell'immagine della Gioconda con il motto: tuto, cito, jucunde e poi un dentifricio con il verso: «A dir le mie virtù basta un sorriso».

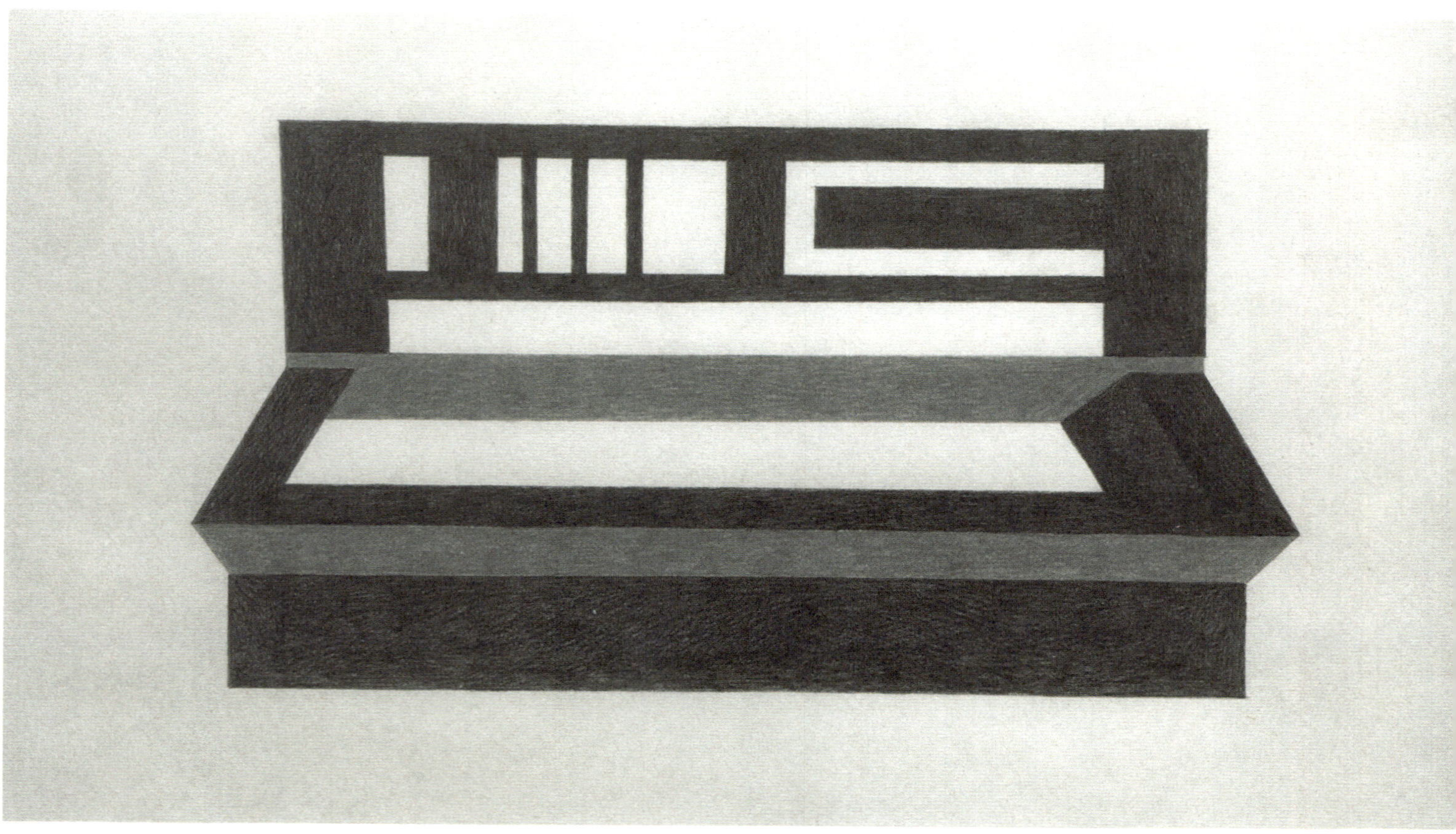

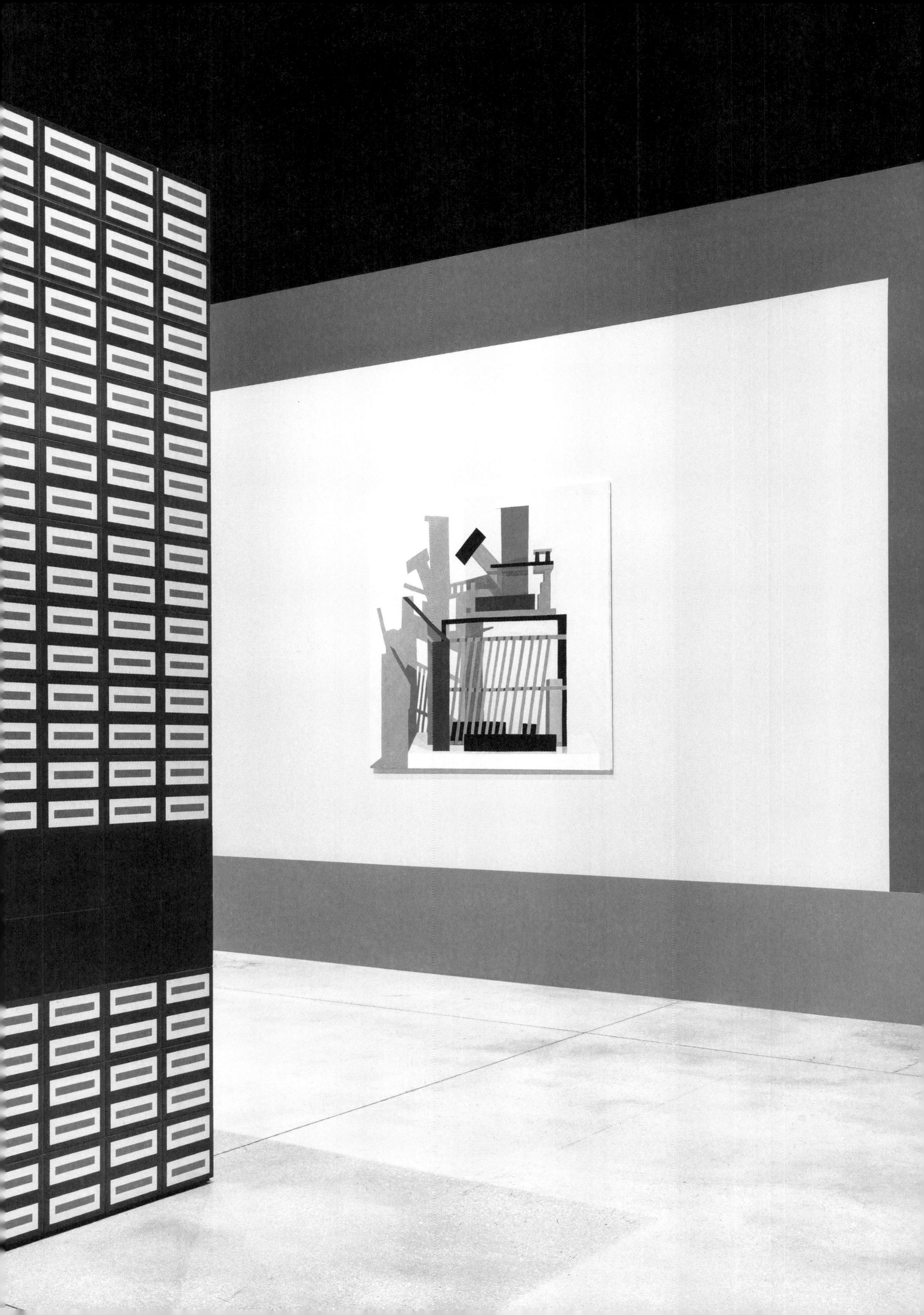

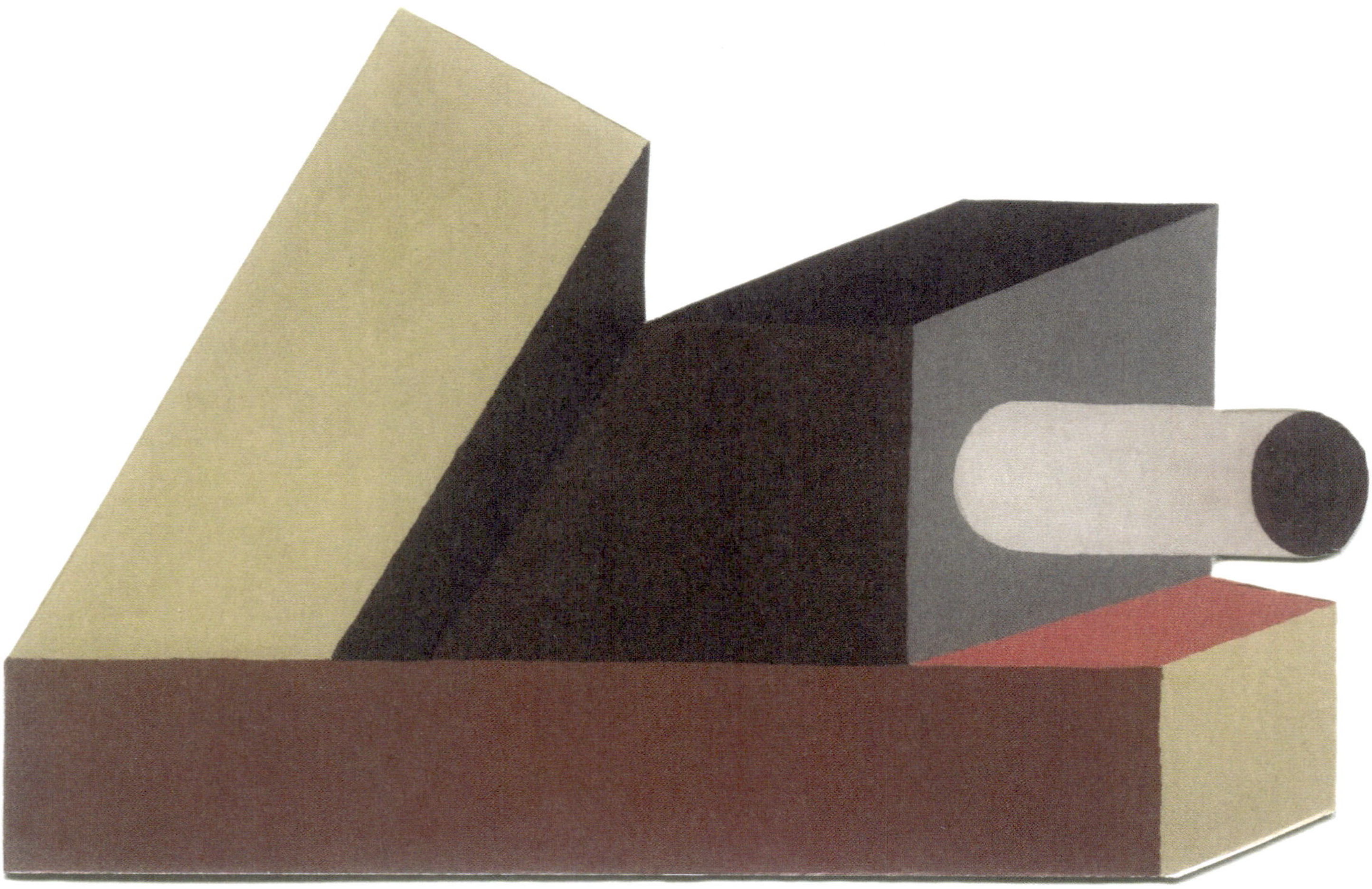

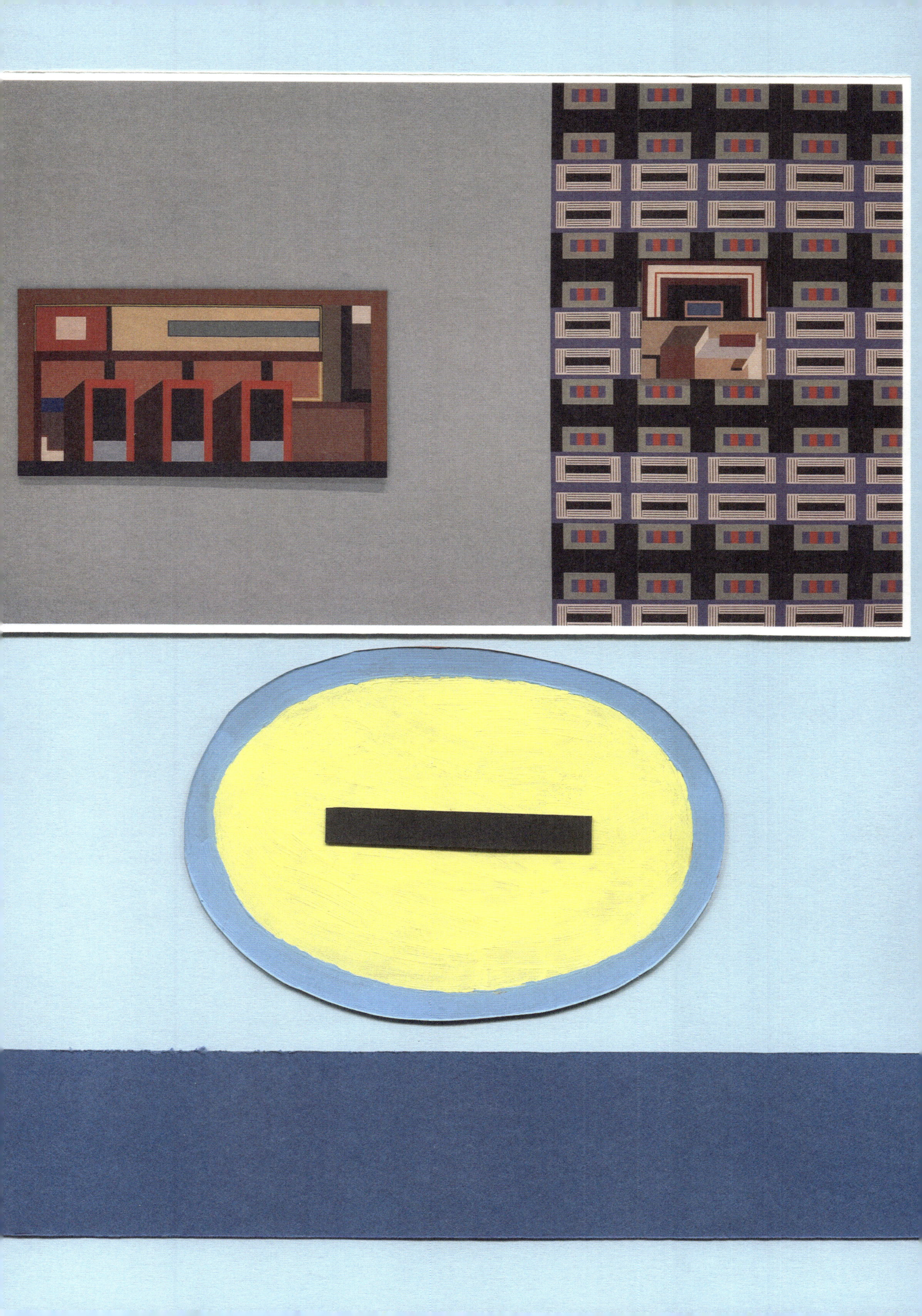

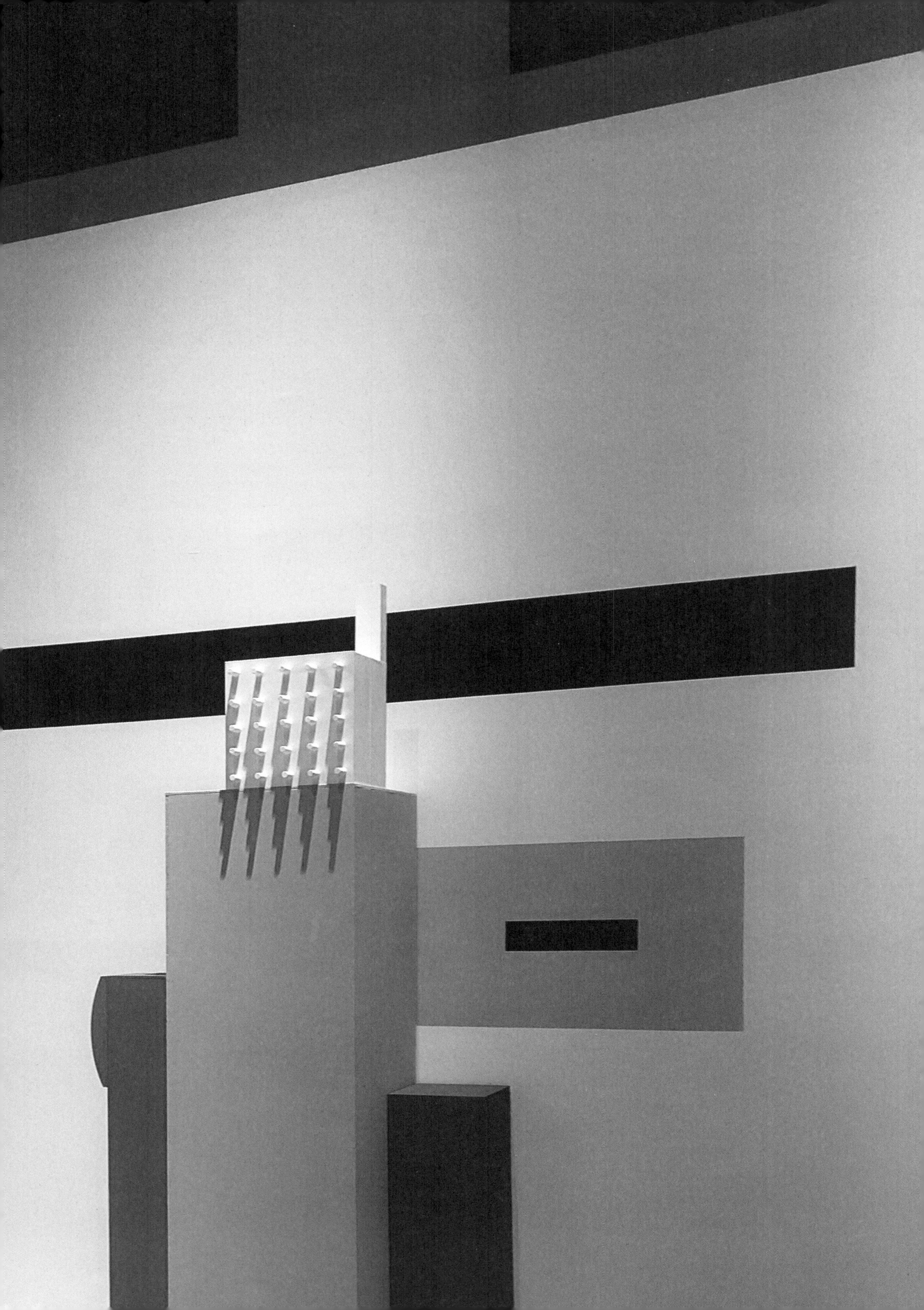

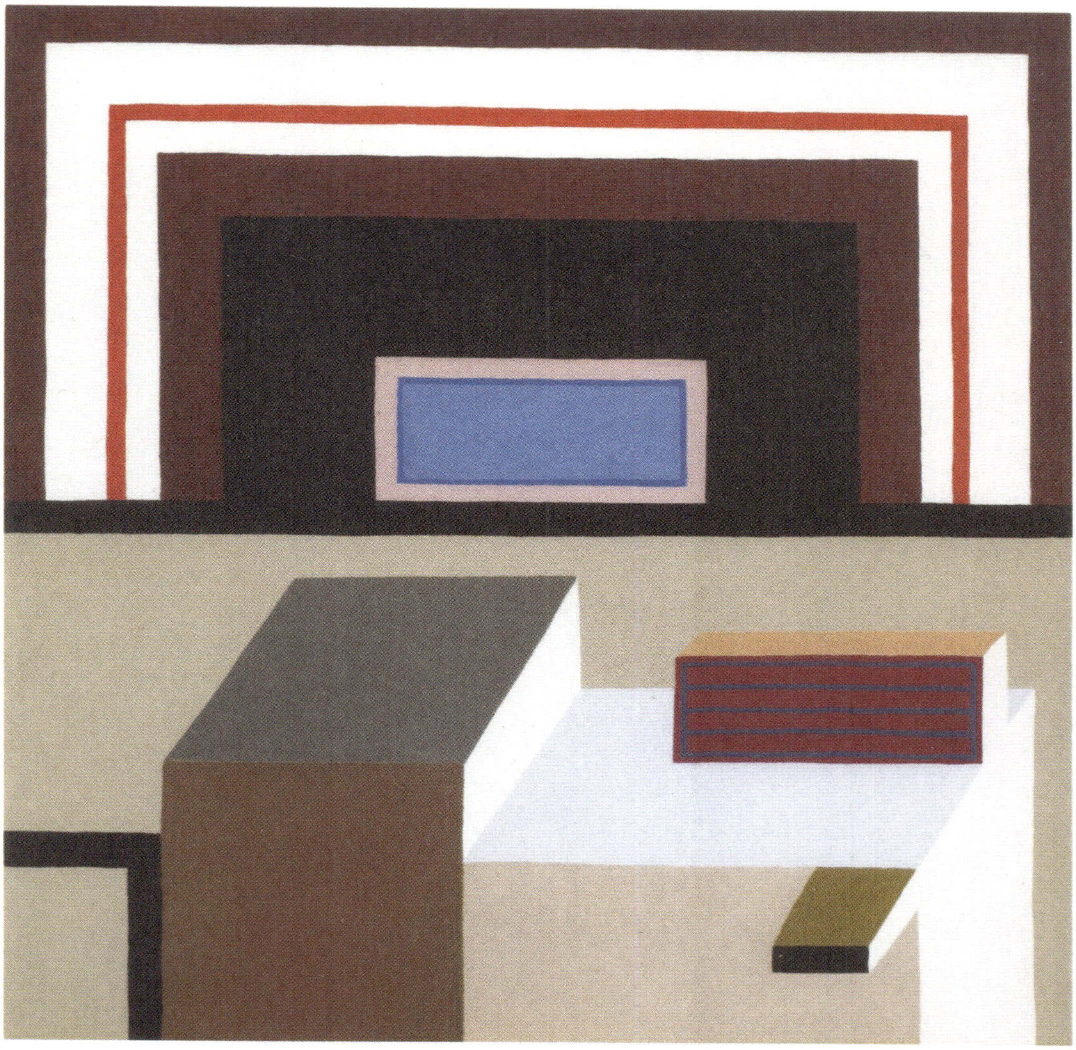

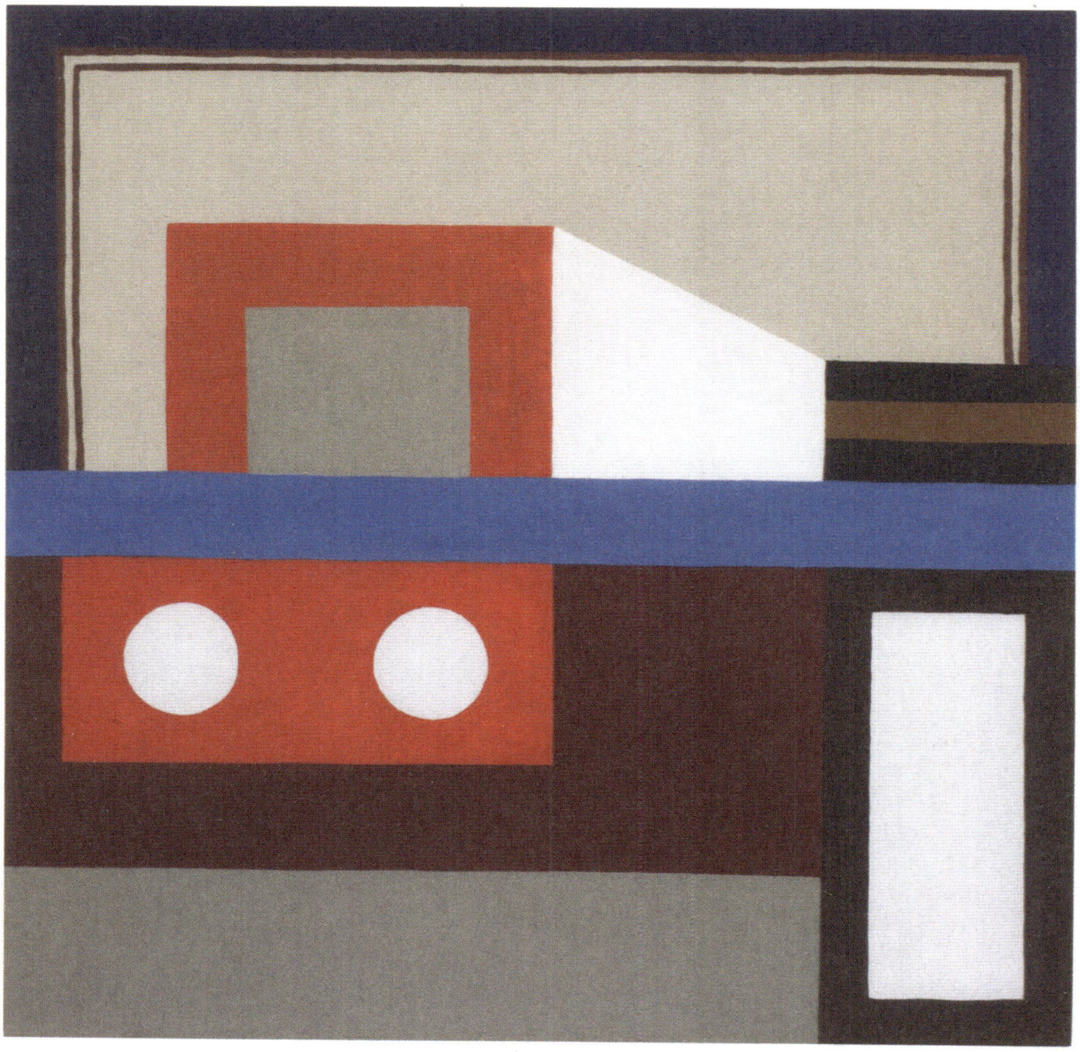

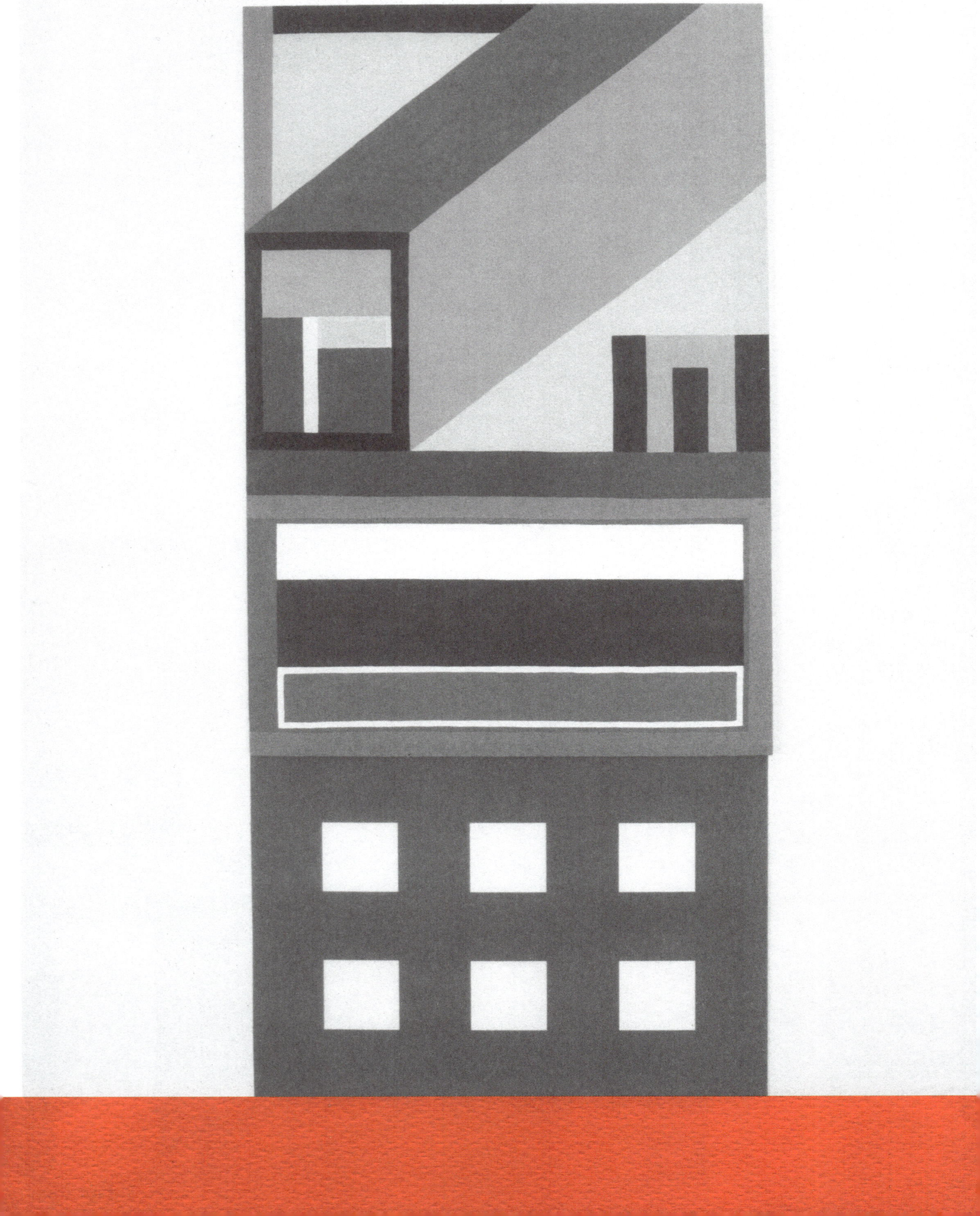

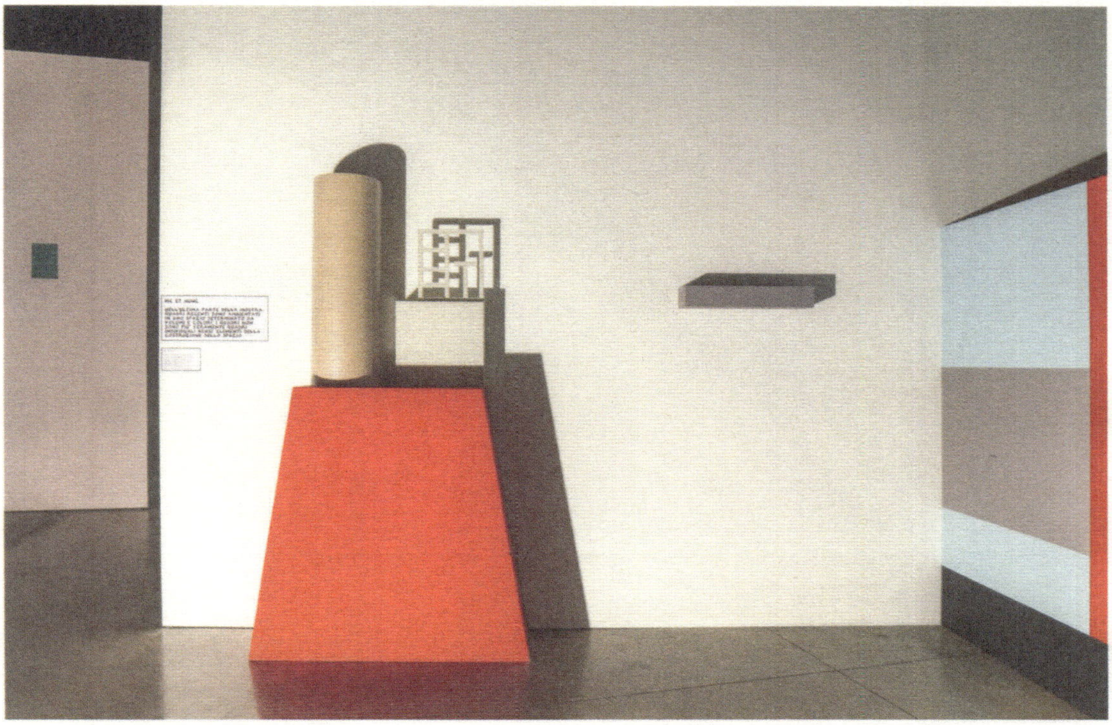

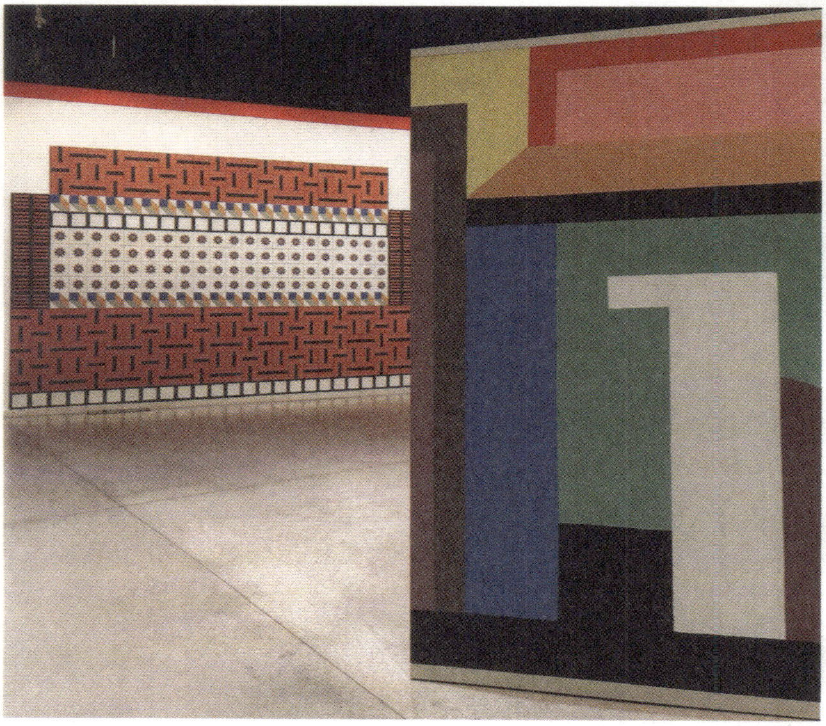

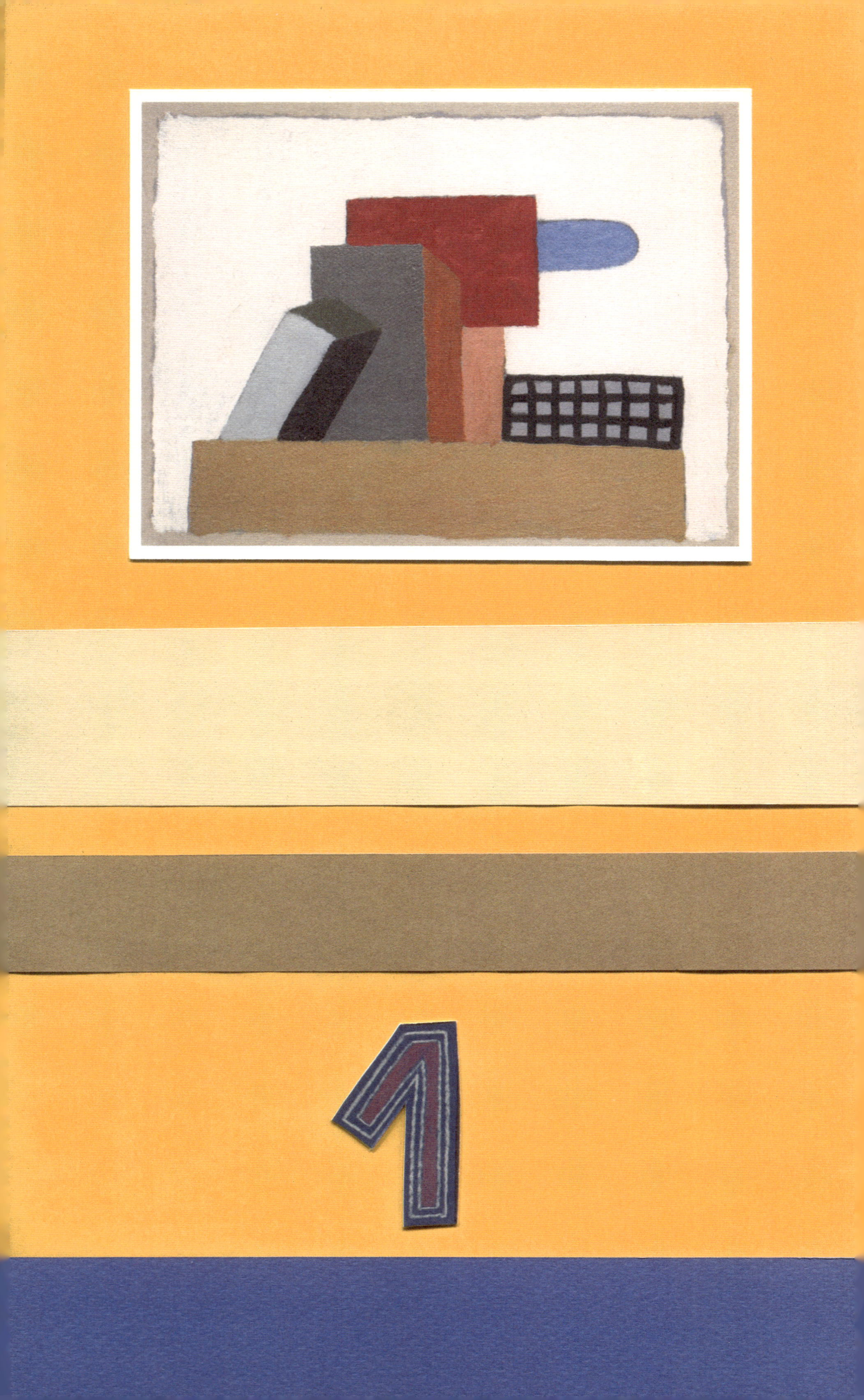
1

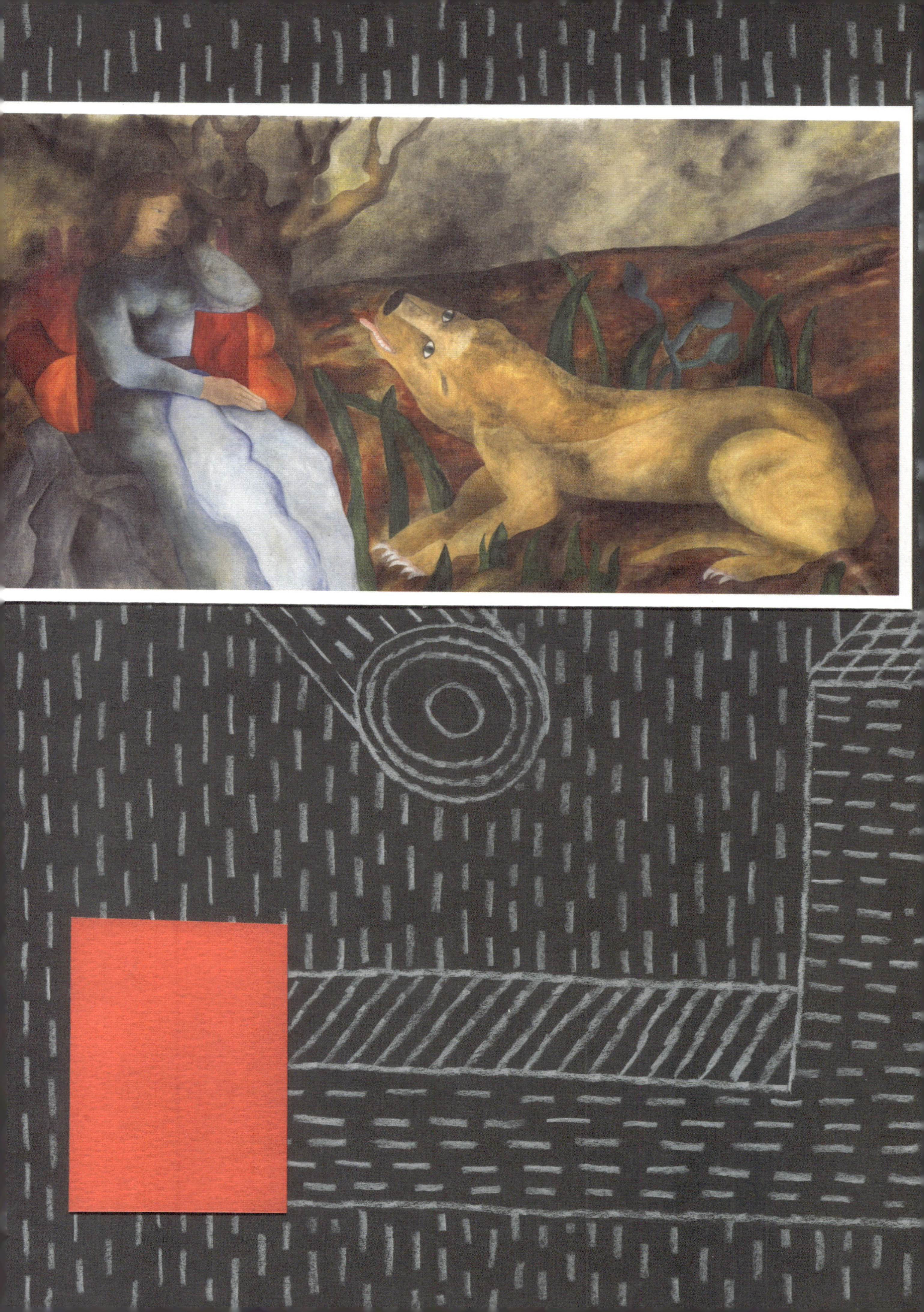

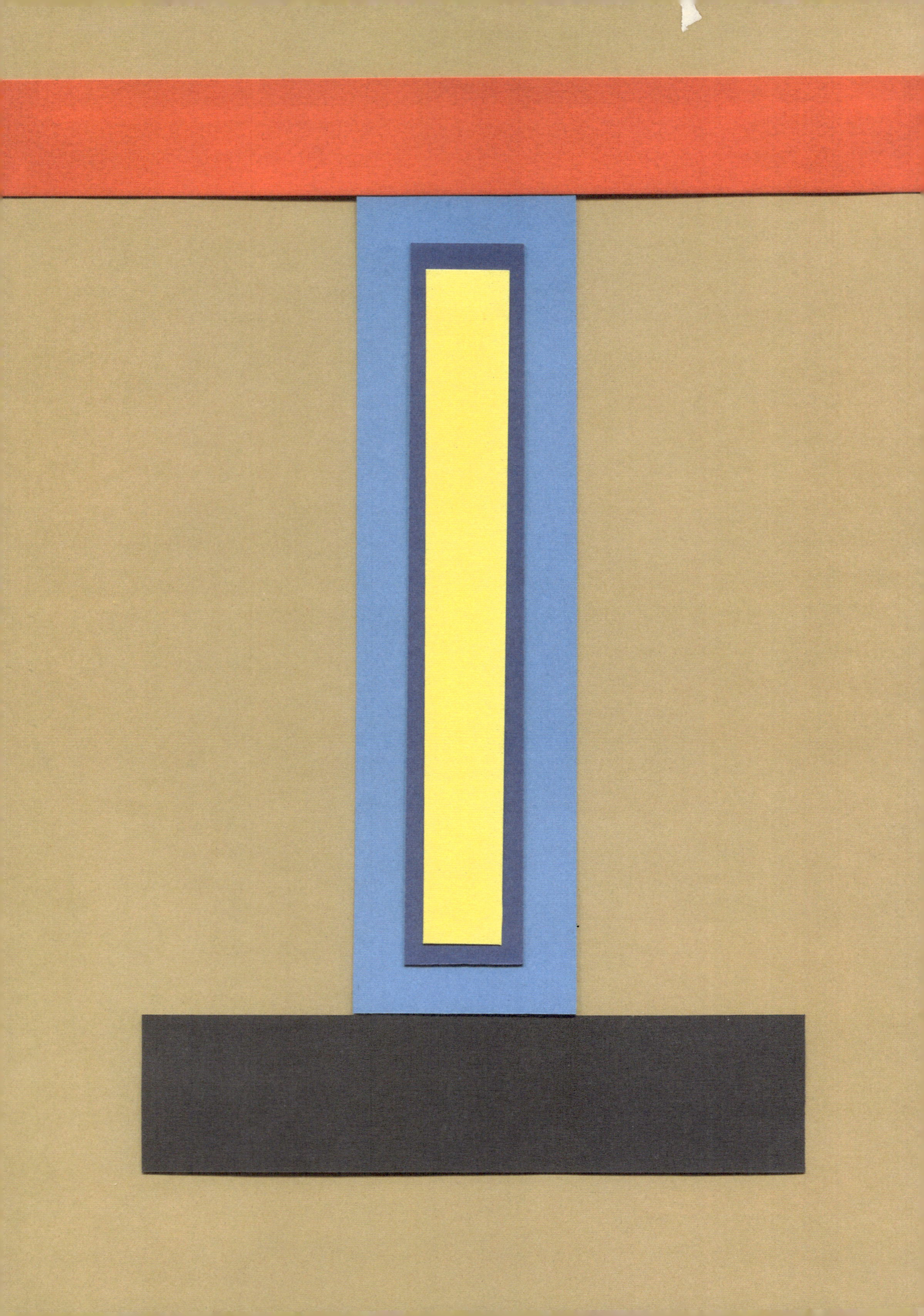

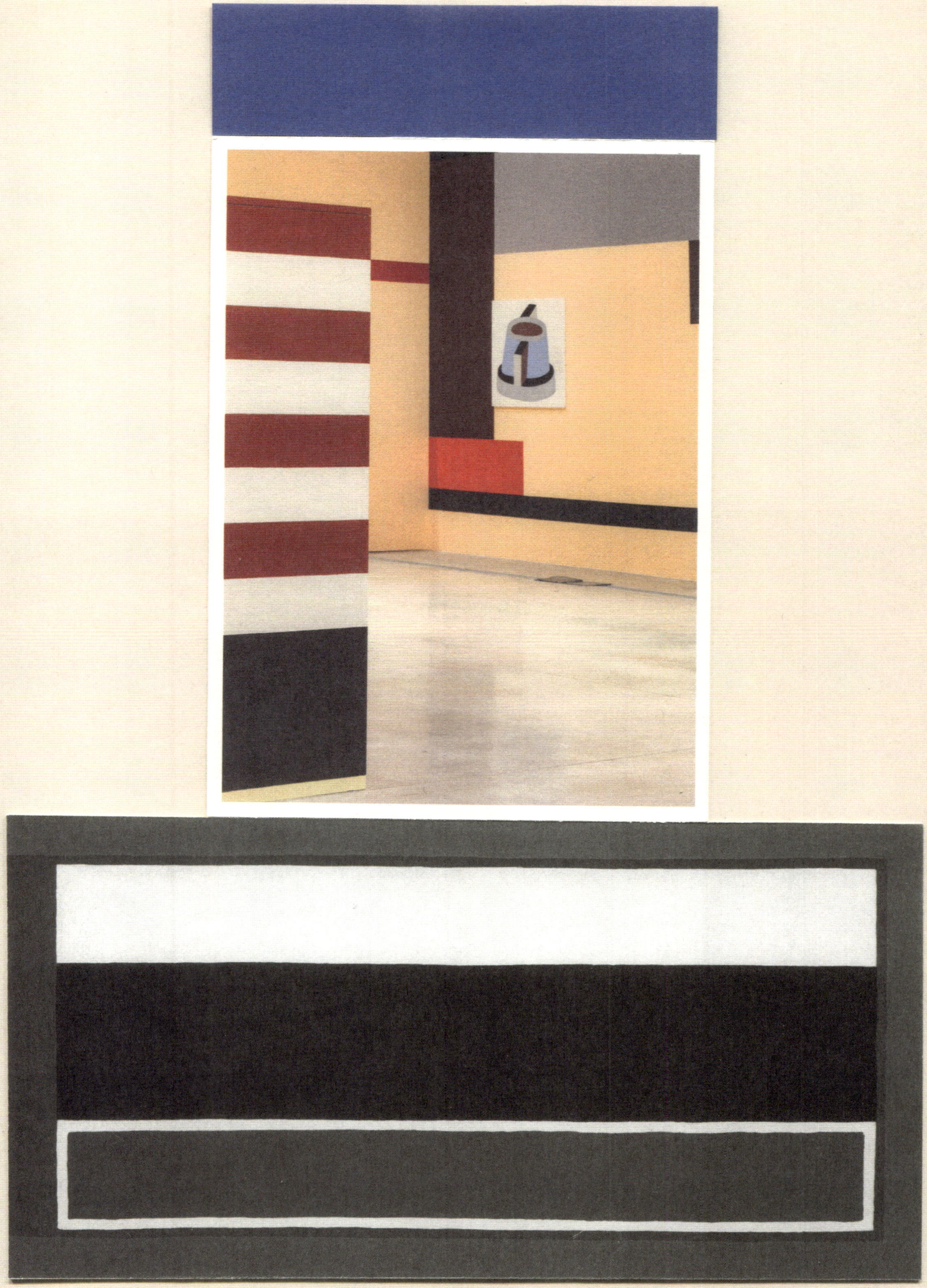

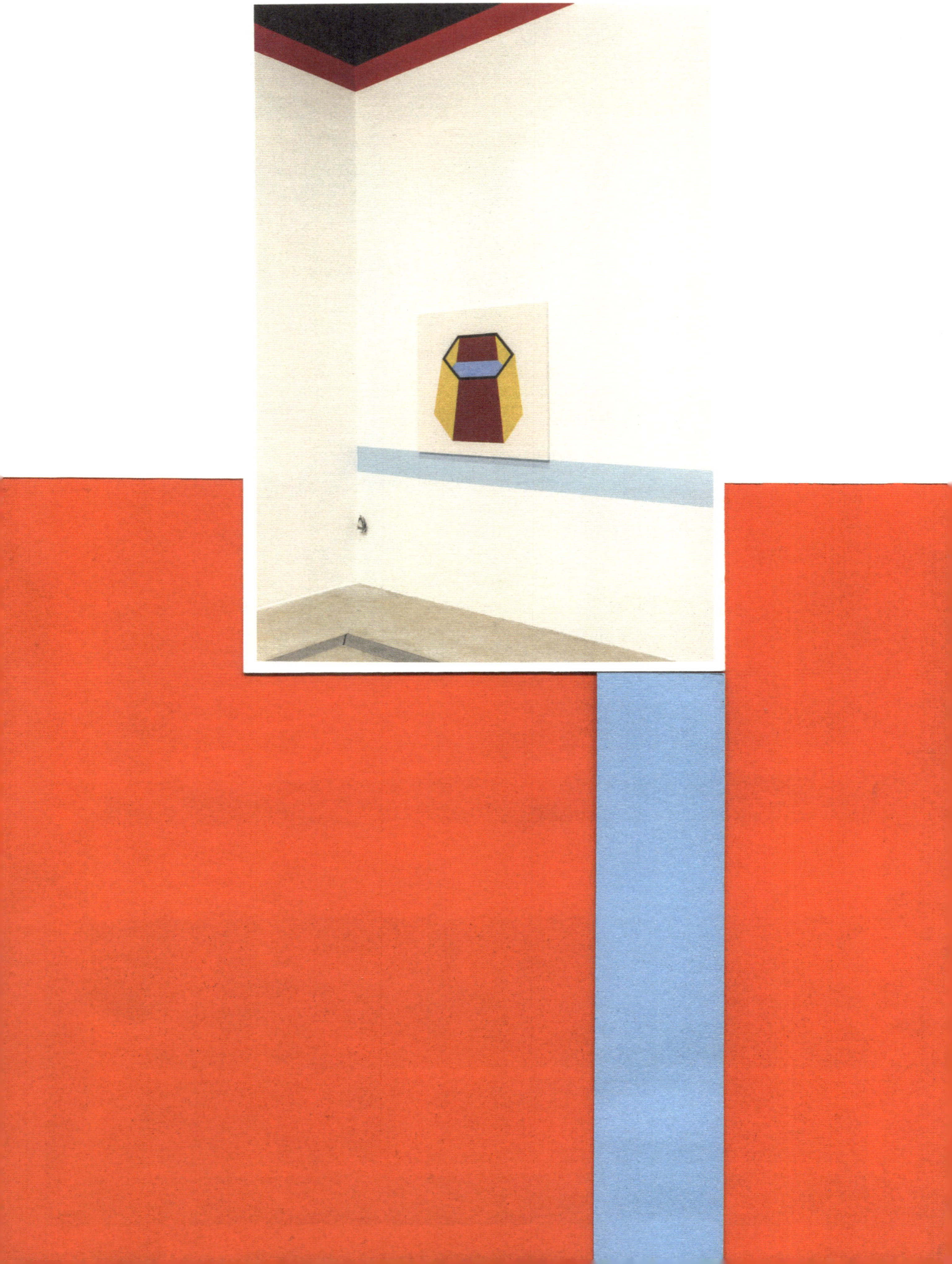

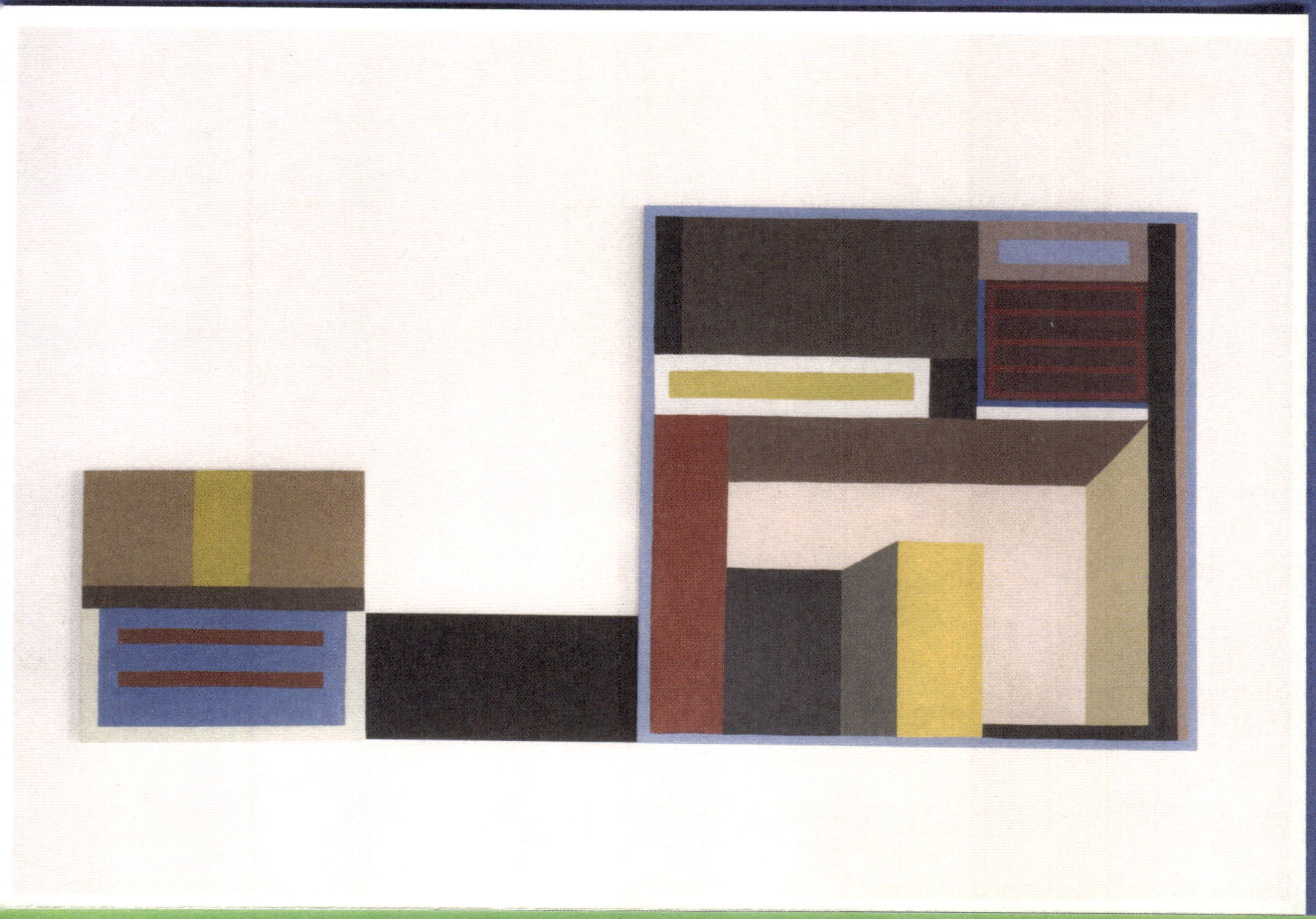

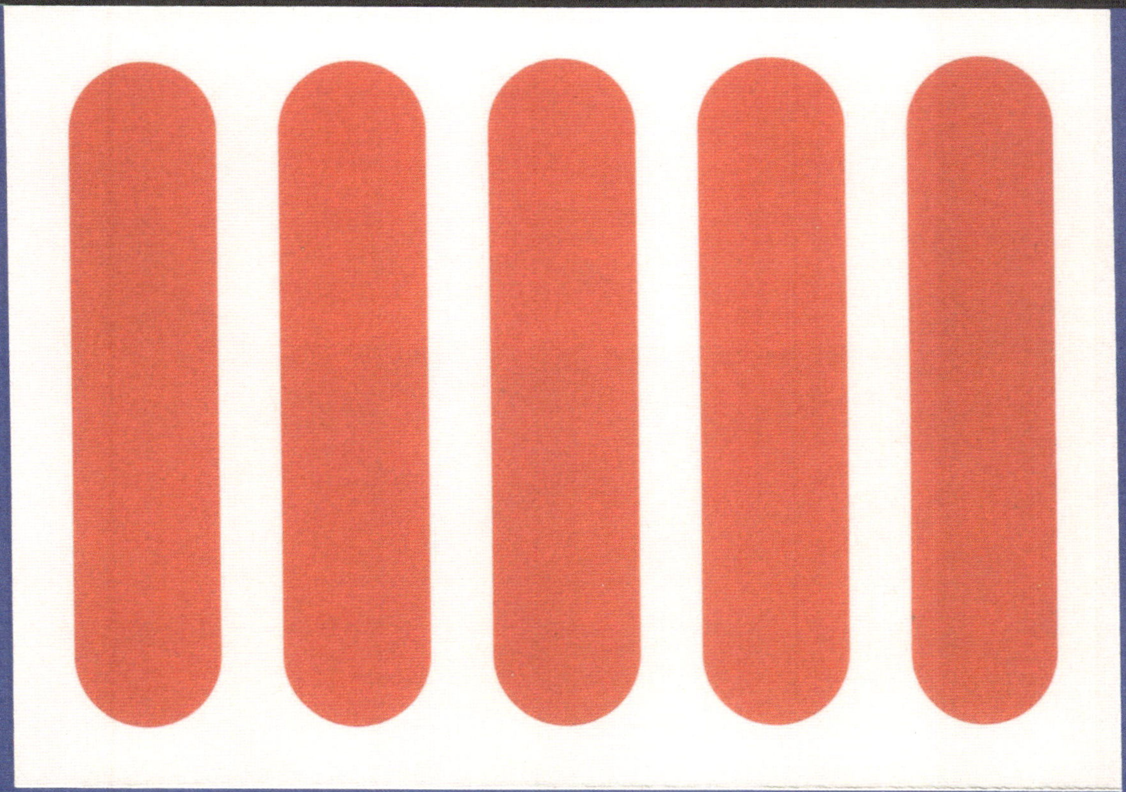

CAMPO DI MARTE.

QUI HO VOLUTO ASSOCIARE ALCUNI QUADRI MOLTO VECCHI CON QUADRI DI ADESSO, QUADRI FIGURATIVI CON QUADRI ASTRATTI, TELE CON CARTE STAMPATE, QUADRI CON ELEMENTI DIPINTI SUL MURO.
GLI UMORI DELLE DIVERSE OPERE SI CONFONDONO E DANNO LUOGO A DELLE SPECIE DI MONUMENTI PIATTI CHE ESISTONO SOLTANTO SUL CAMPO DI MARTE.

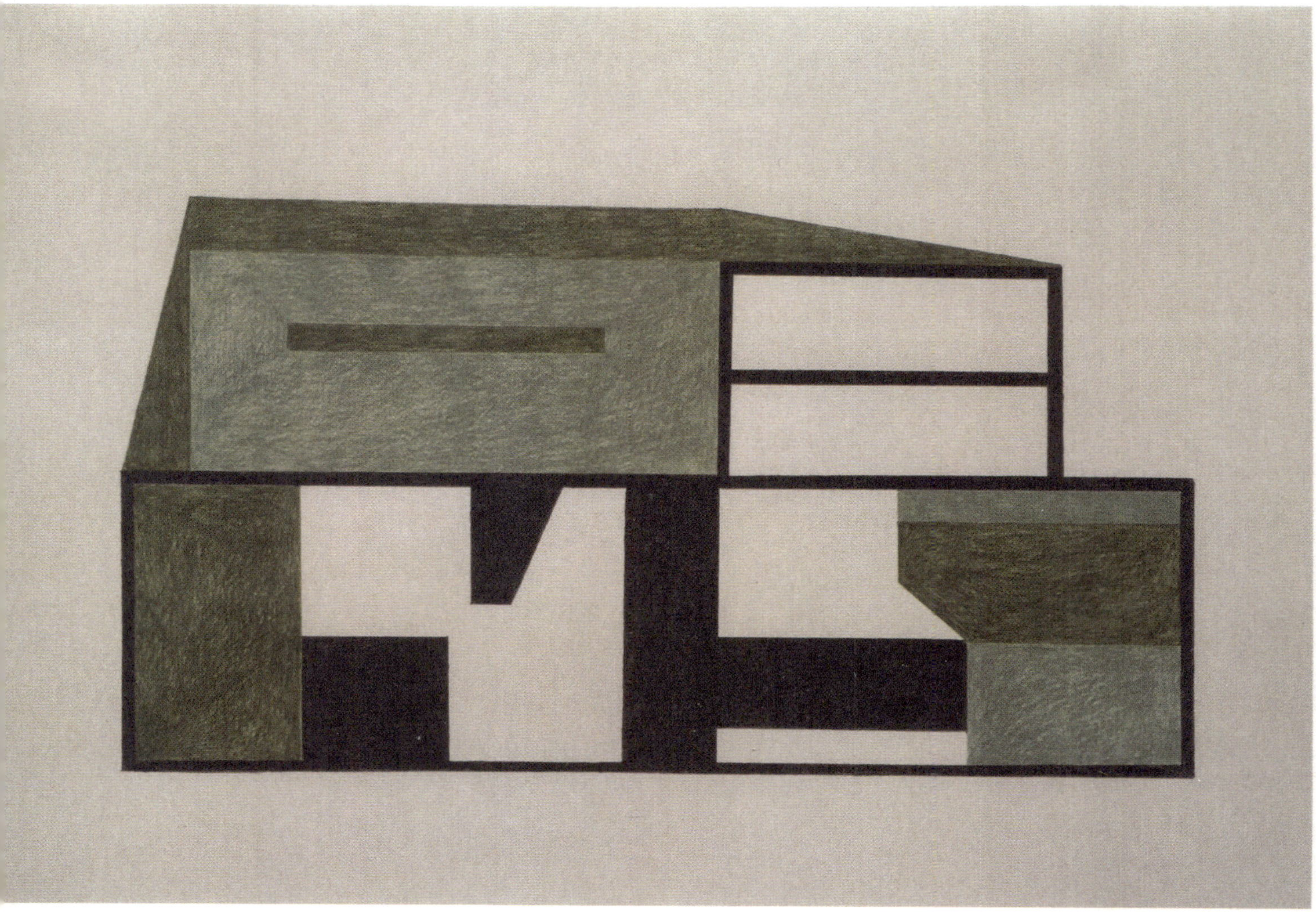

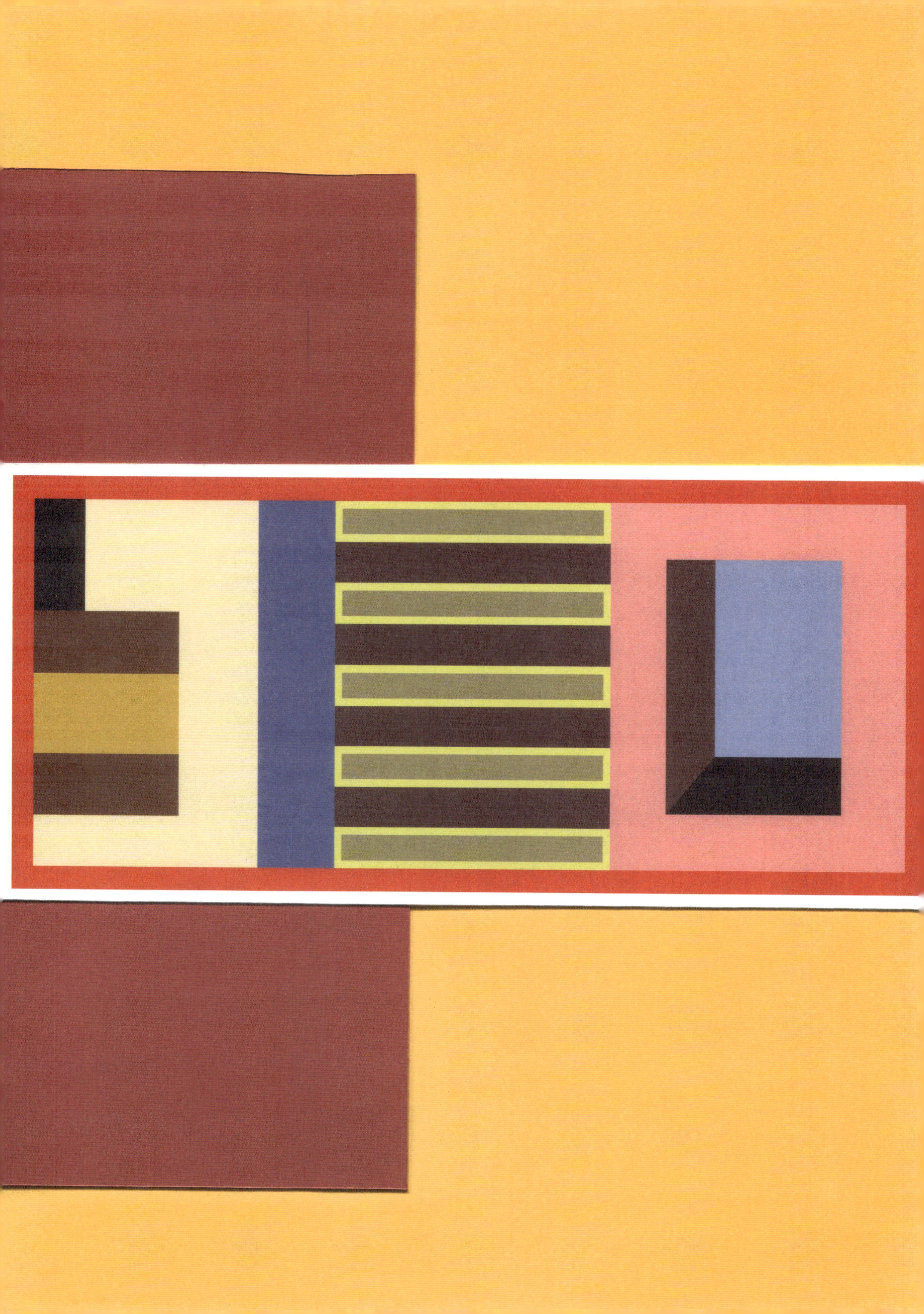

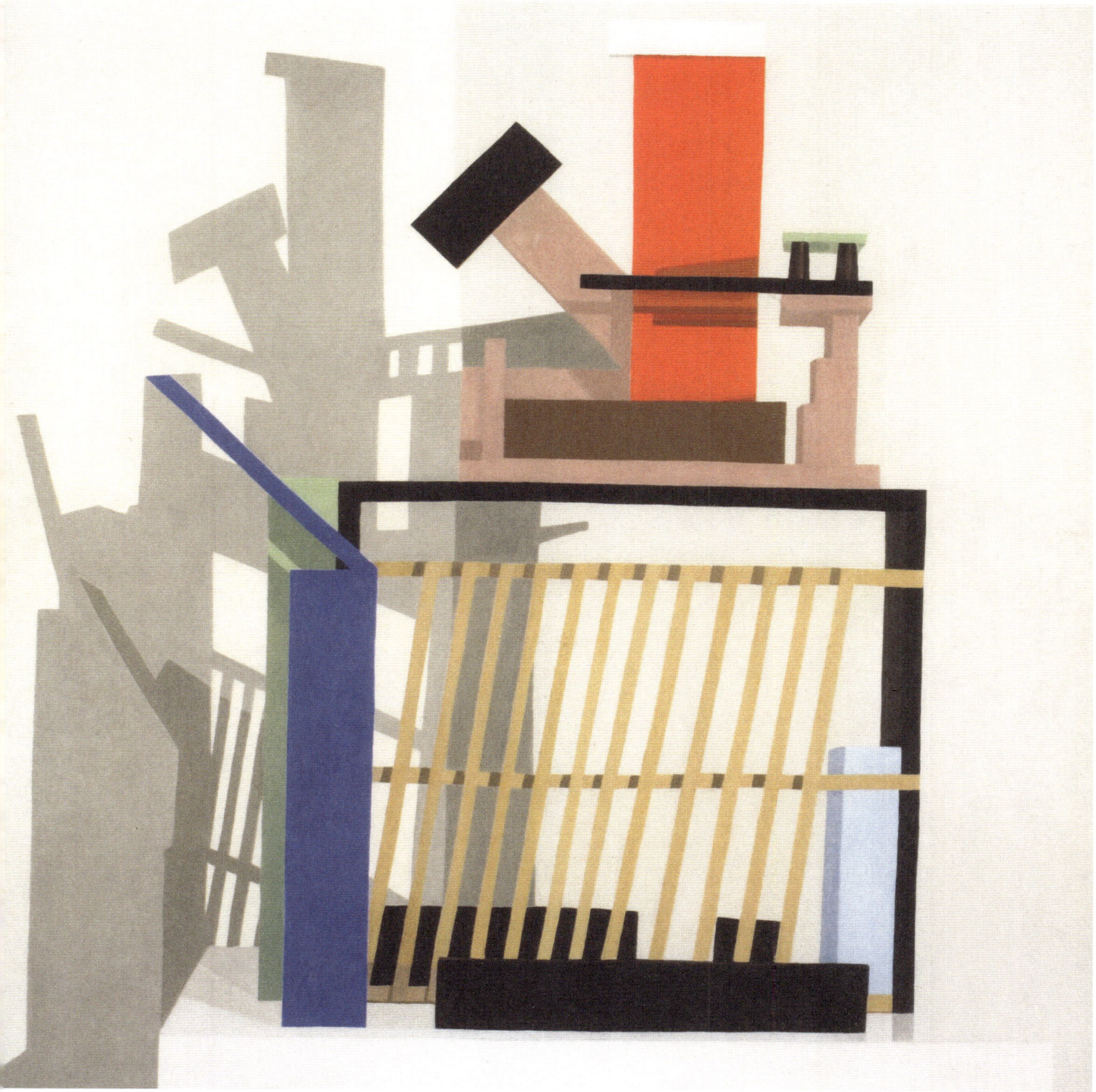

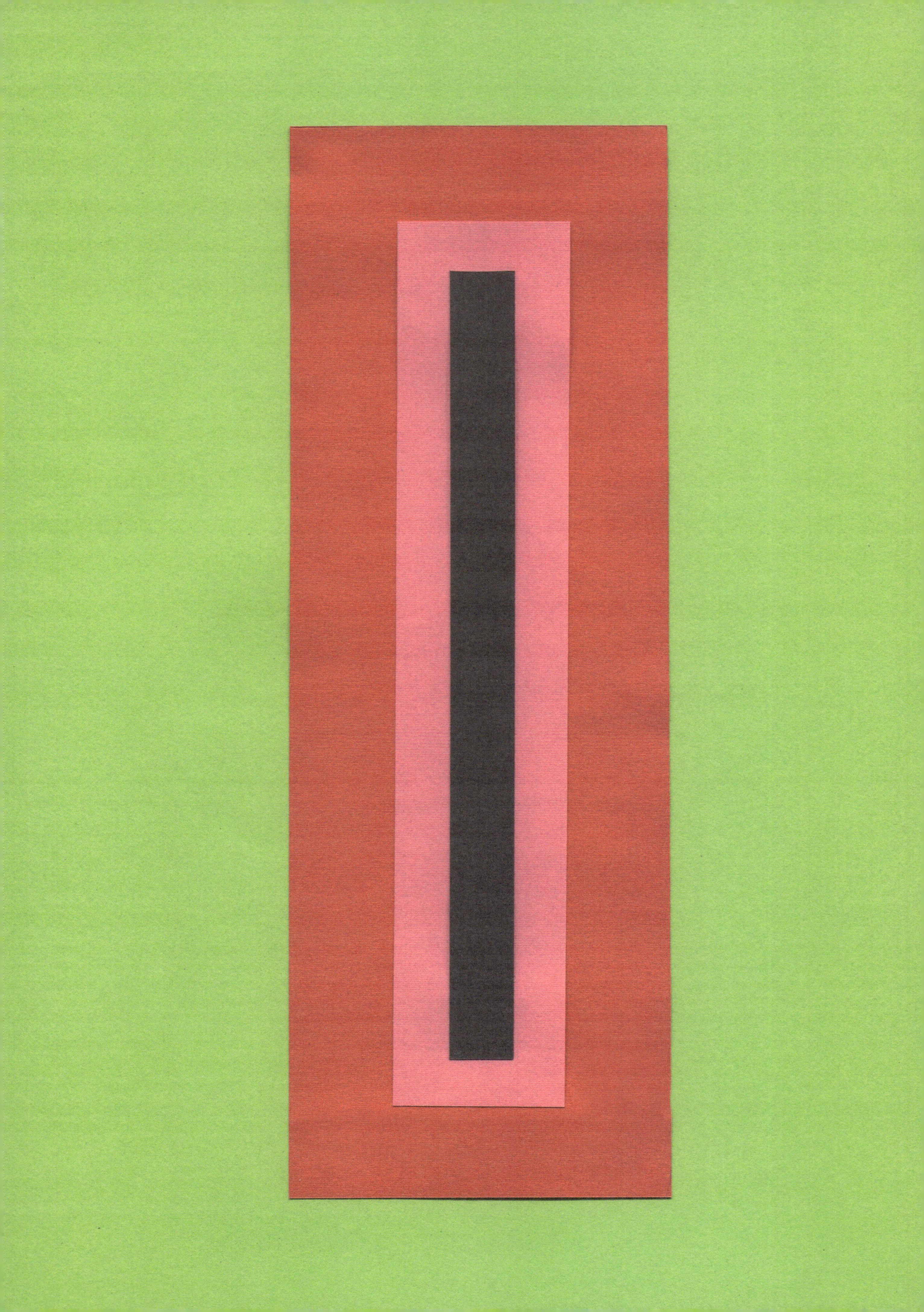

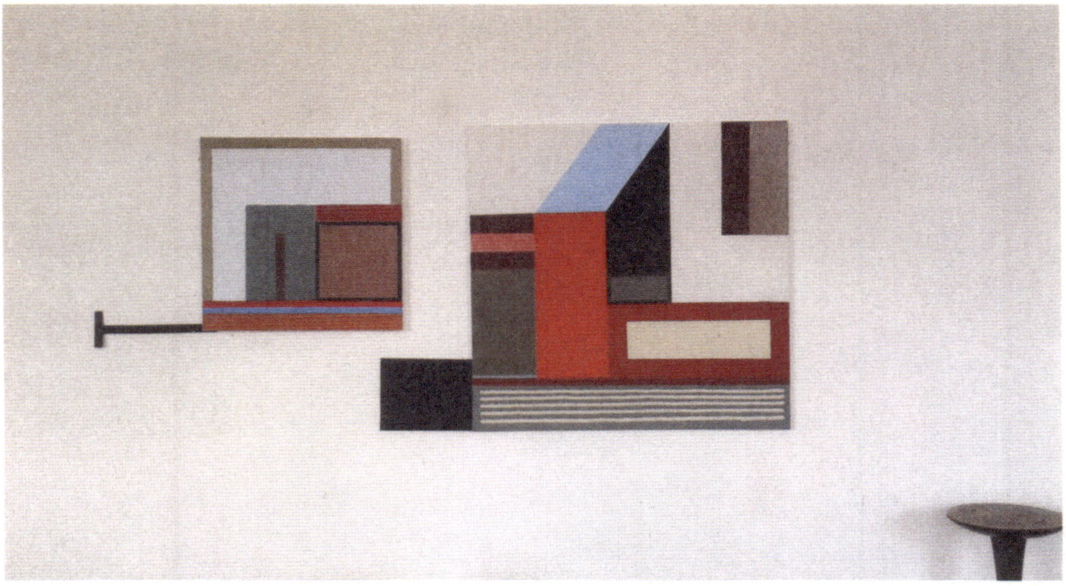

la lunghezza del cofano del motore si spiega, certamente, con il numero di cilindri del motore (quattro-sei, raramente otto-dieci) e con il loro diametro.

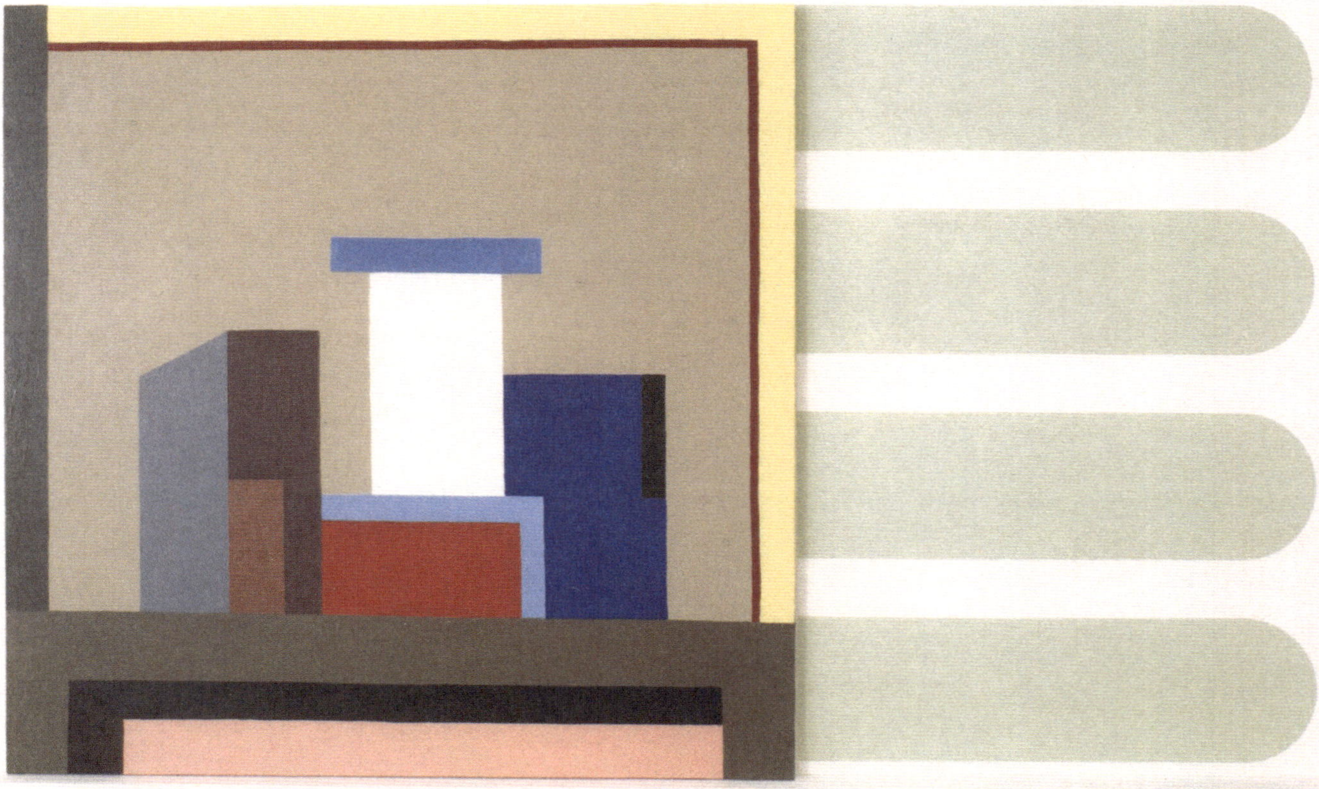

Sur ce mur dans un désordre cherché, dans un pittoresque d'antichambre et d'atelier, toutes sortes de choses voyantes et claquantes, des brillants cuivres découpés, des poteries dorées, des broderies du Japon et encore des objets bizarres, inattendus, étonnant par leur originalité, leur exotisme.

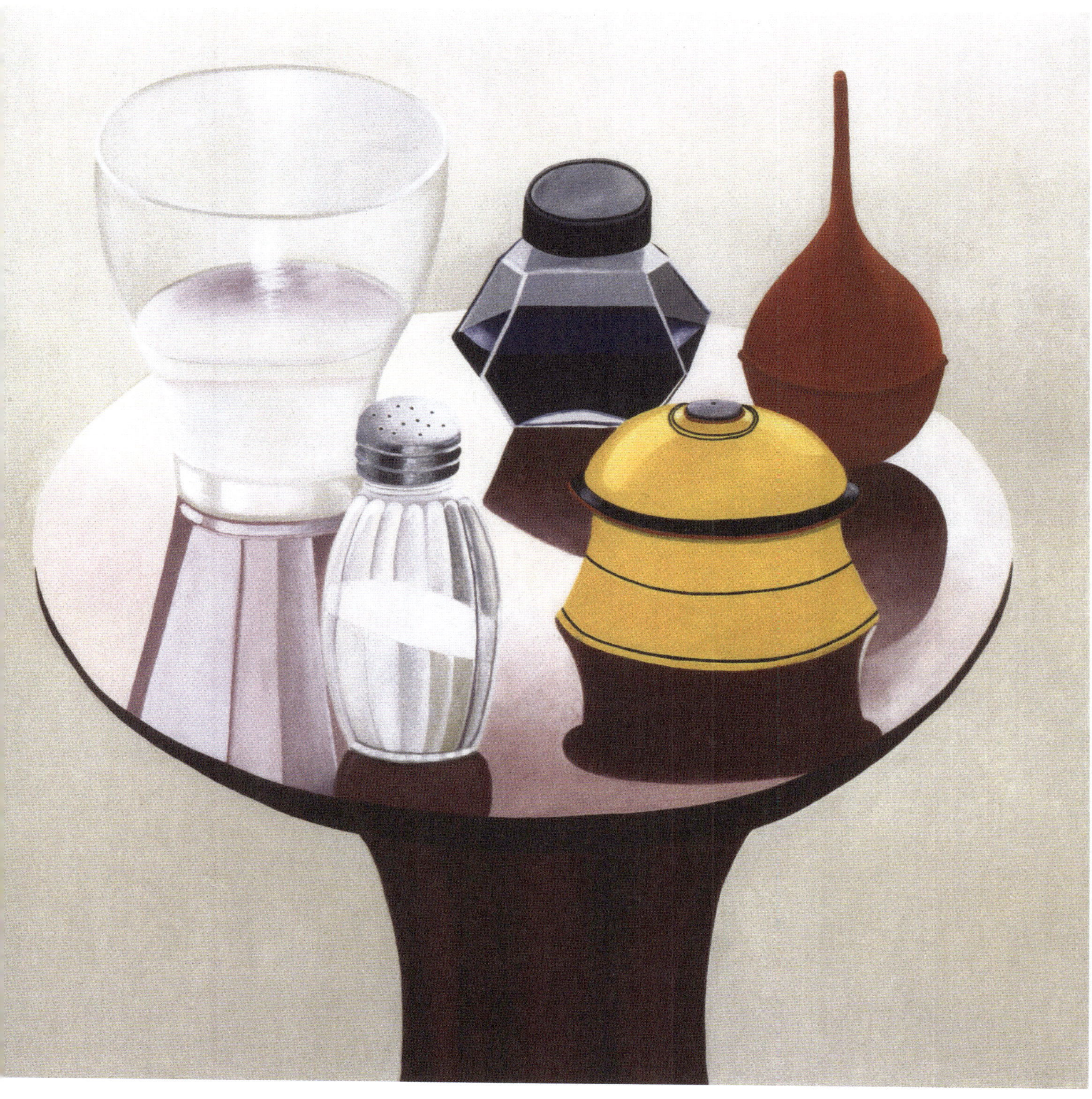

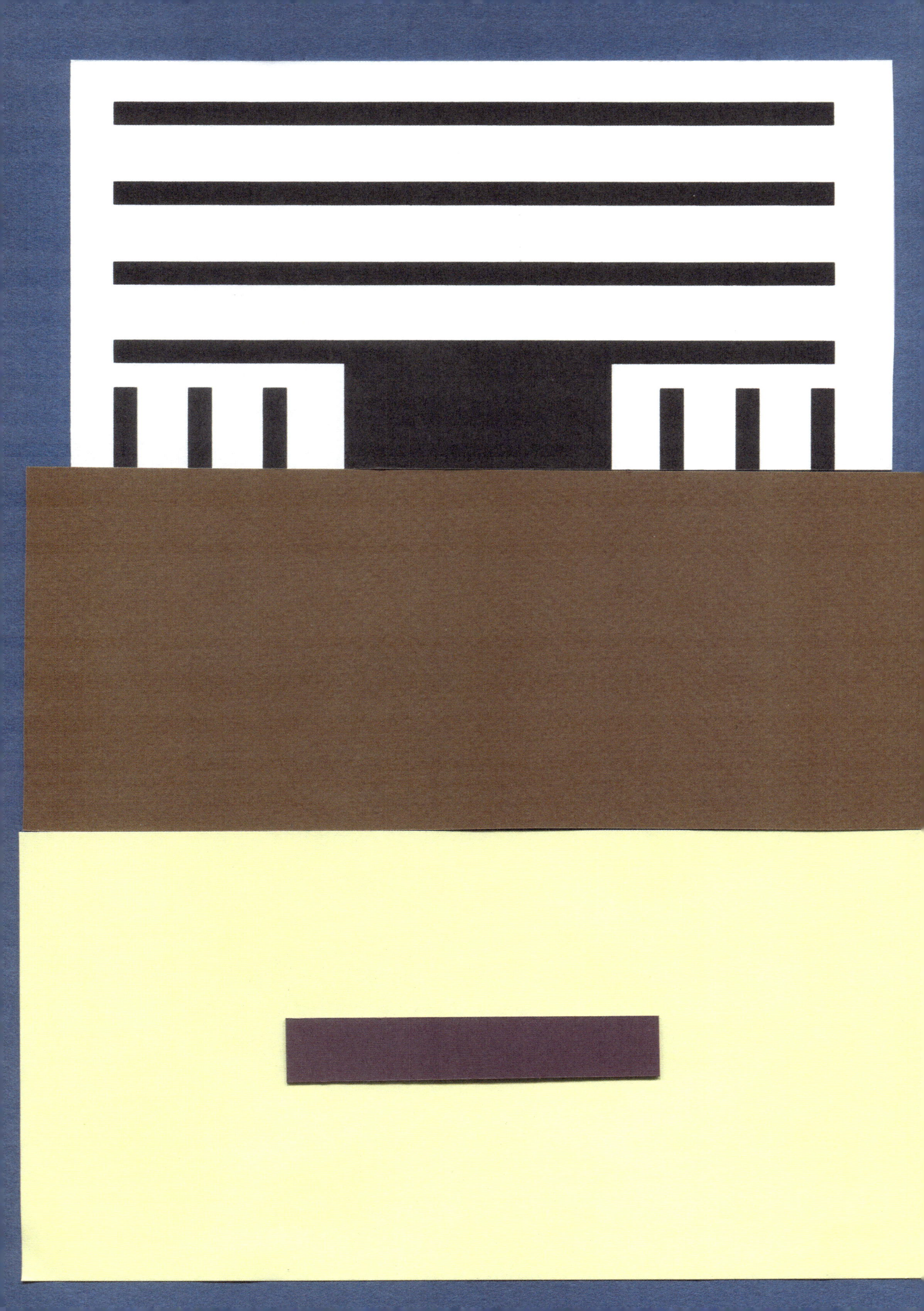

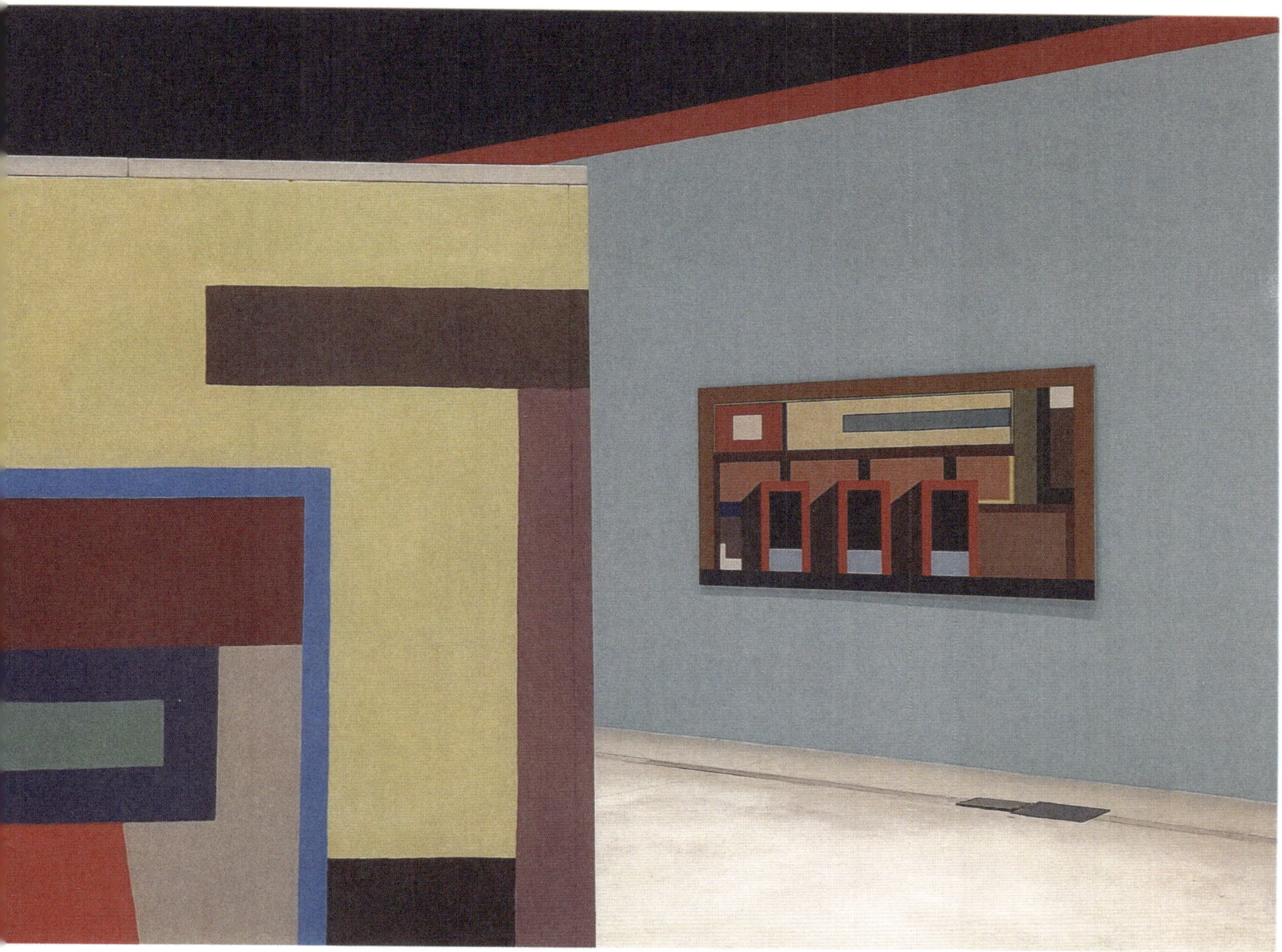

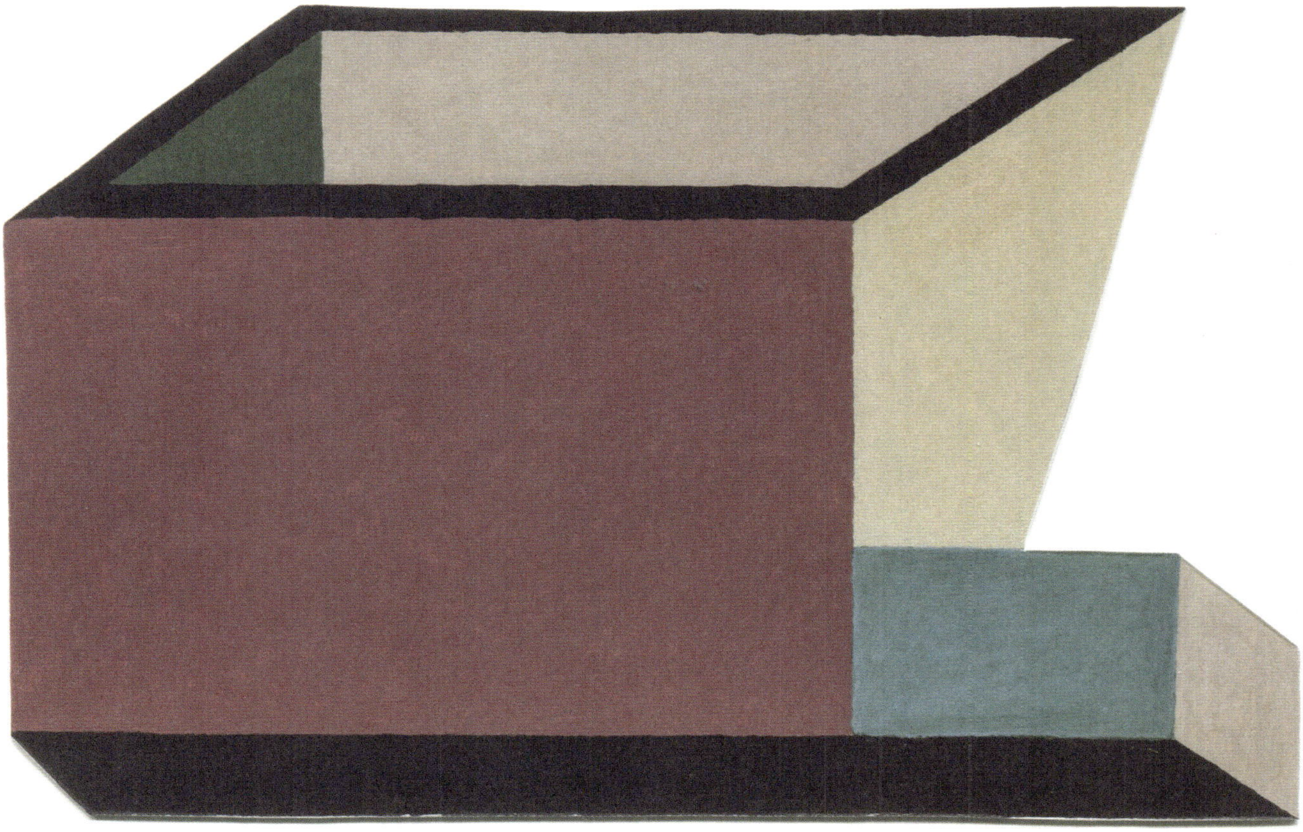

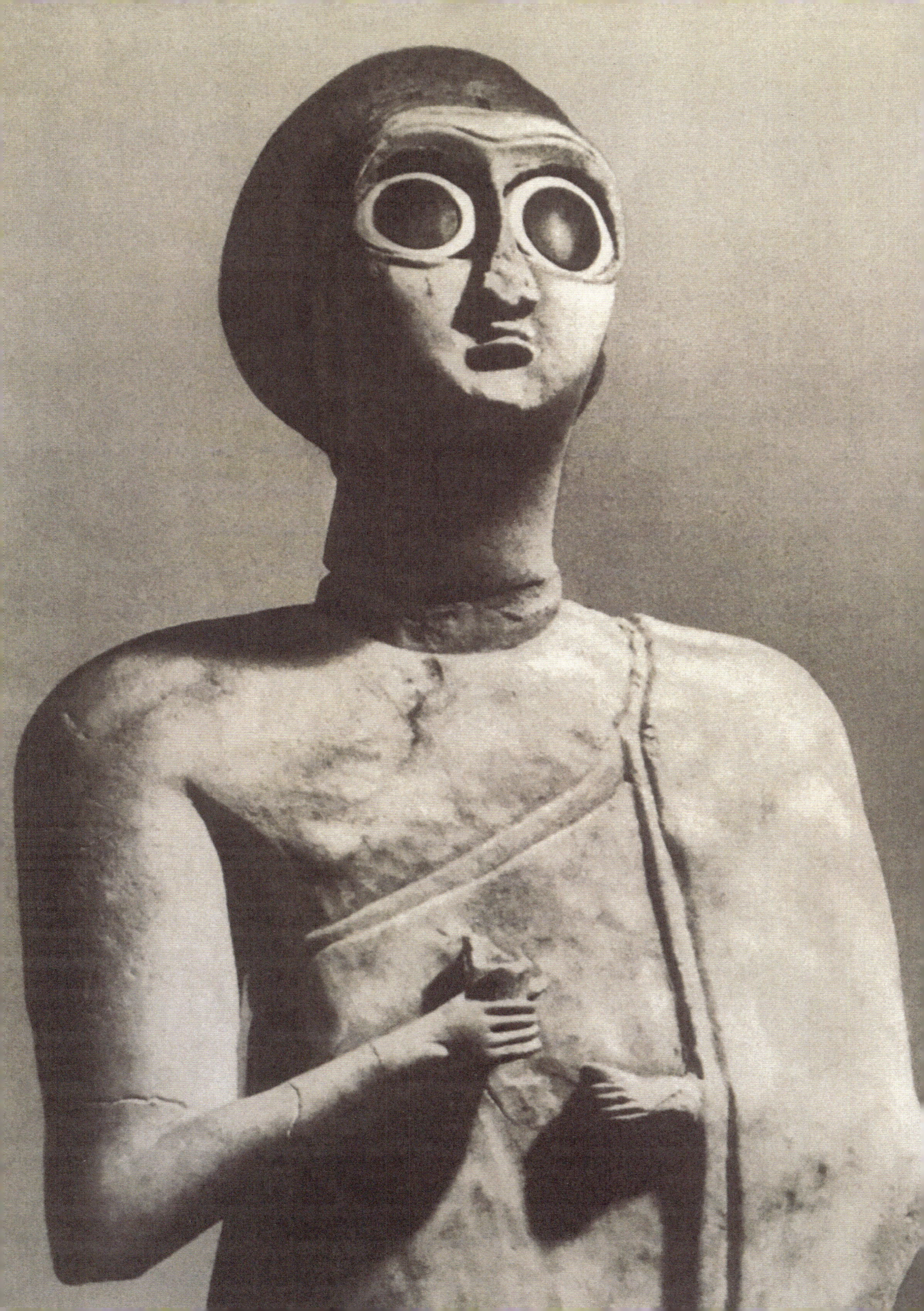

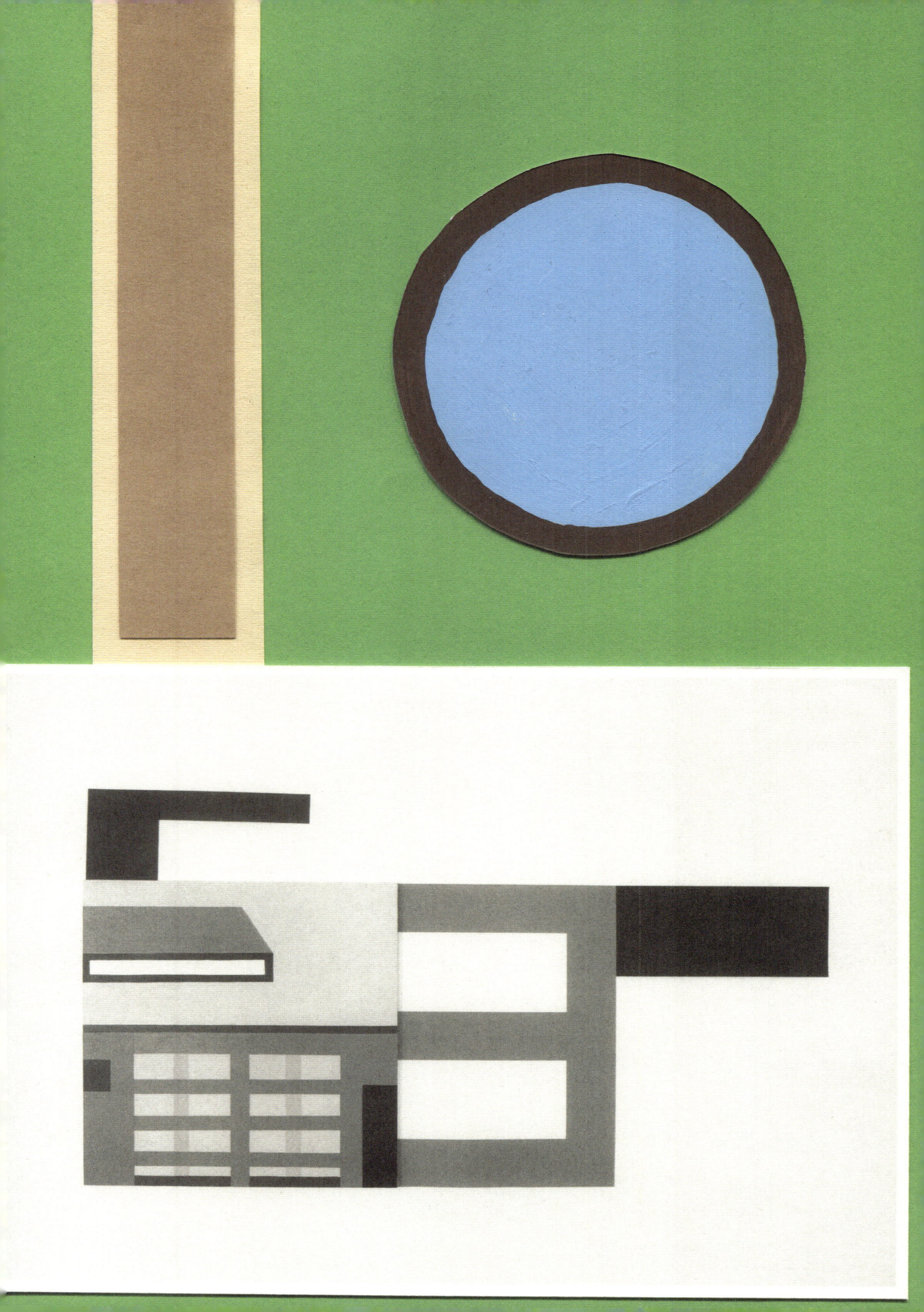

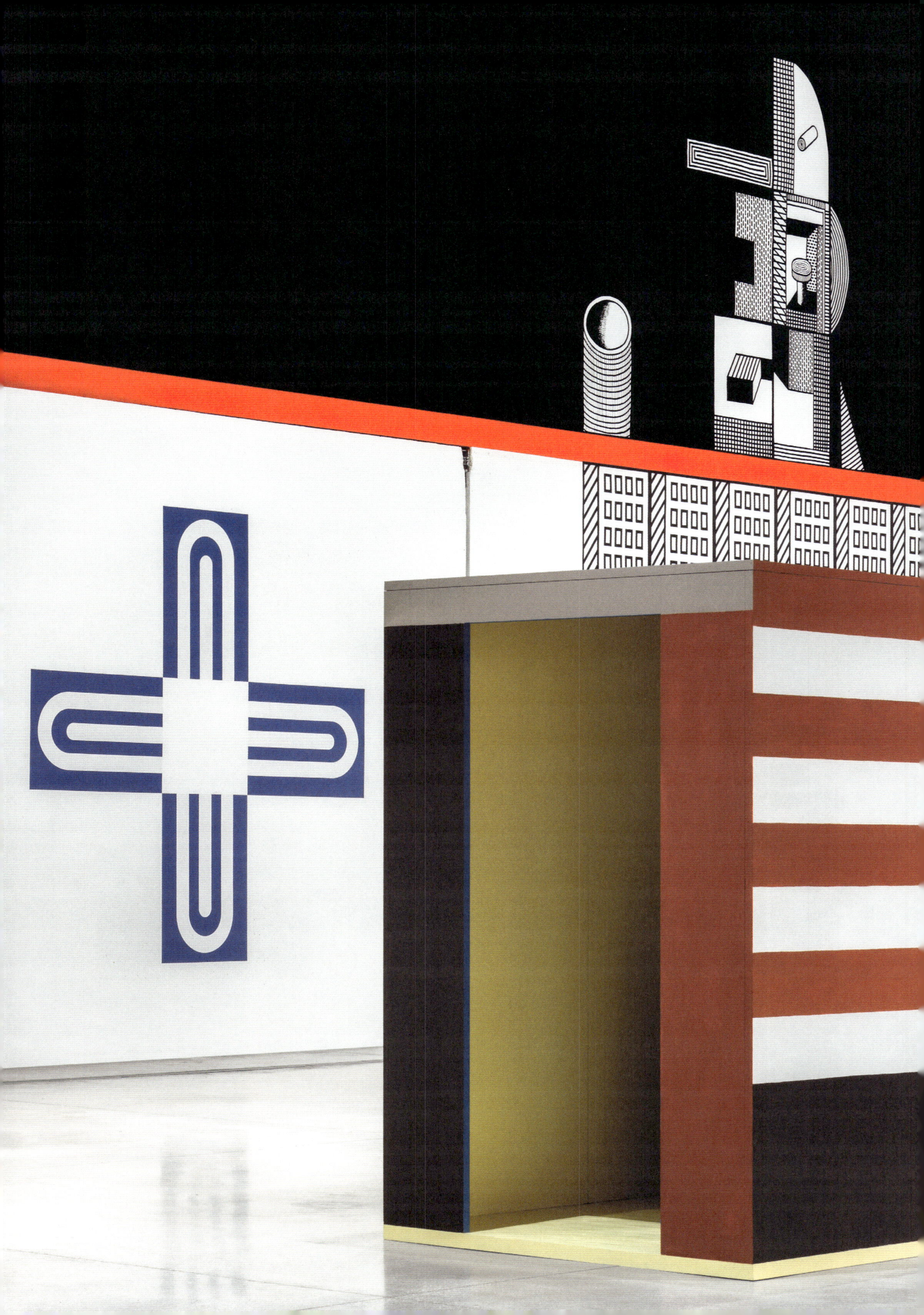

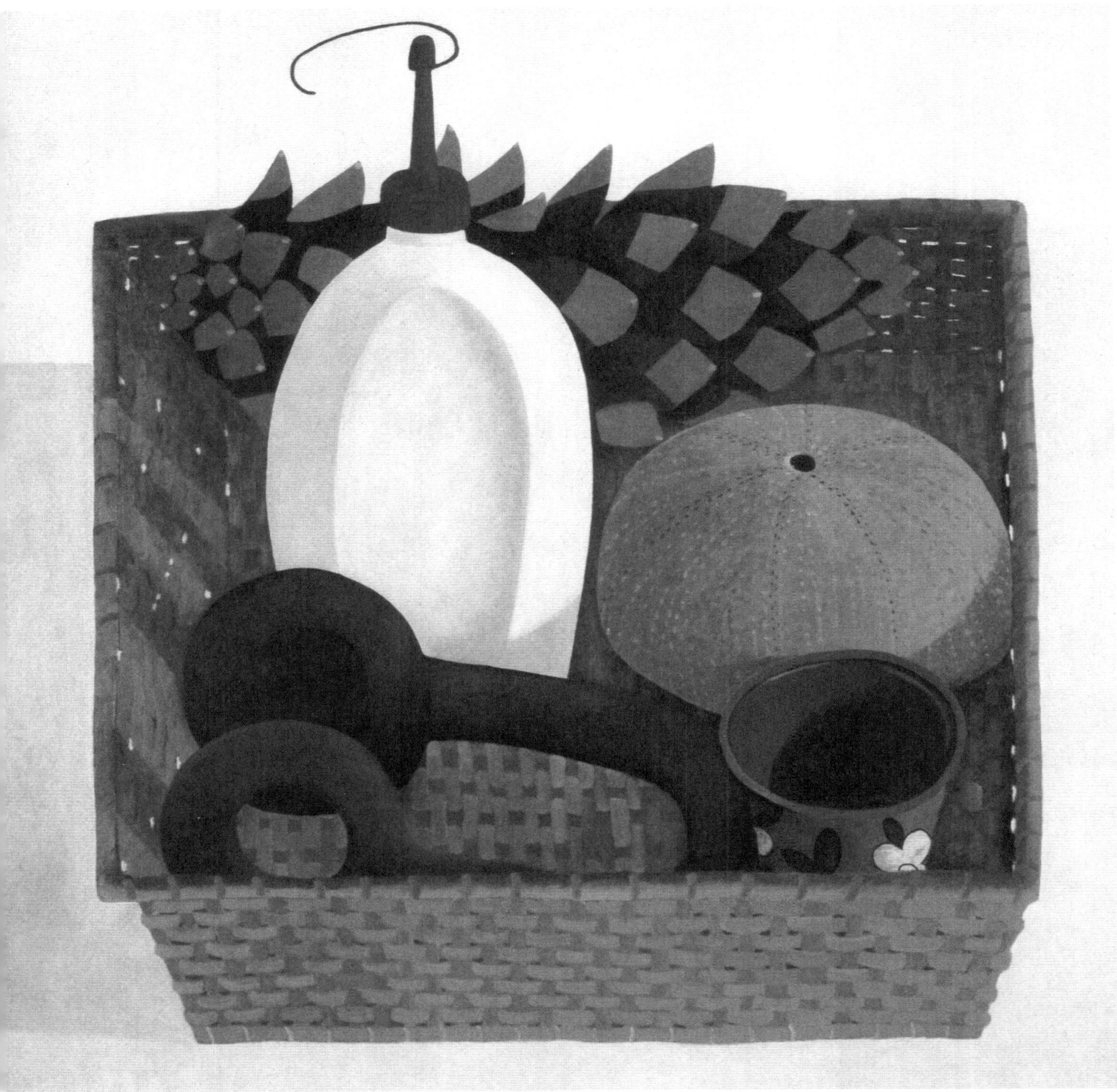

Giulio C. si accorse tardi che gli piaceva il giallo (è possibile morire senza conoscere quali cose amarono i nostri occhi), era uscito dai cinquant'anni ignaro che gli alberi hanno forme innumerevoli, che non c'è un colore nella mente dell'uomo introvabile sui muri o in un orto: e proprio nel suo orticello contò una volta trenta varietà di grigio.

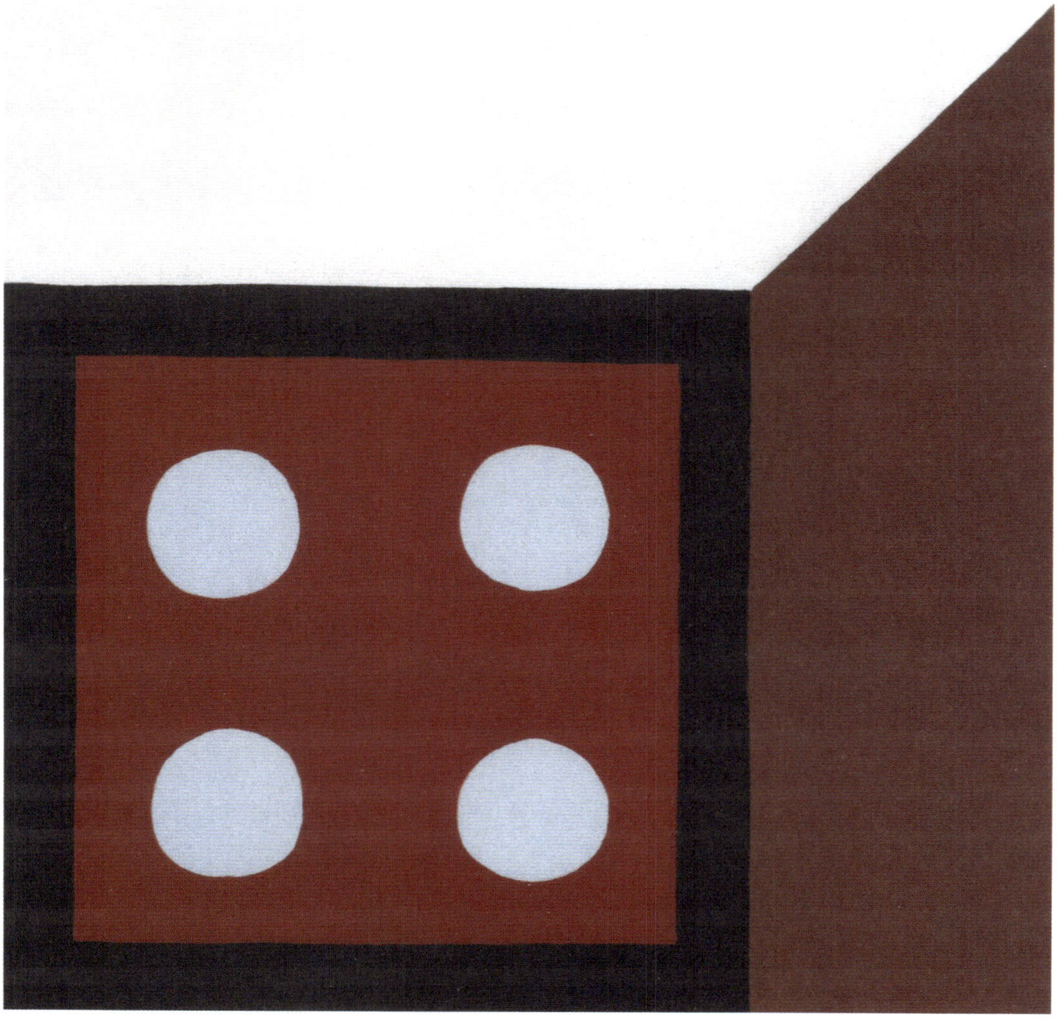

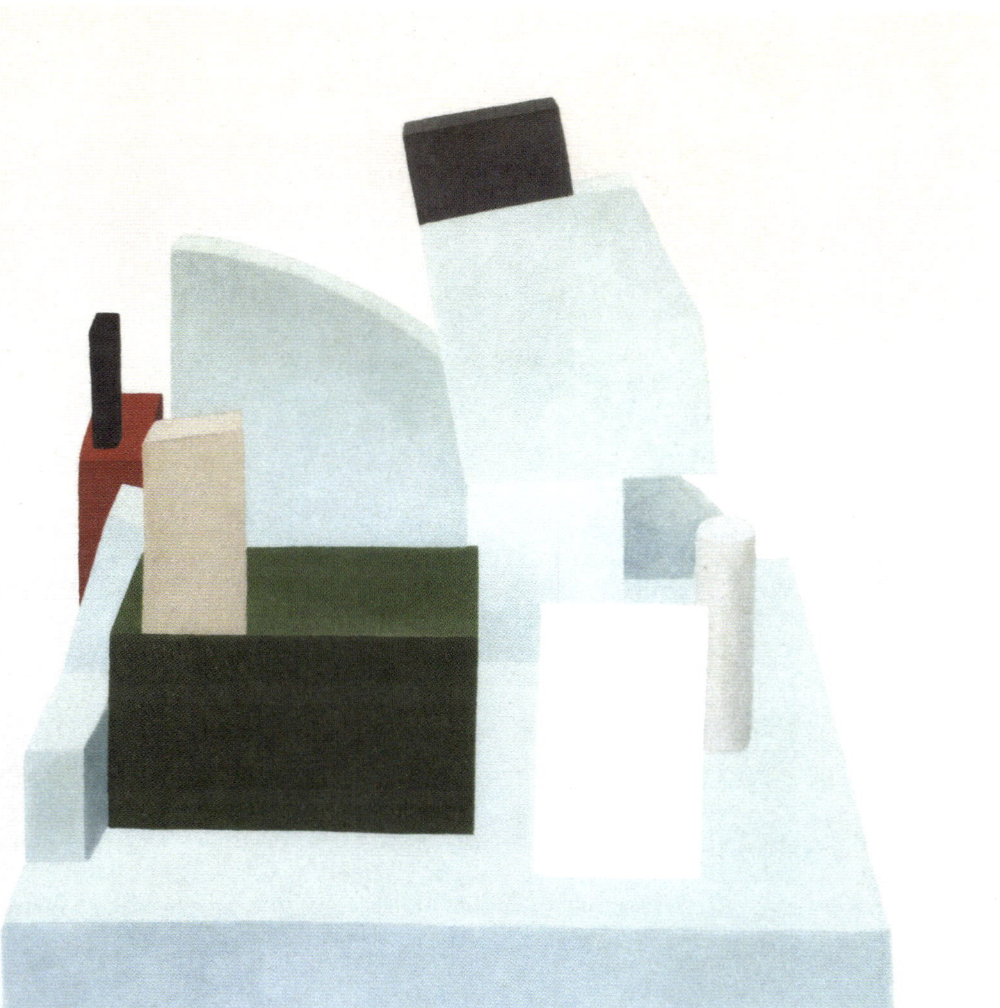

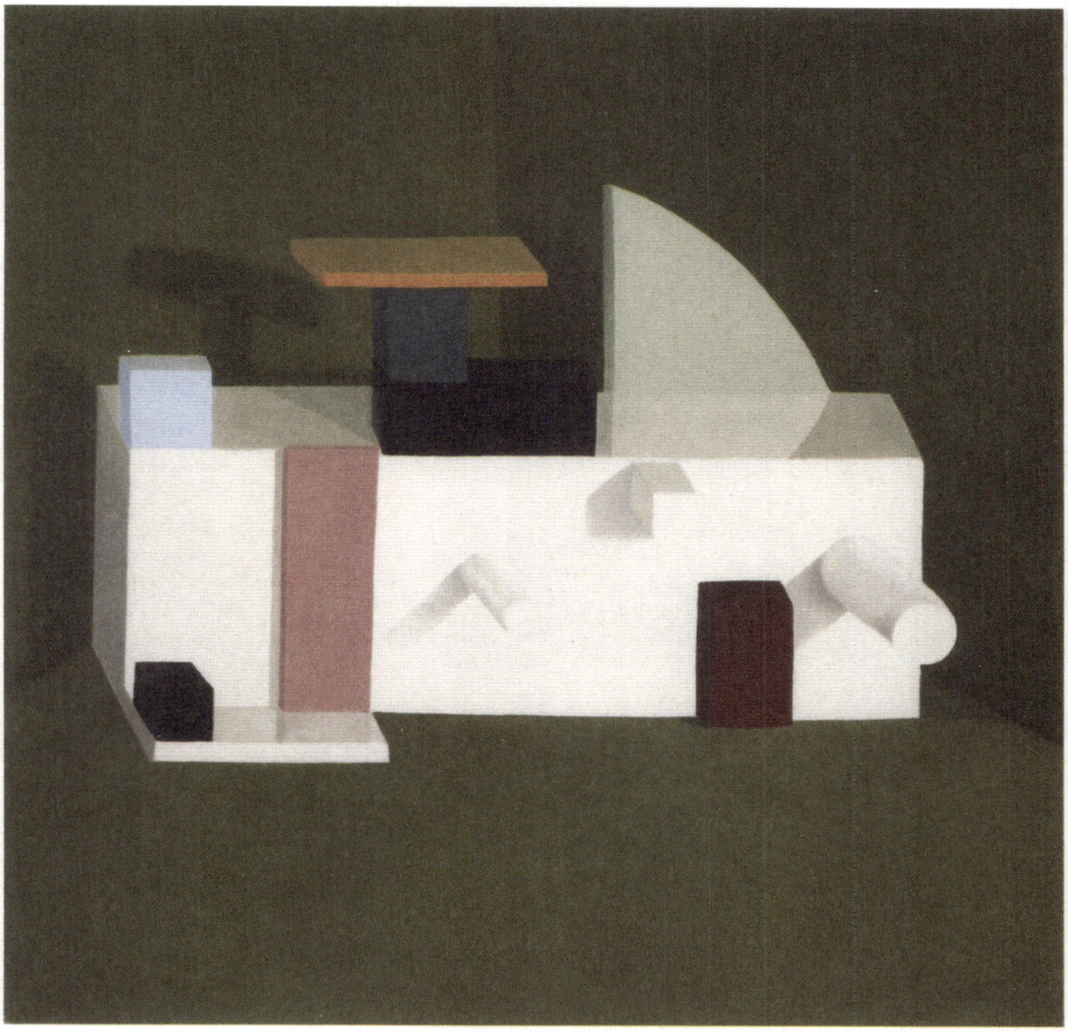

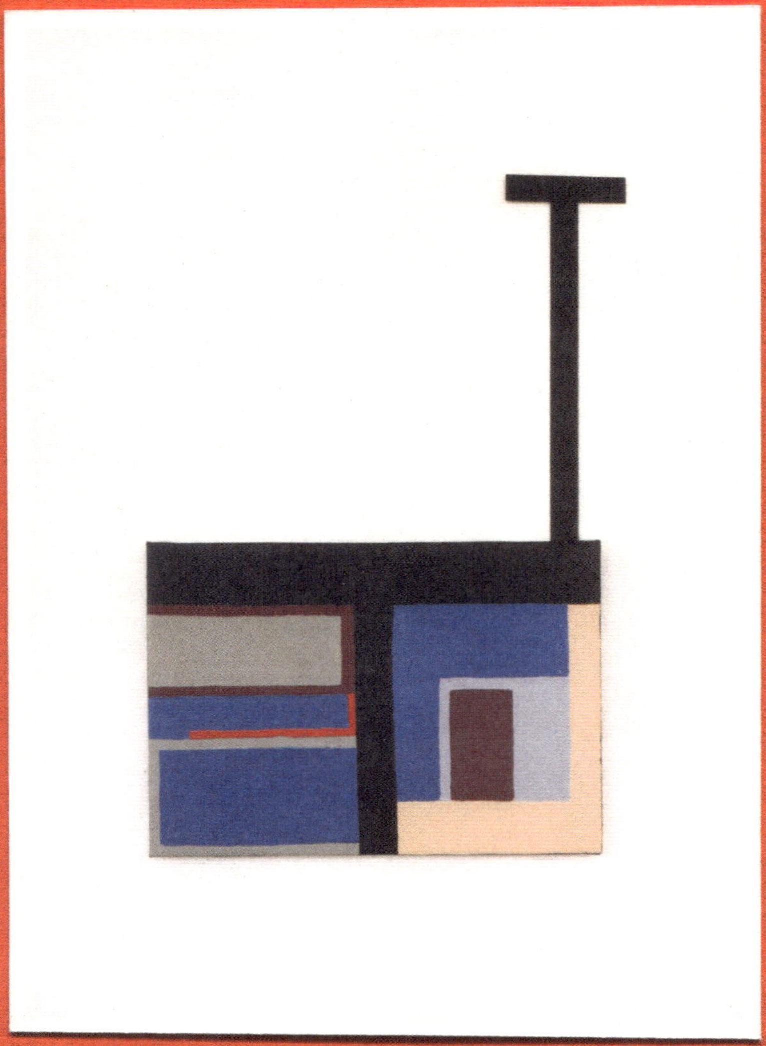

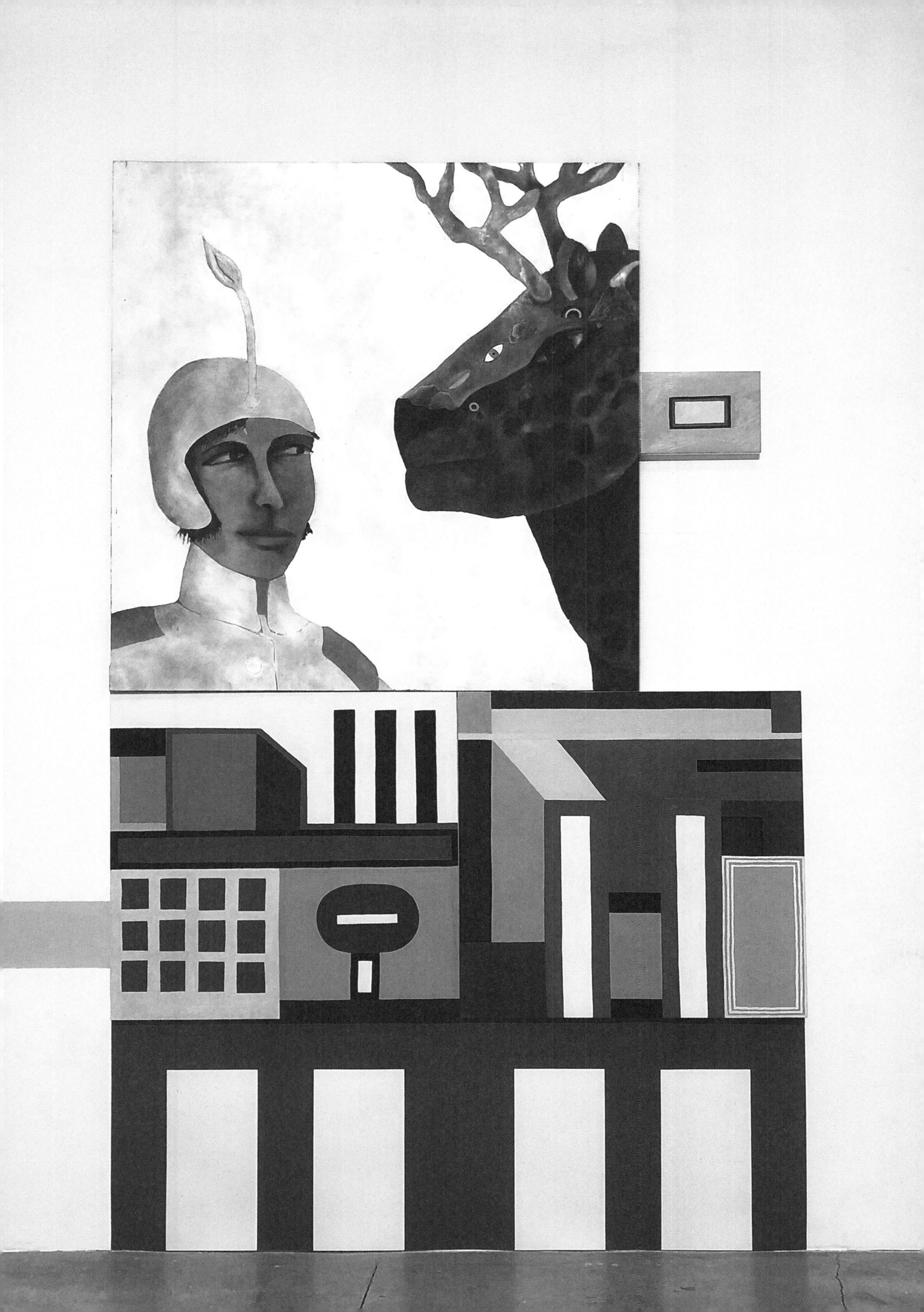

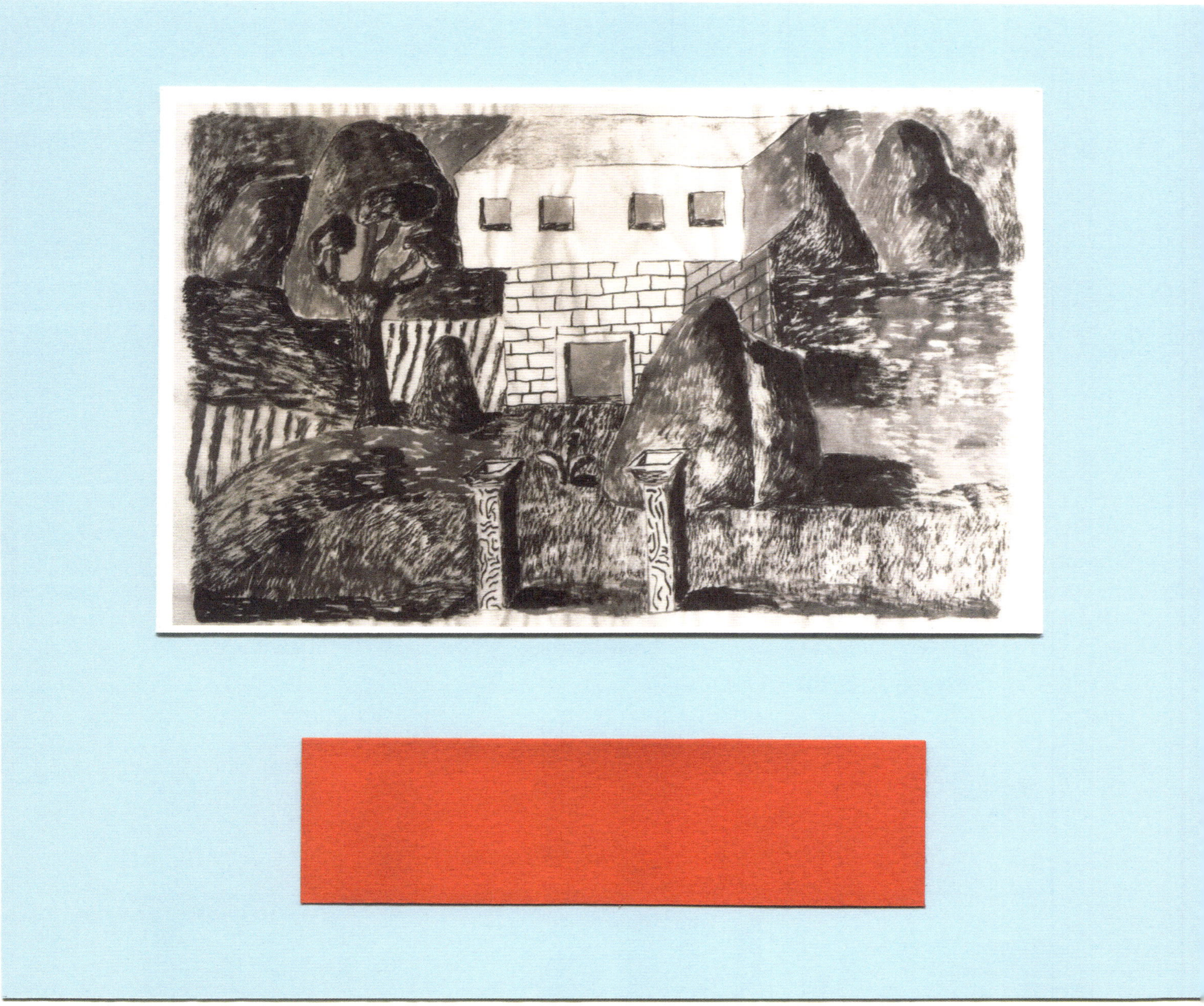

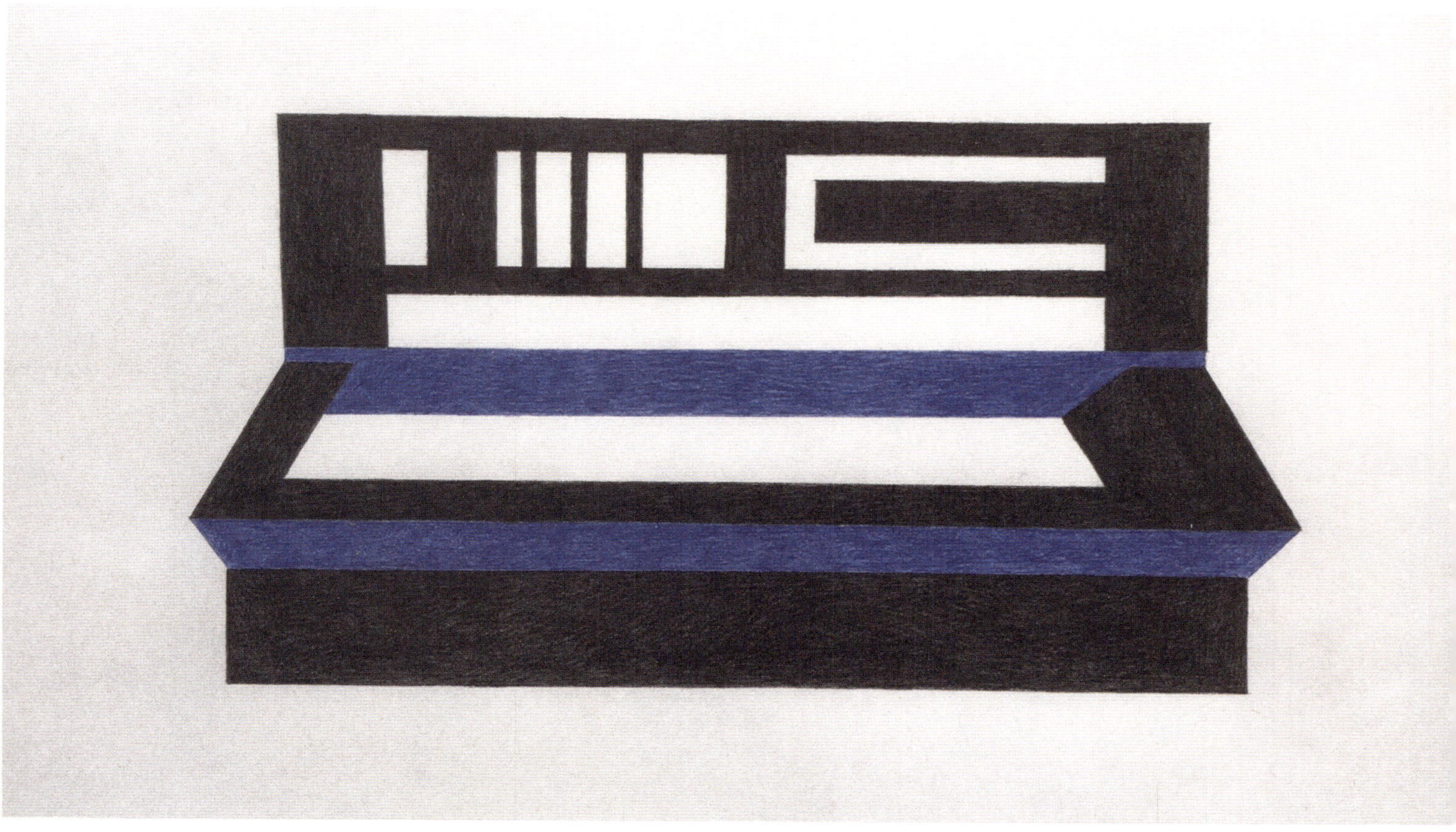

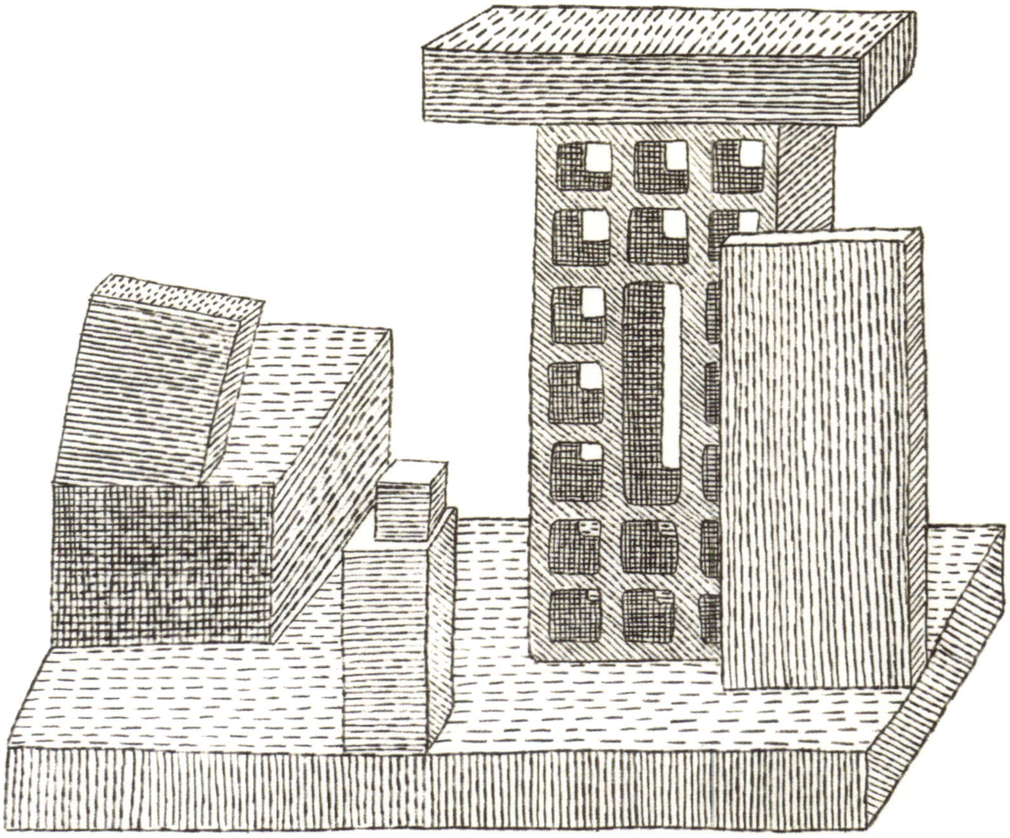

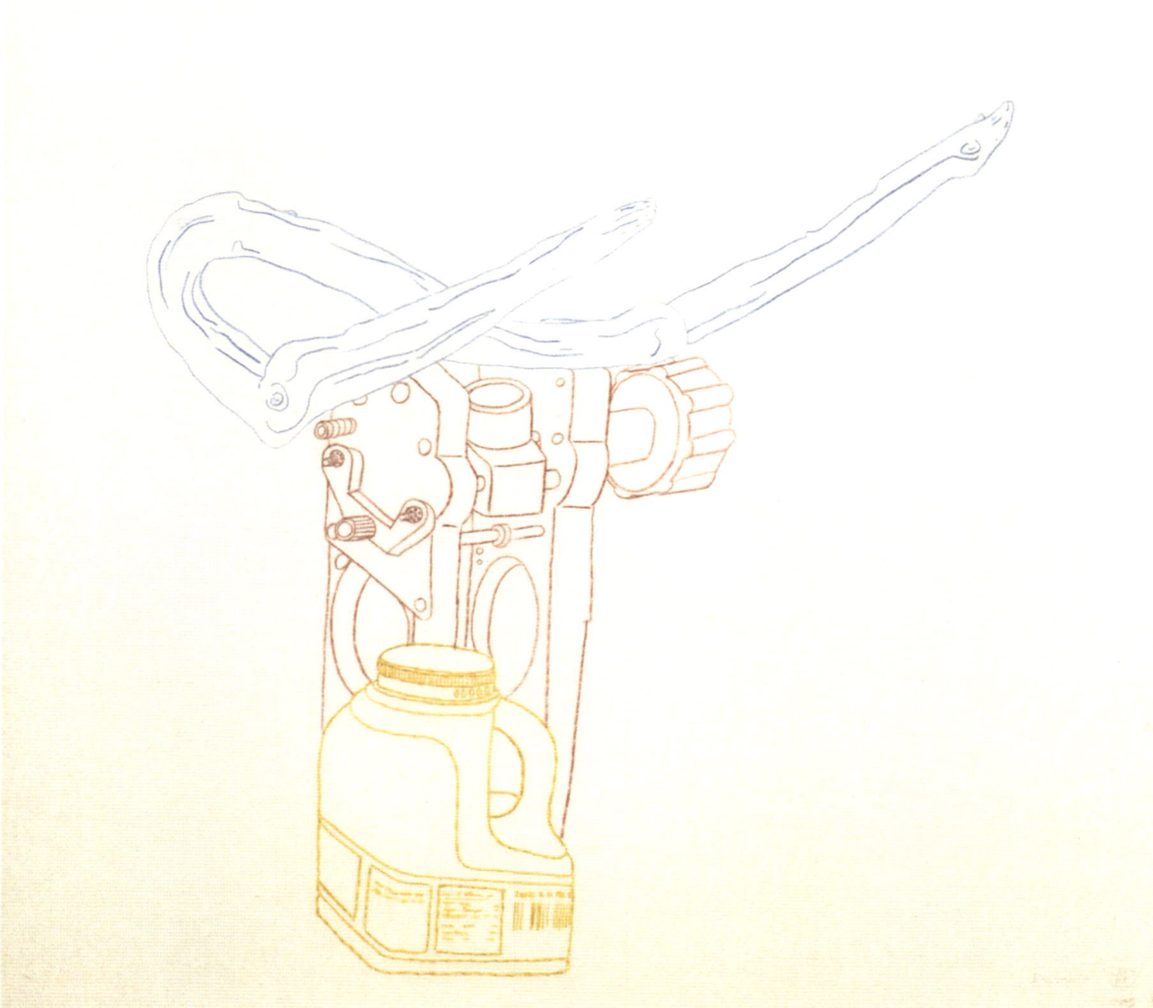

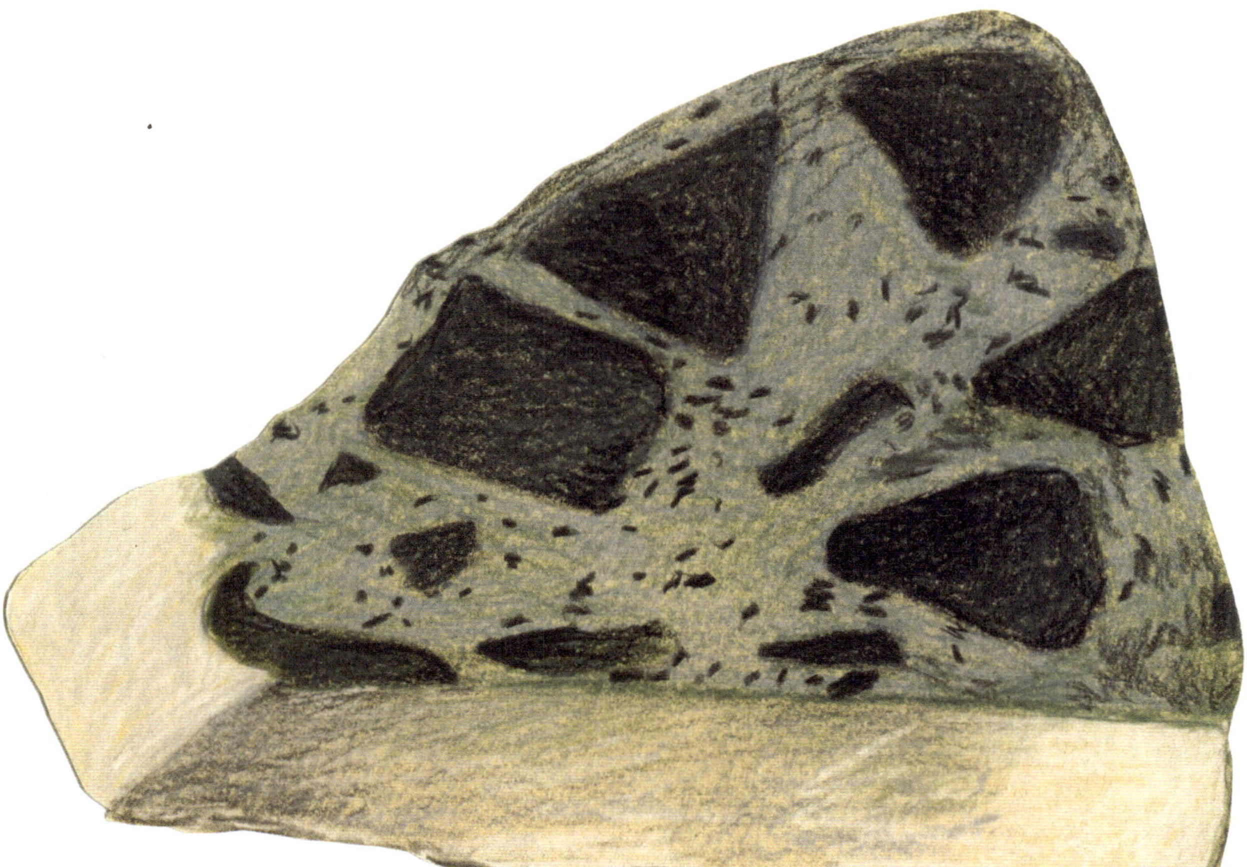

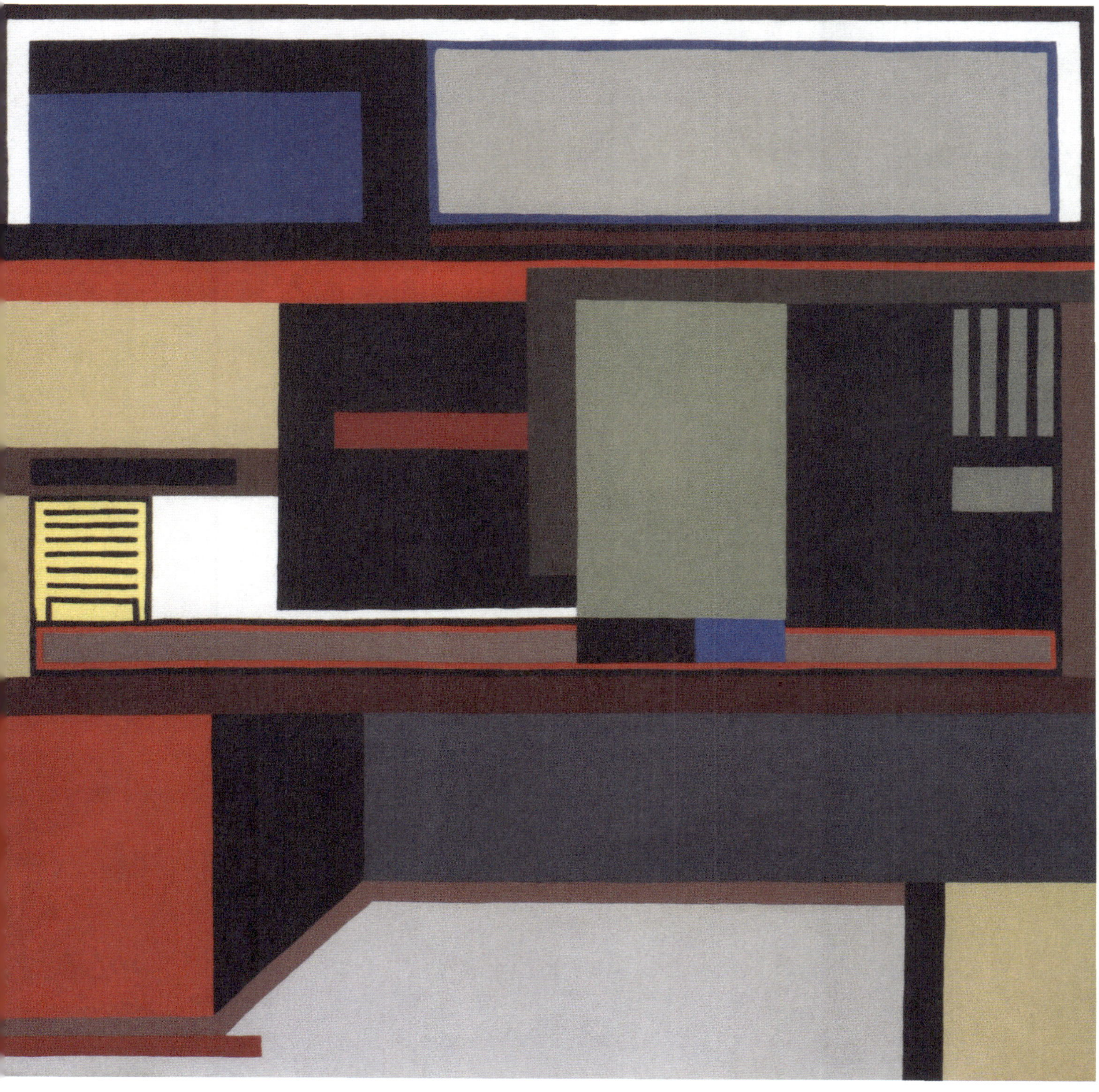

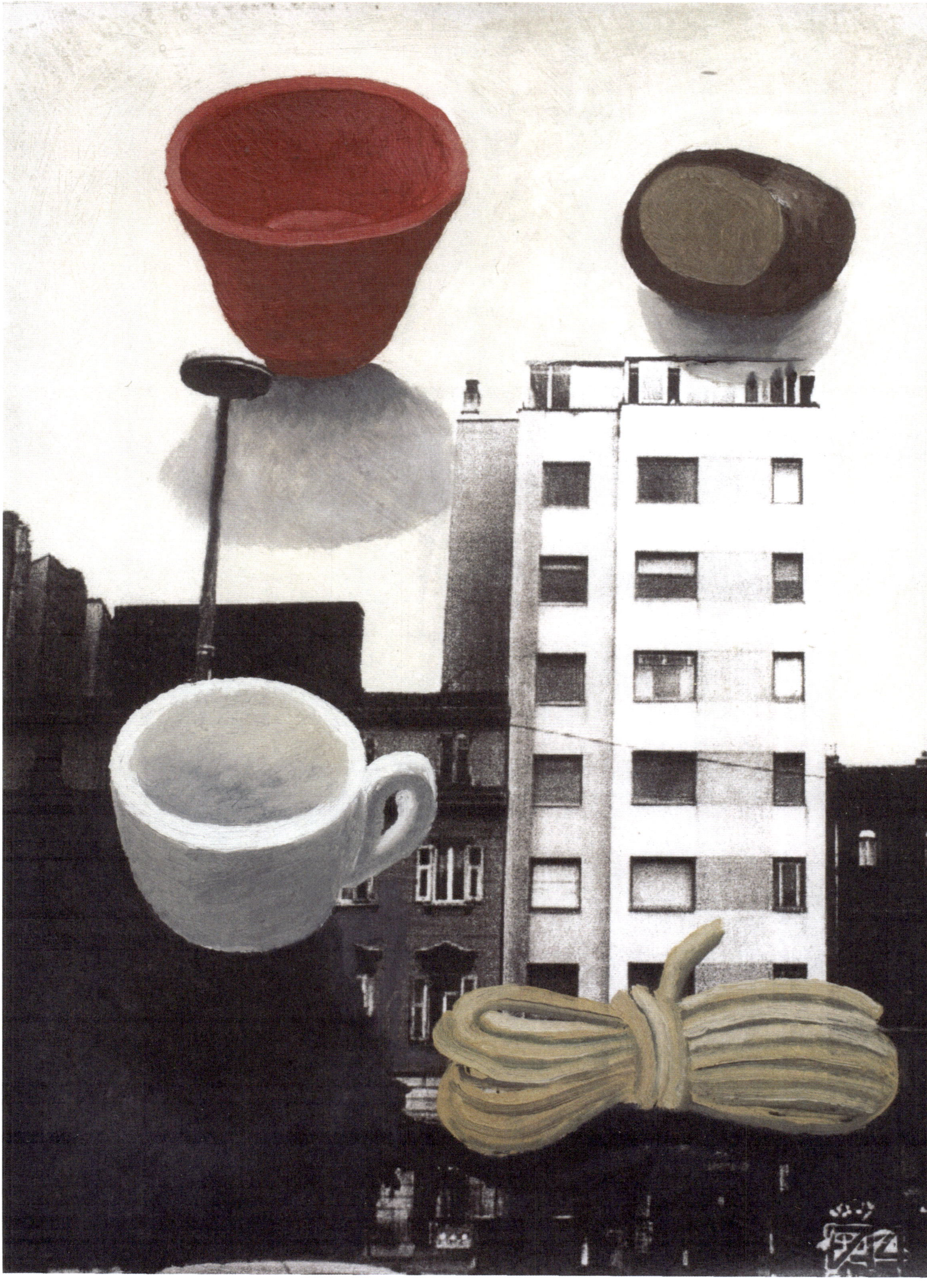

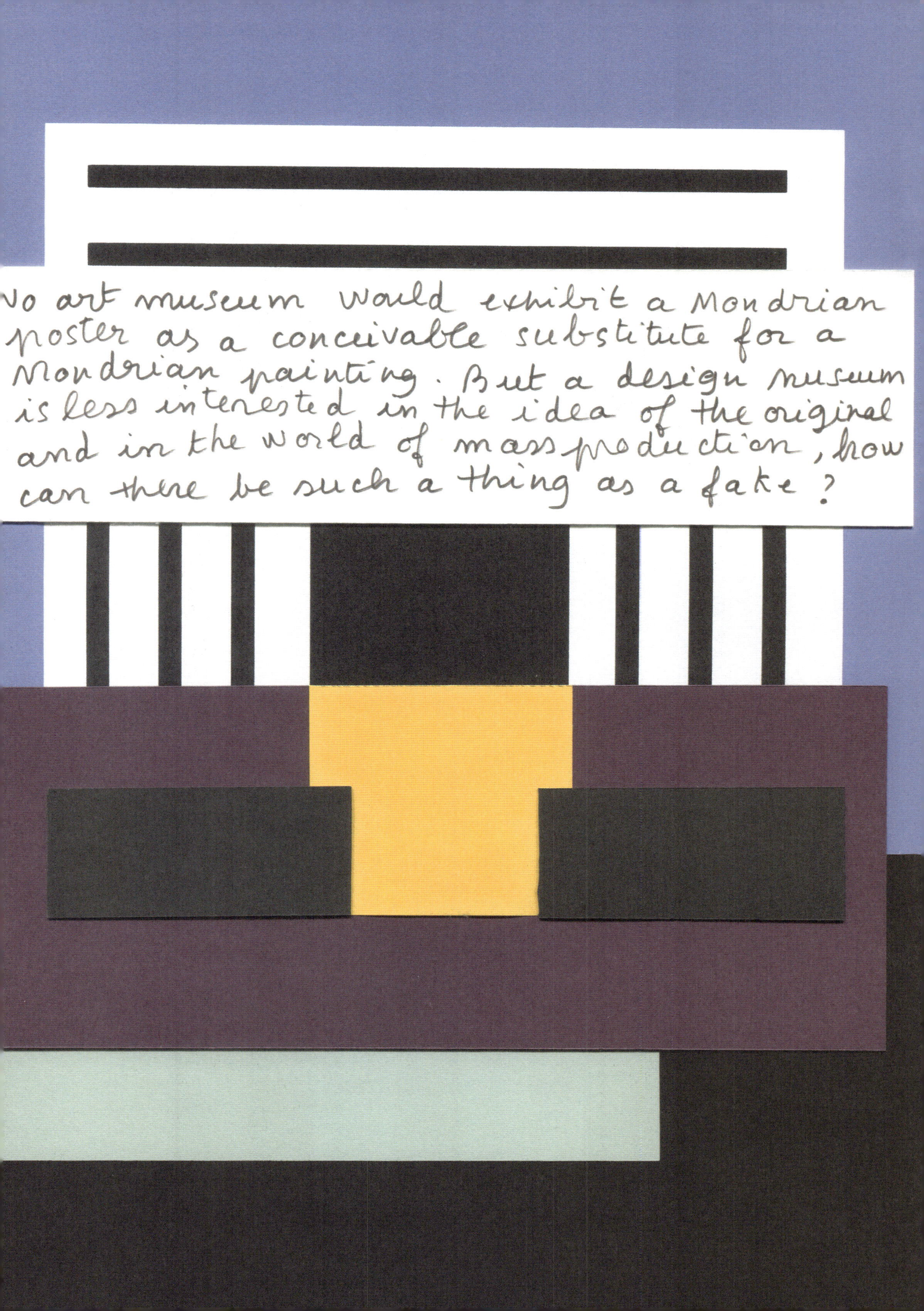
No art museum would exhibit a Mondrian poster as a conceivable substitute for a Mondrian painting. But a design museum is less interested in the idea of the original and in the world of mass production, how can there be such a thing as a fake?

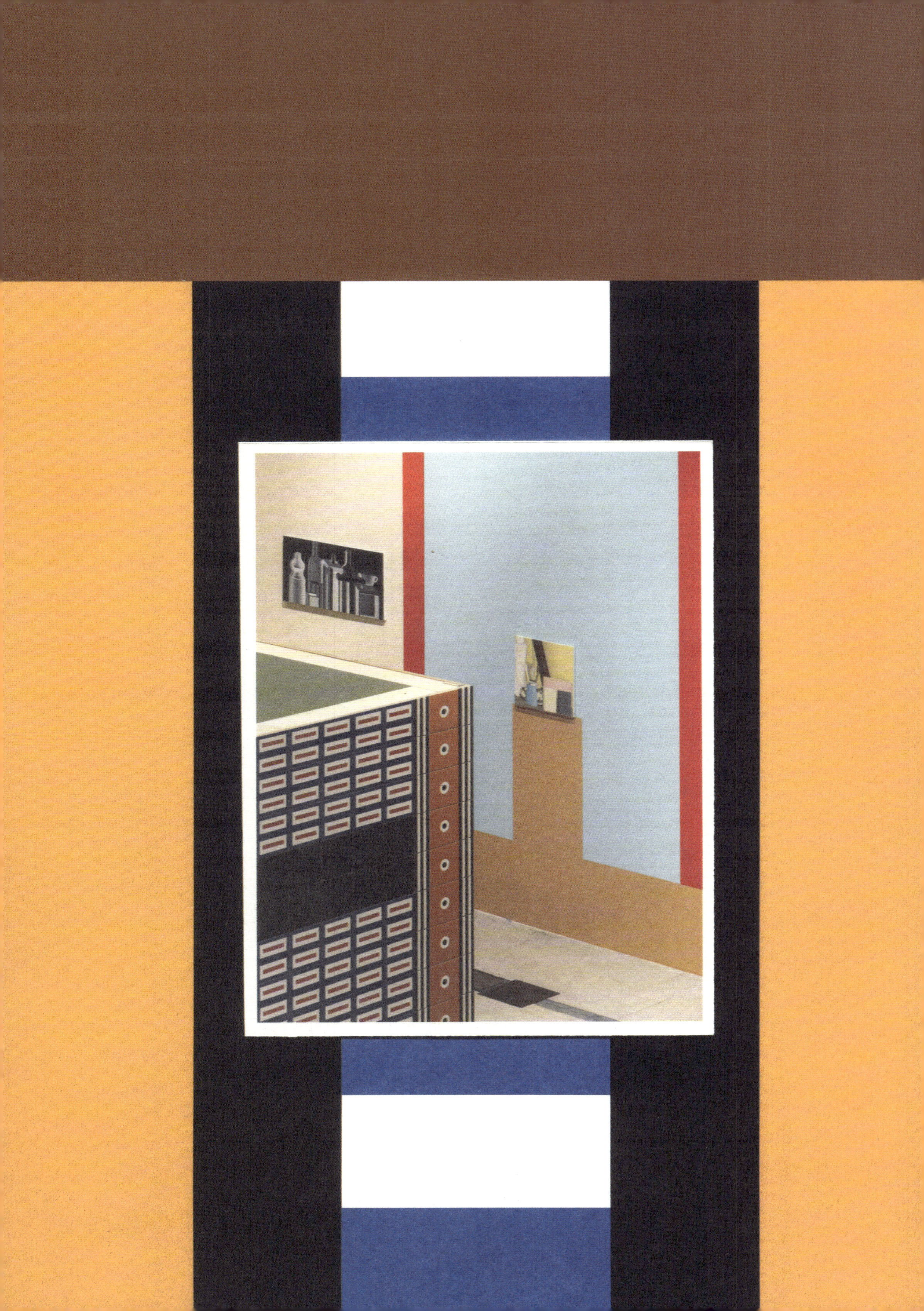

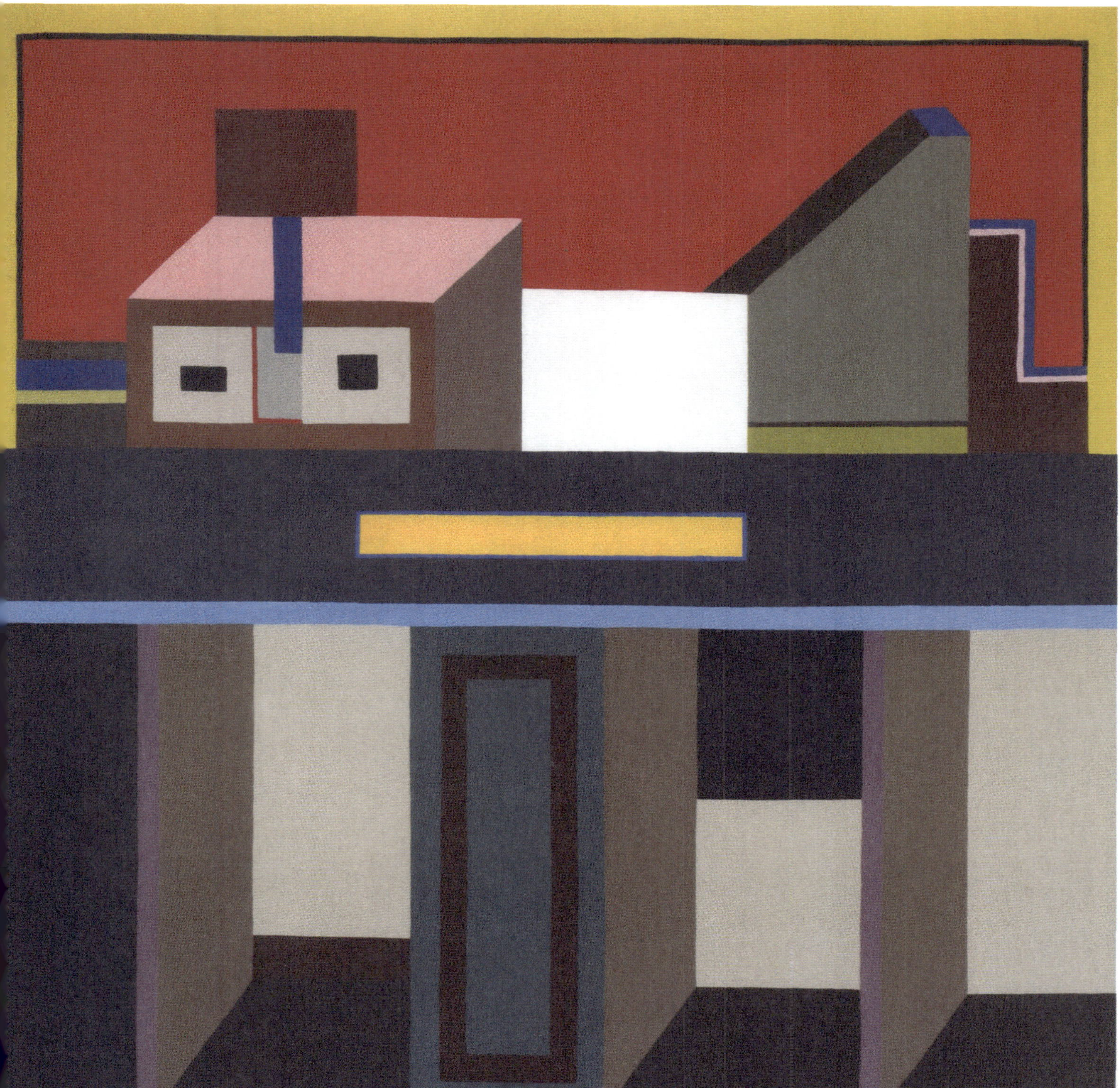

Più o meno cinquemila anni fa i rituali per fare bene una casa sumera erano diversi dai rituali che si usano in via Manzoni a Milano, e questo naturalmente si sa, ma io tanto li metto giù lo stesso perché quello che facevano non era poi tanto male: il loro funzionalismo riguardava più i rapporti tra la gente, voglio dire rapporti veri, che non lo status, per esempio.

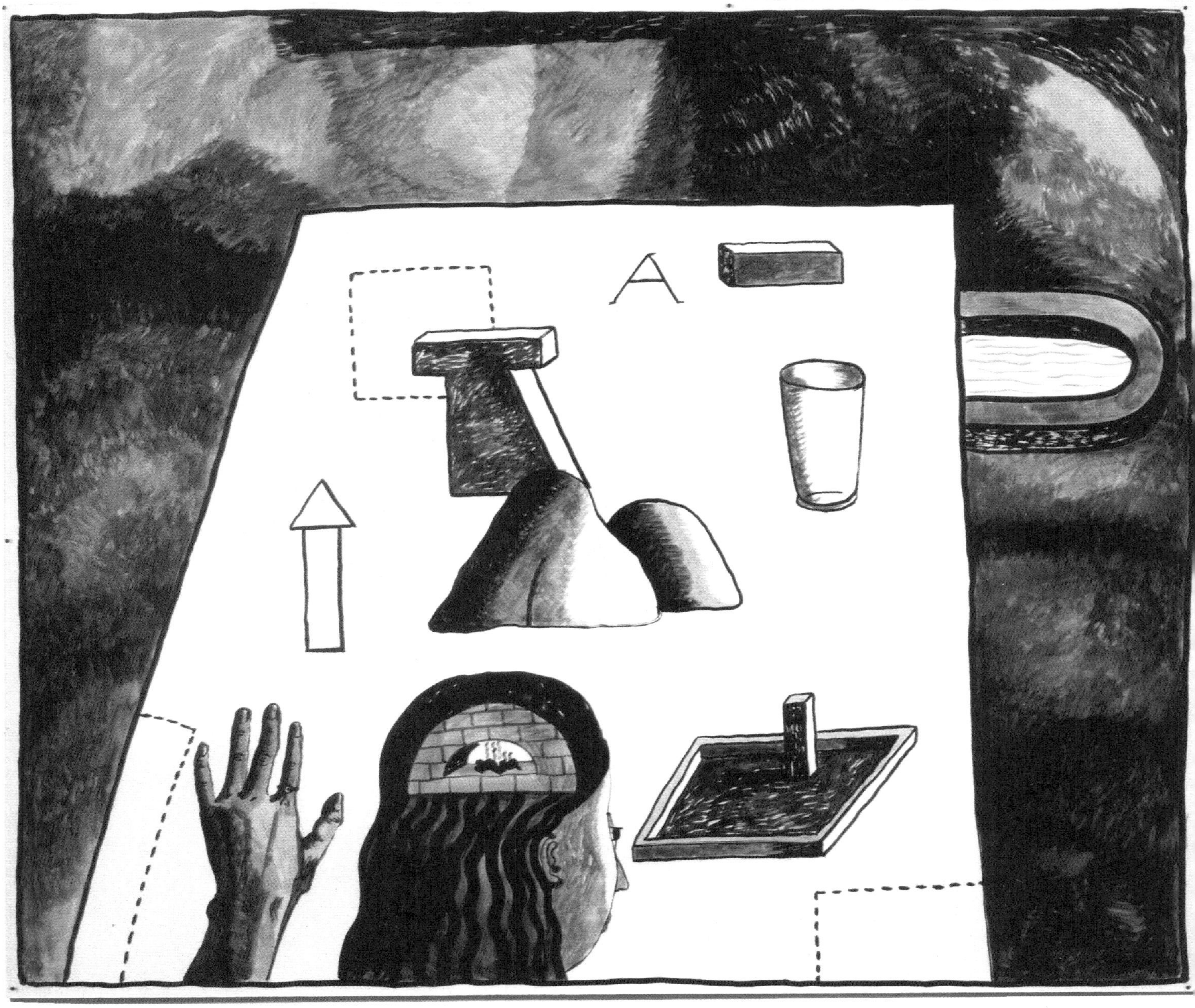

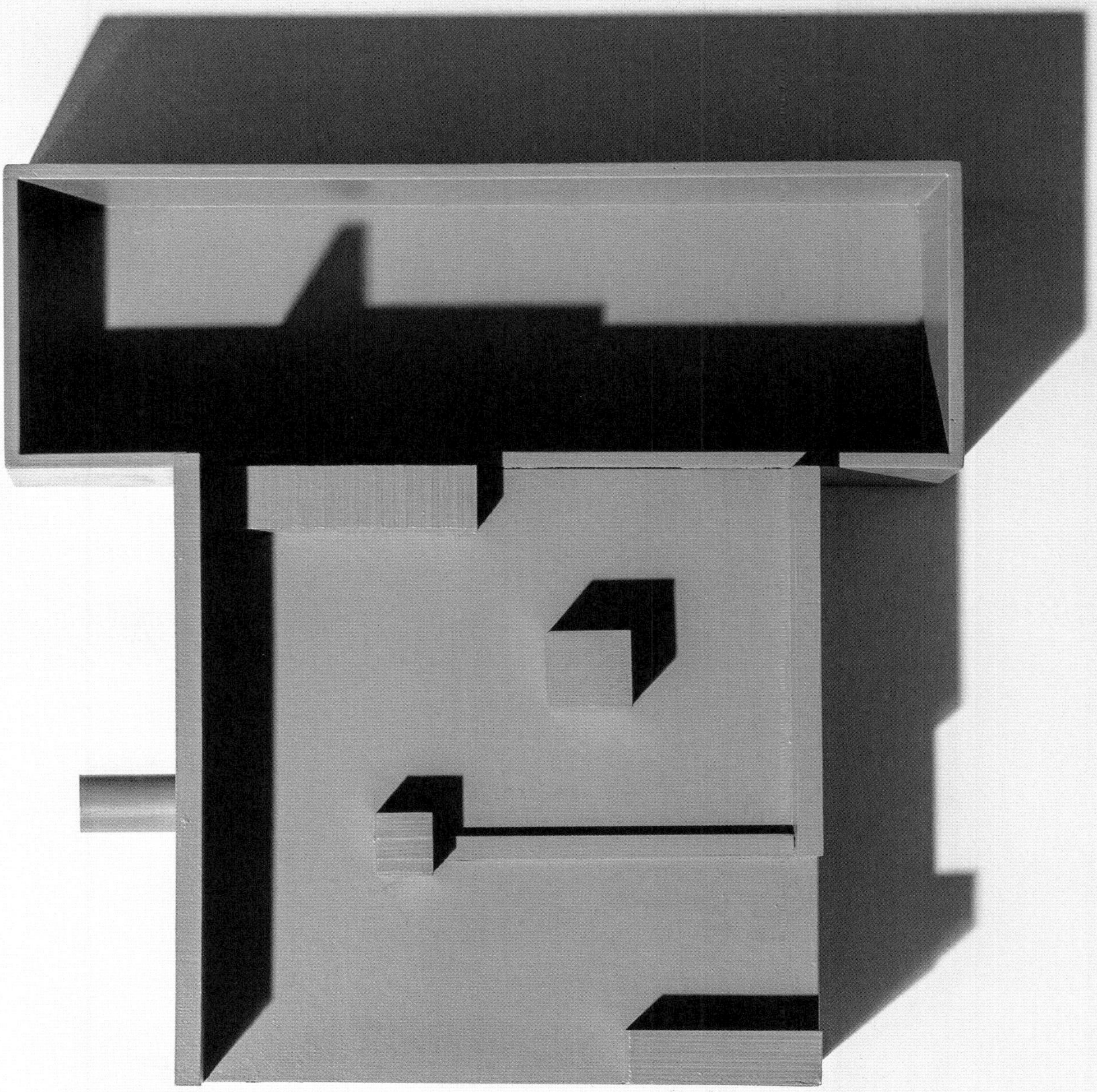

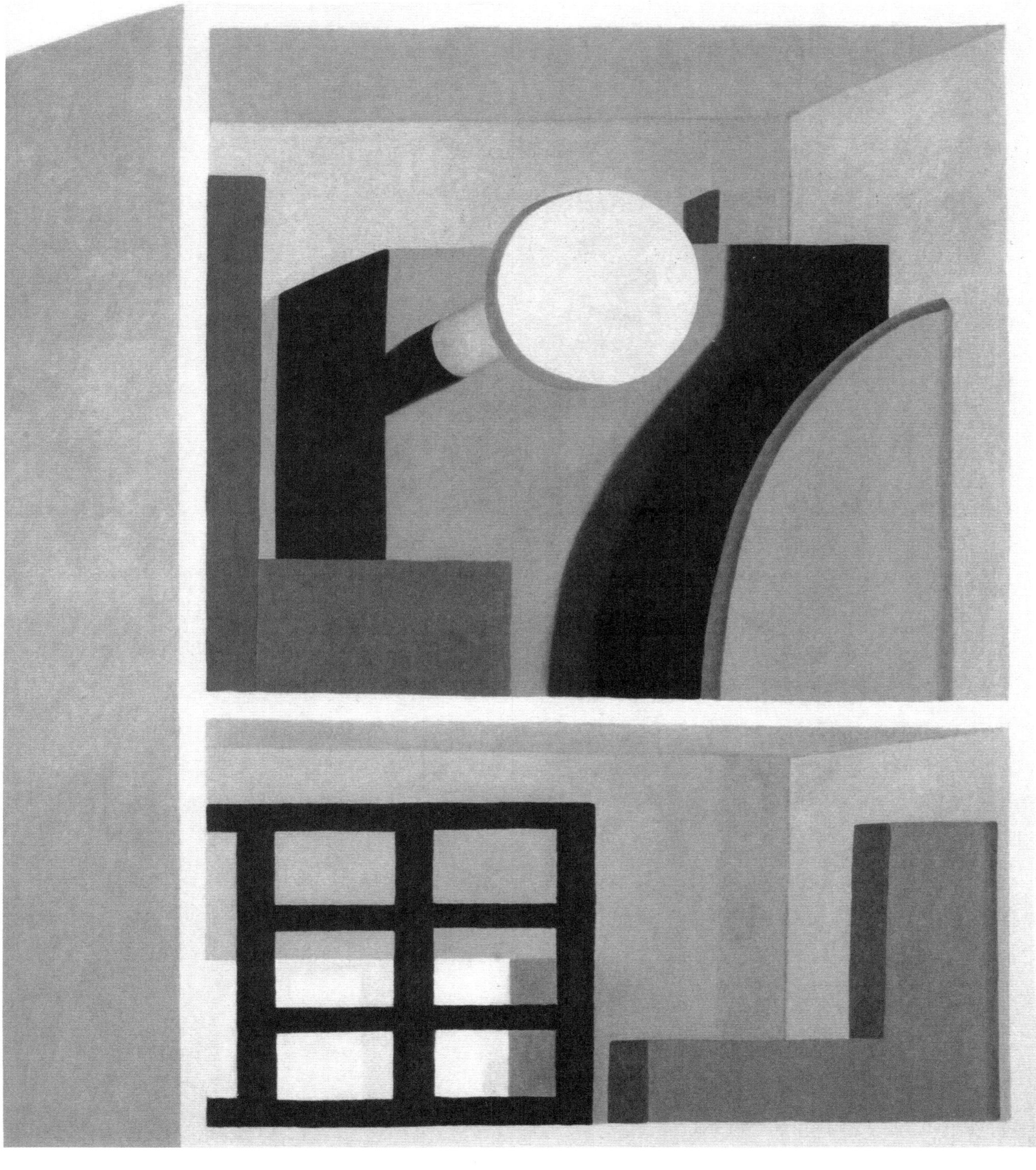

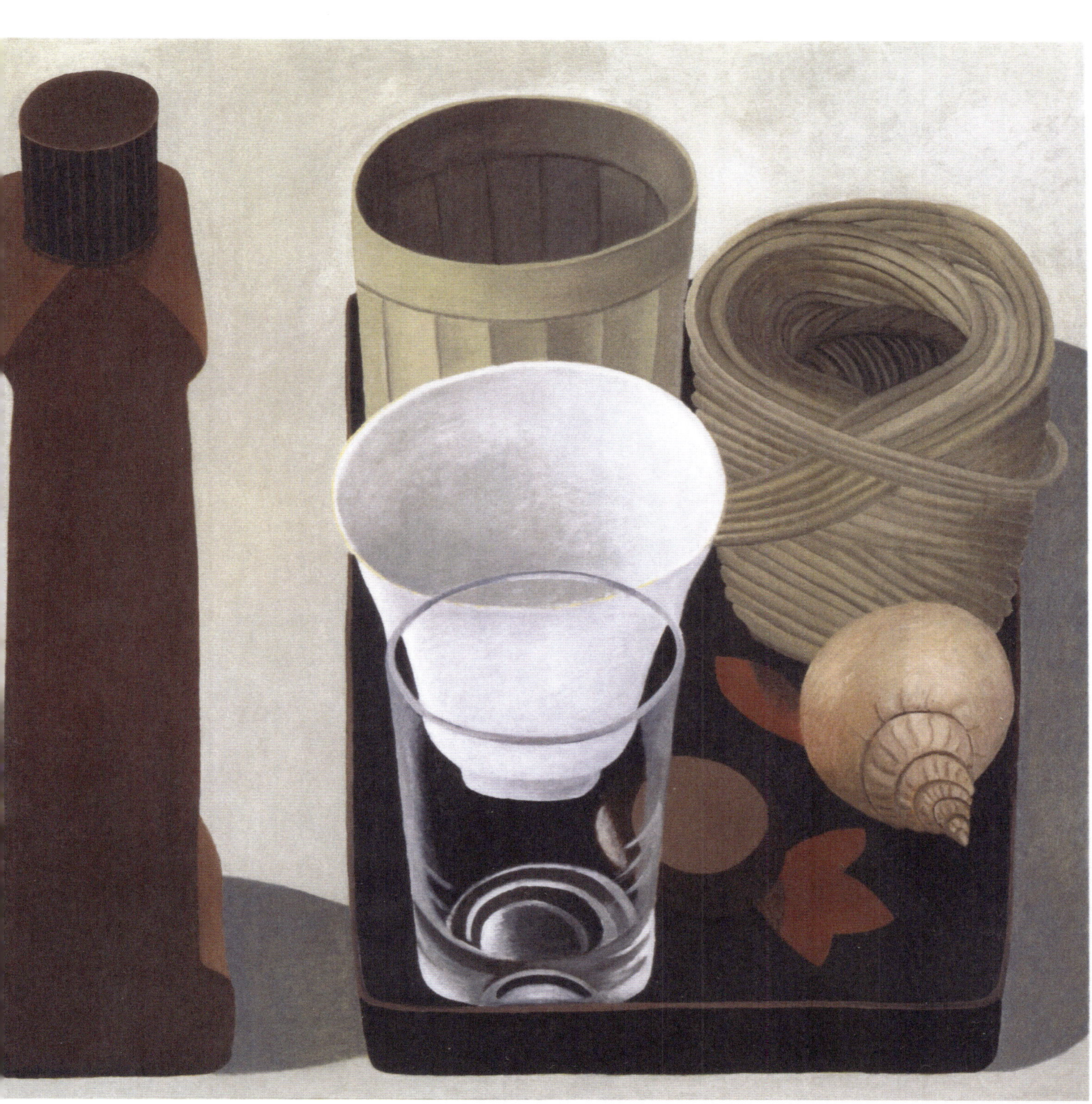

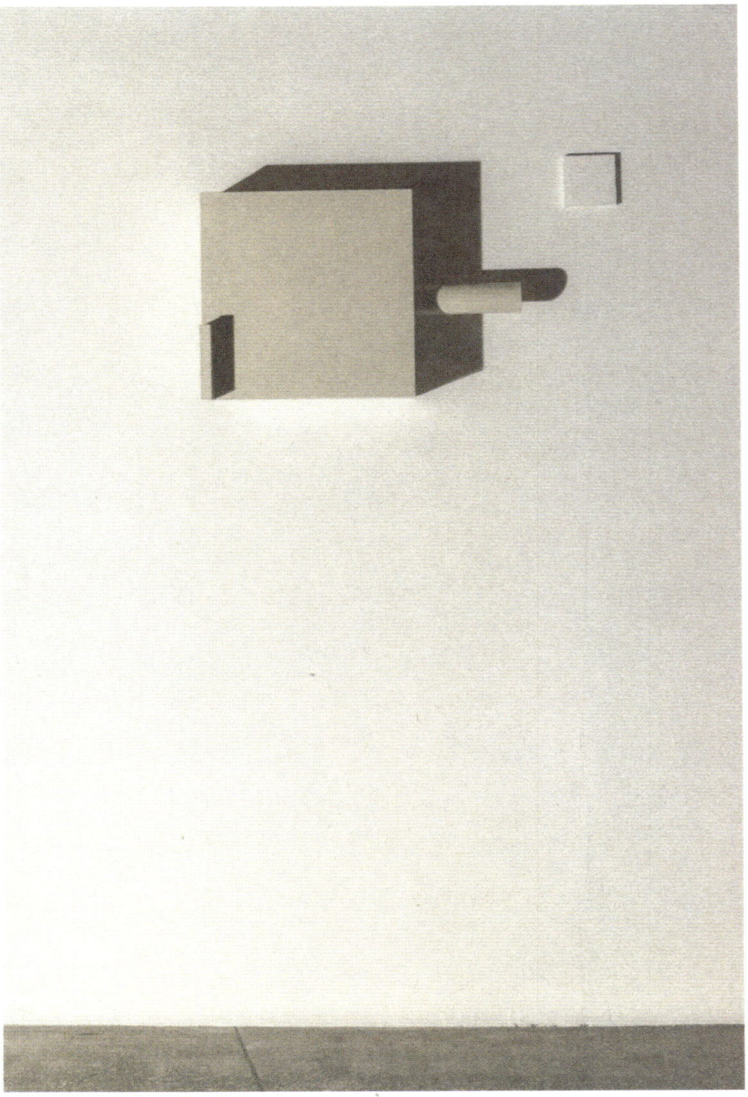

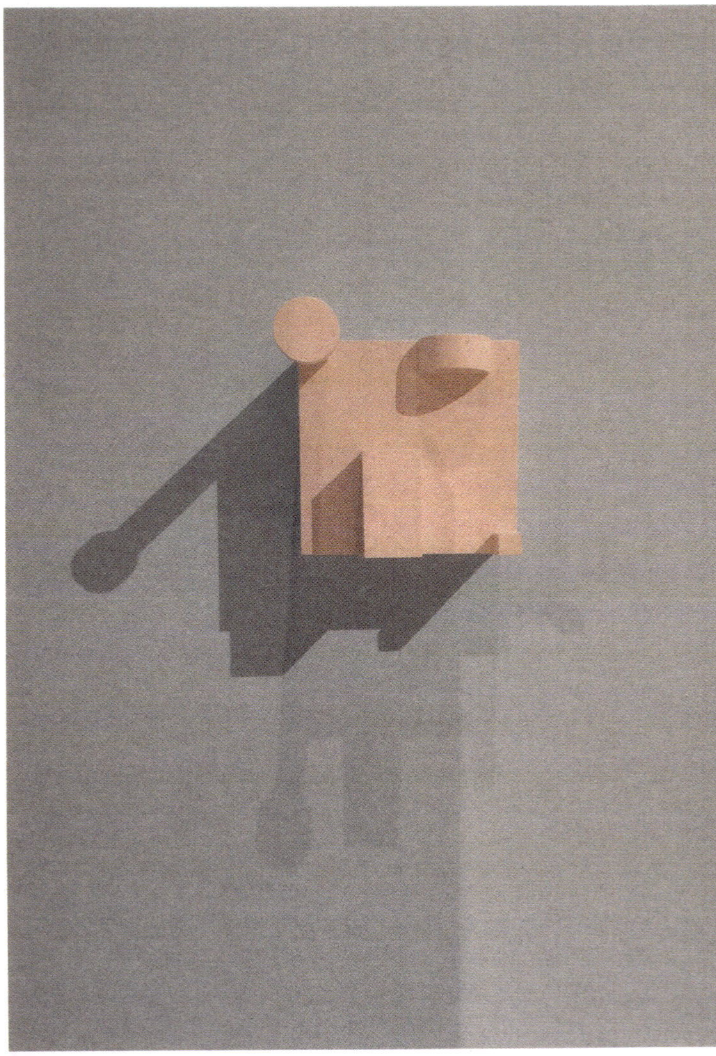

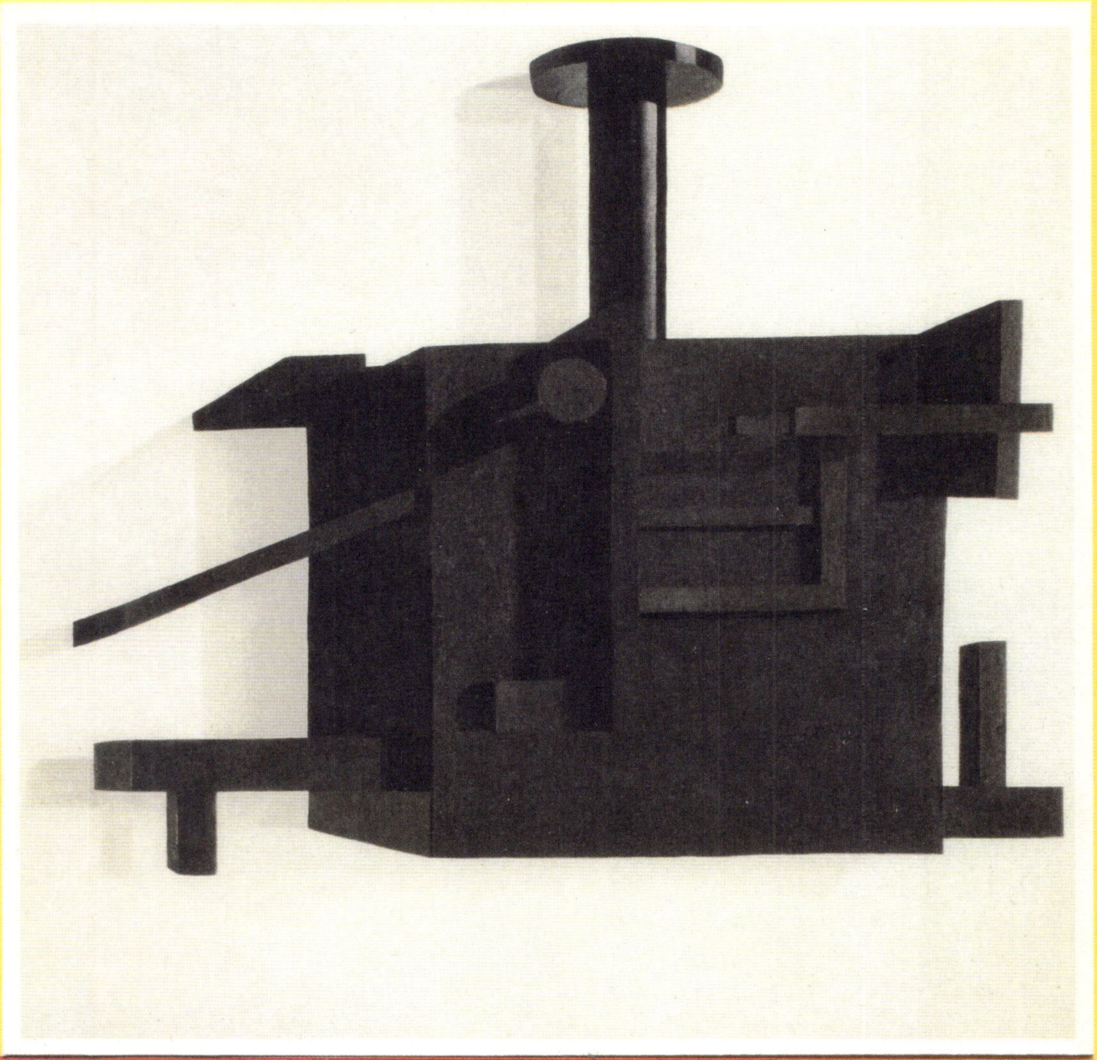

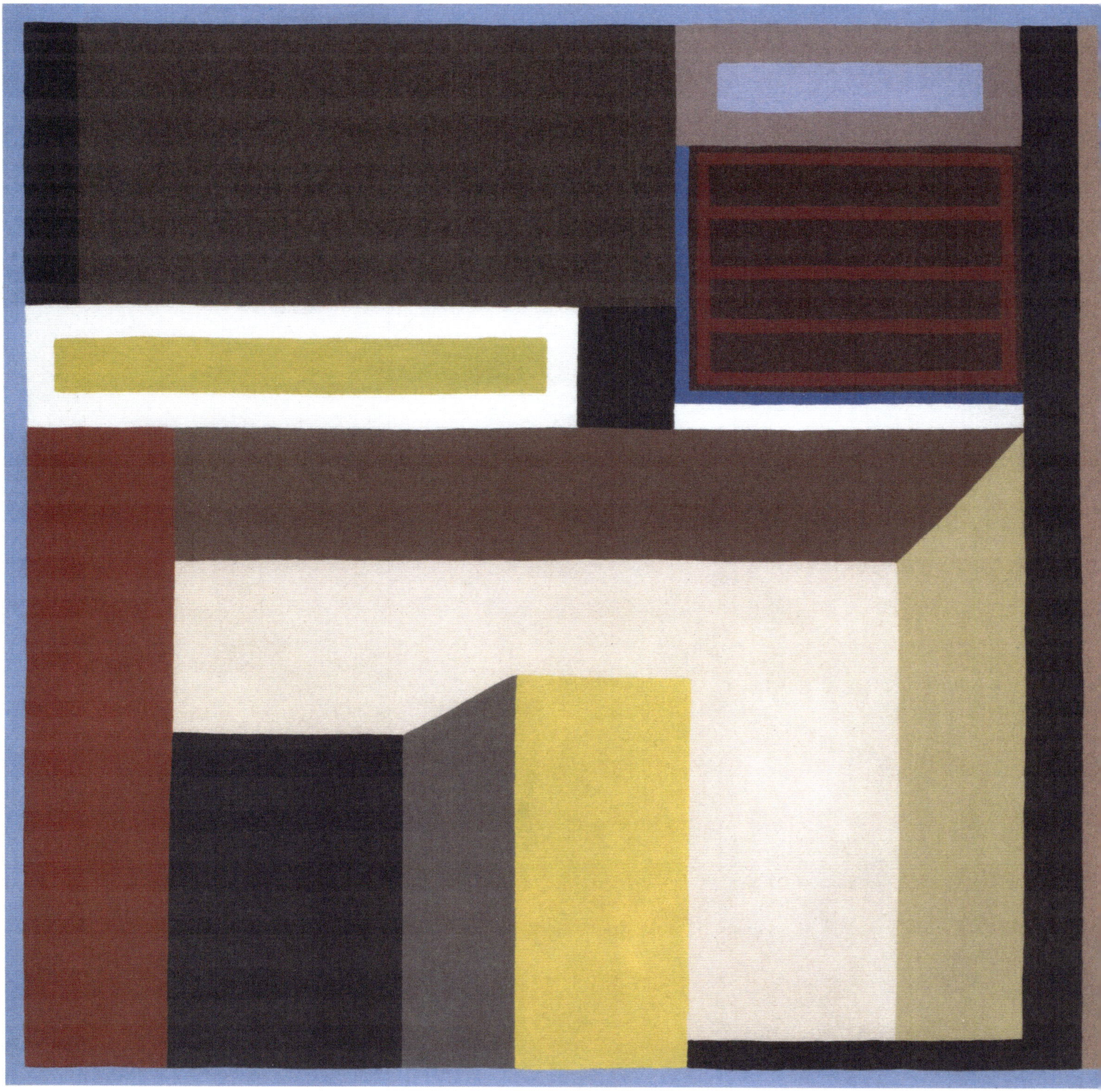

c'est très important, et il y a encore une chose que j'évoquerai avec tendresse, vous m'excuserez – j'ai peut-être l'air idiot – mais ce n'est pas la première fois : les galets qui sont au bord de la mer permettent de méditer. On médite sur quoi ? Vous avez des morceaux, des cailloux : d'où sont-ils venus ? Des montagnes… Pourquoi ?

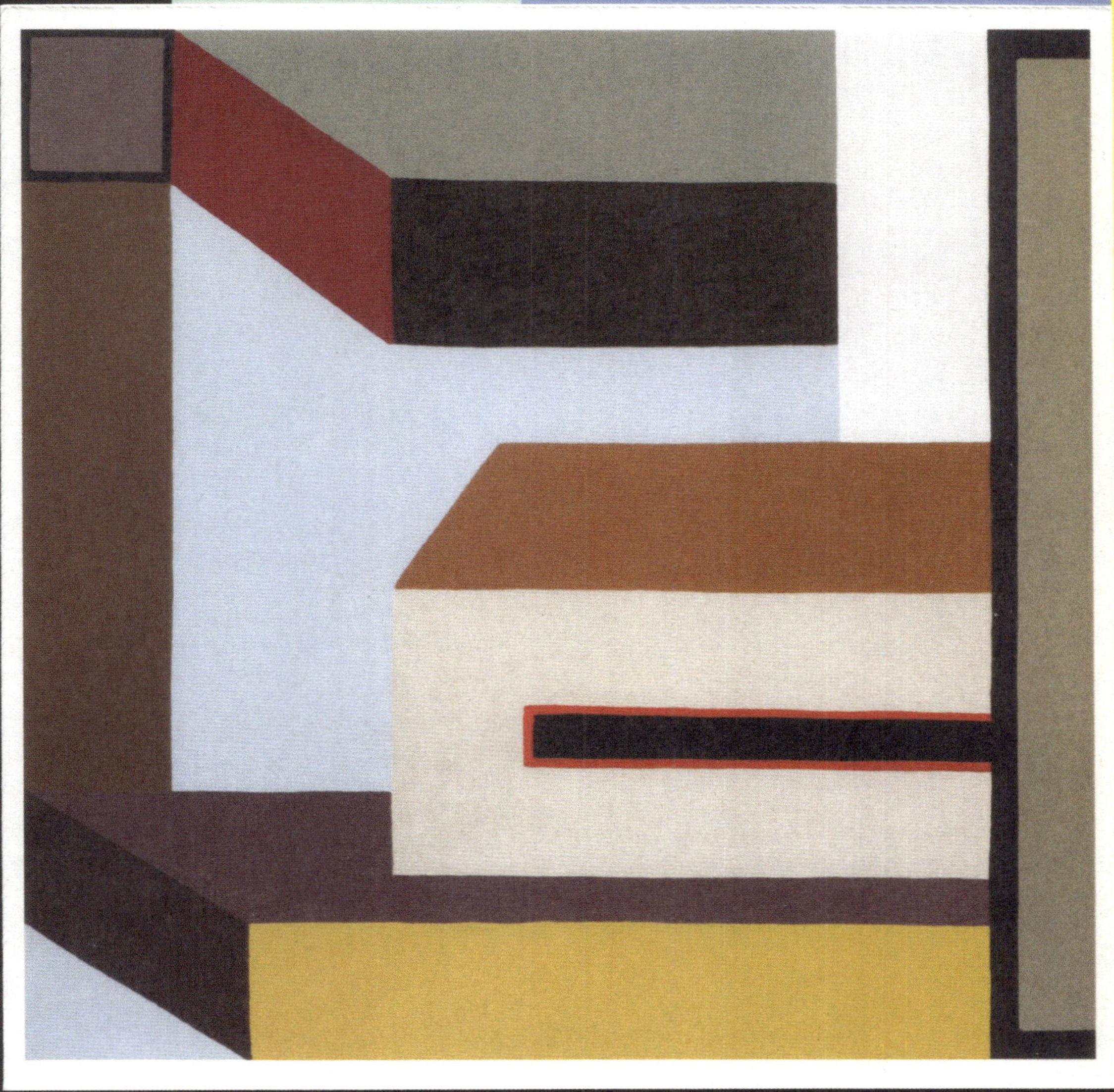

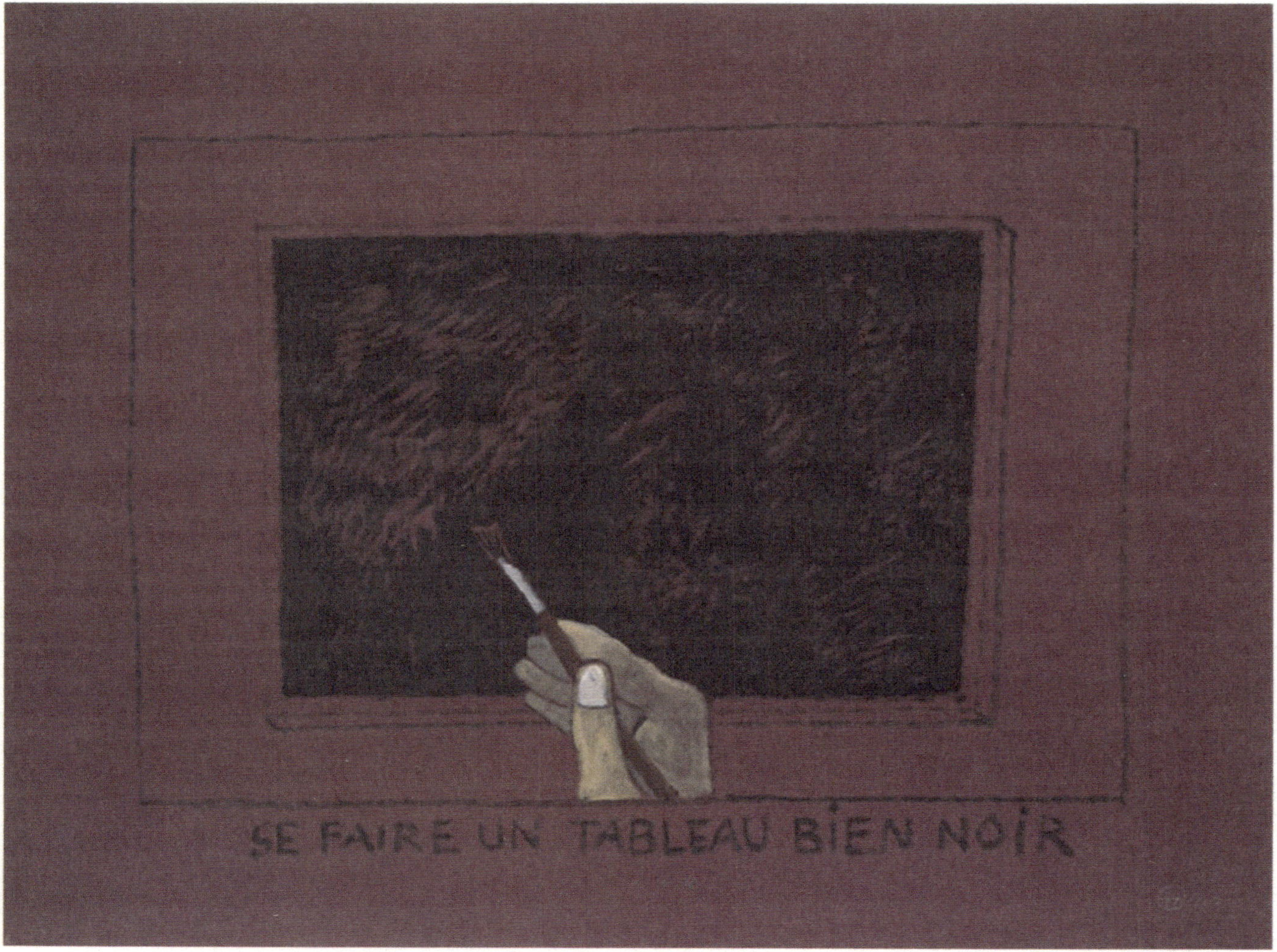
SE FAIRE UN TABLEAU BIEN NOIR

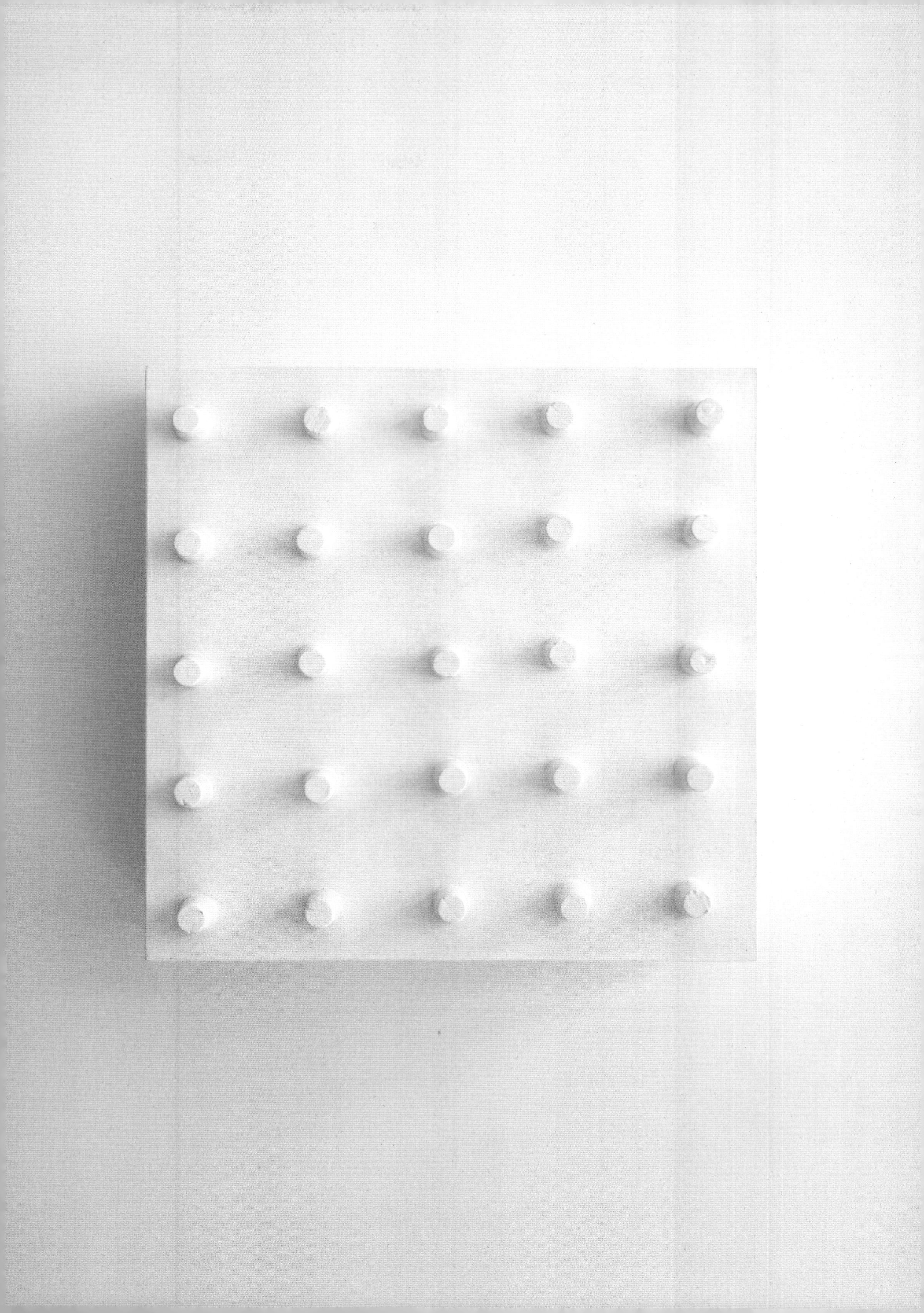

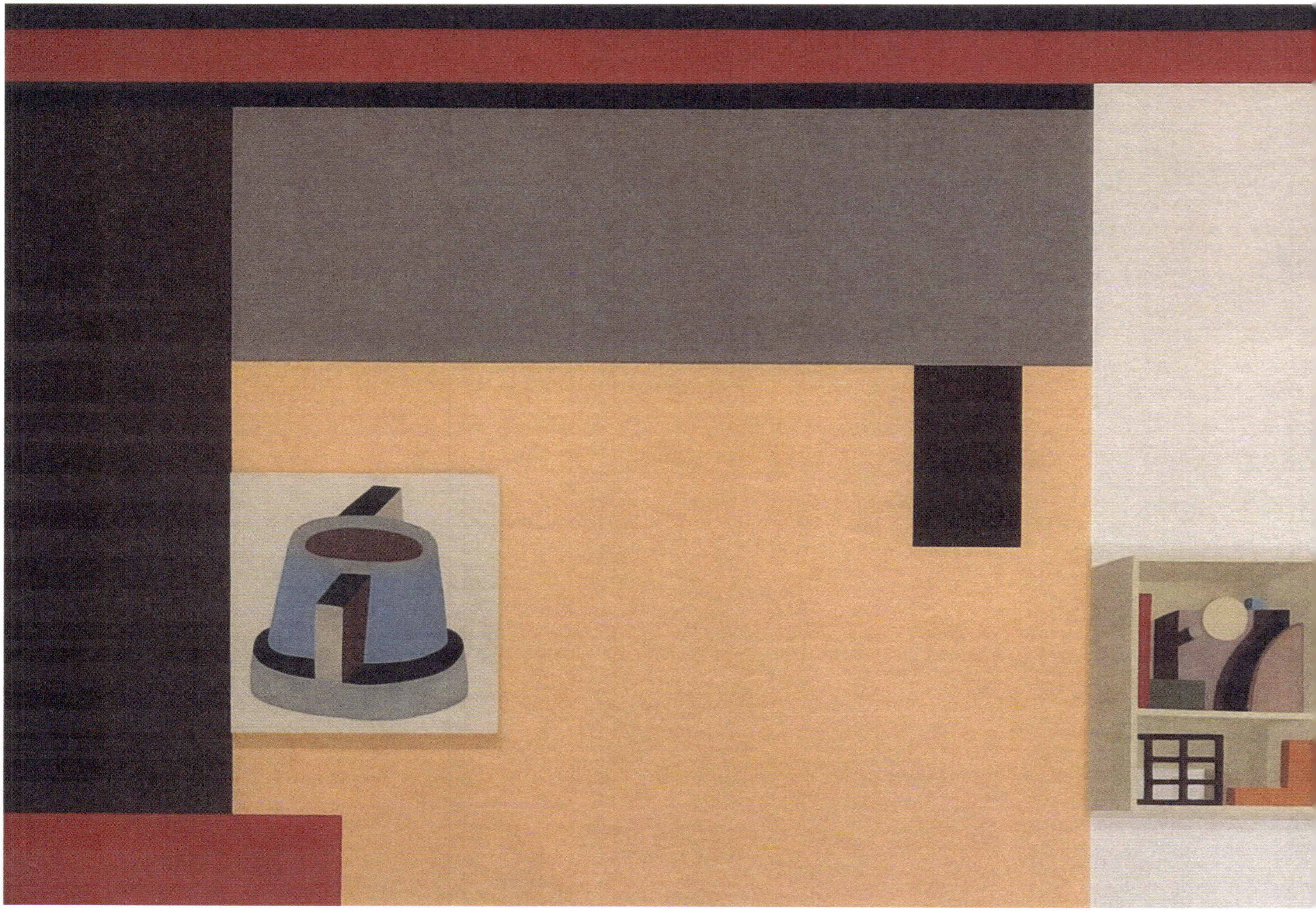

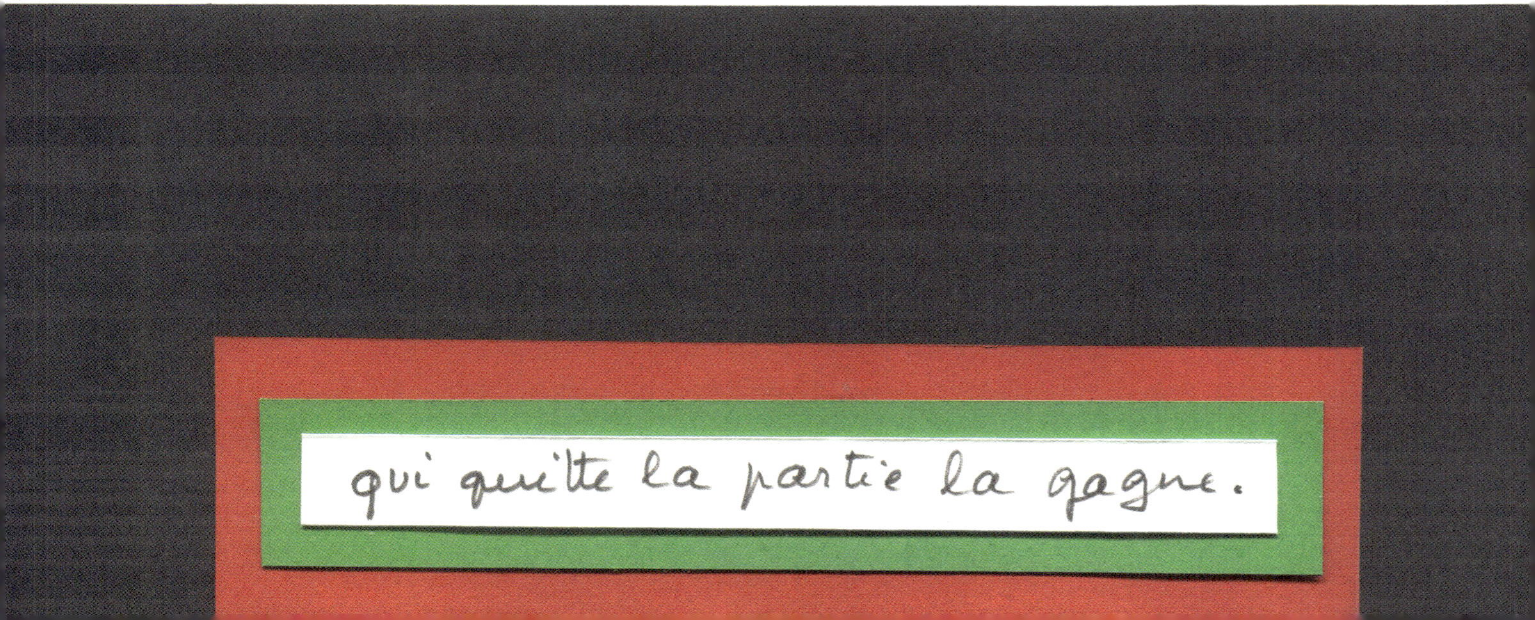
qui quitte la partie la gagne.

È bene saper tenere la forchetta, benchè in Europa questo lo sappia fare anche la signorina <u>del</u> Nachtlokal. Ancor meglio è sapere quali scarpe indossare con lo smoking e quali gemelli mettere sulla camicia di seta. Per me queste cognizioni sono poco applicabili.

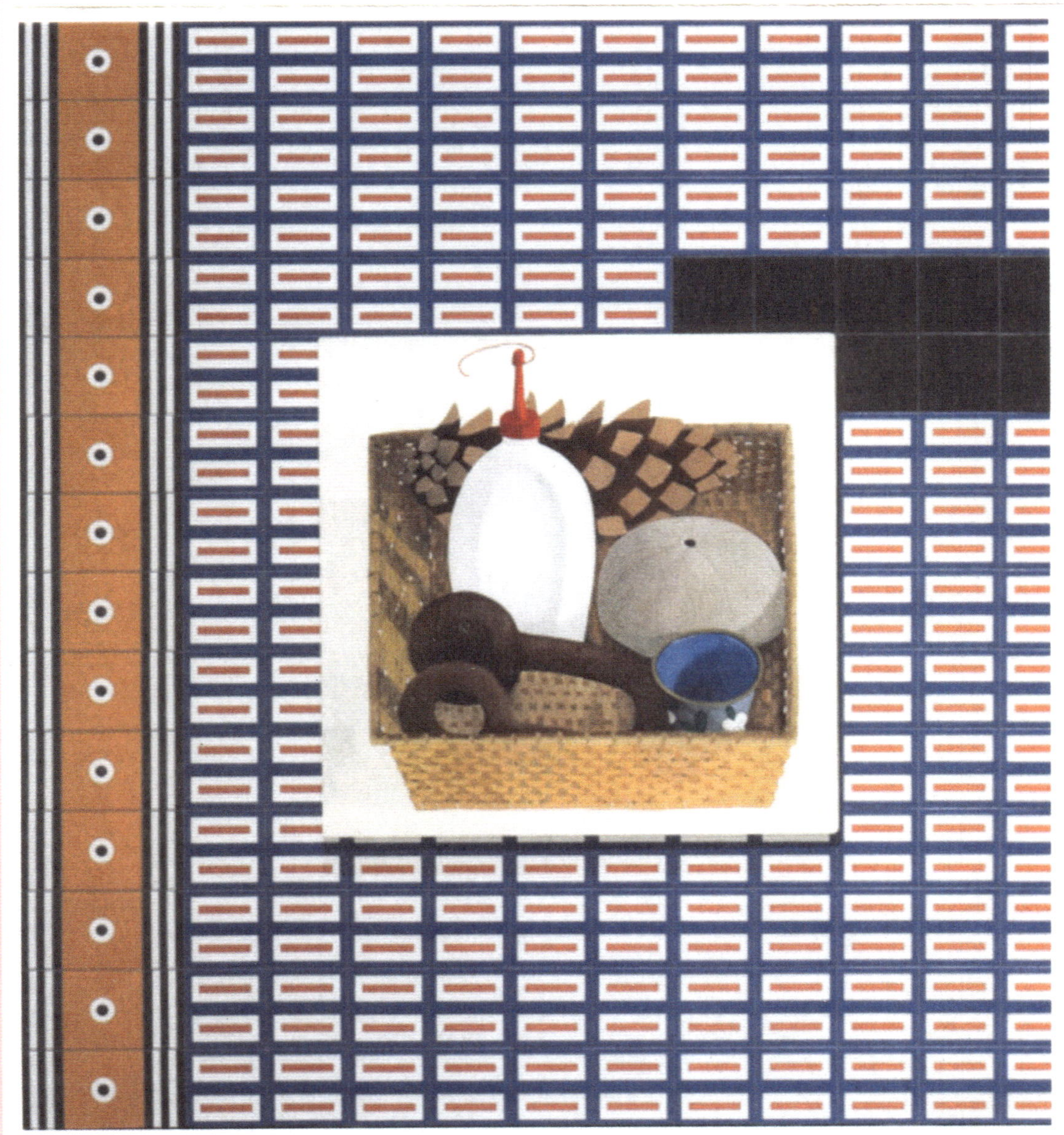

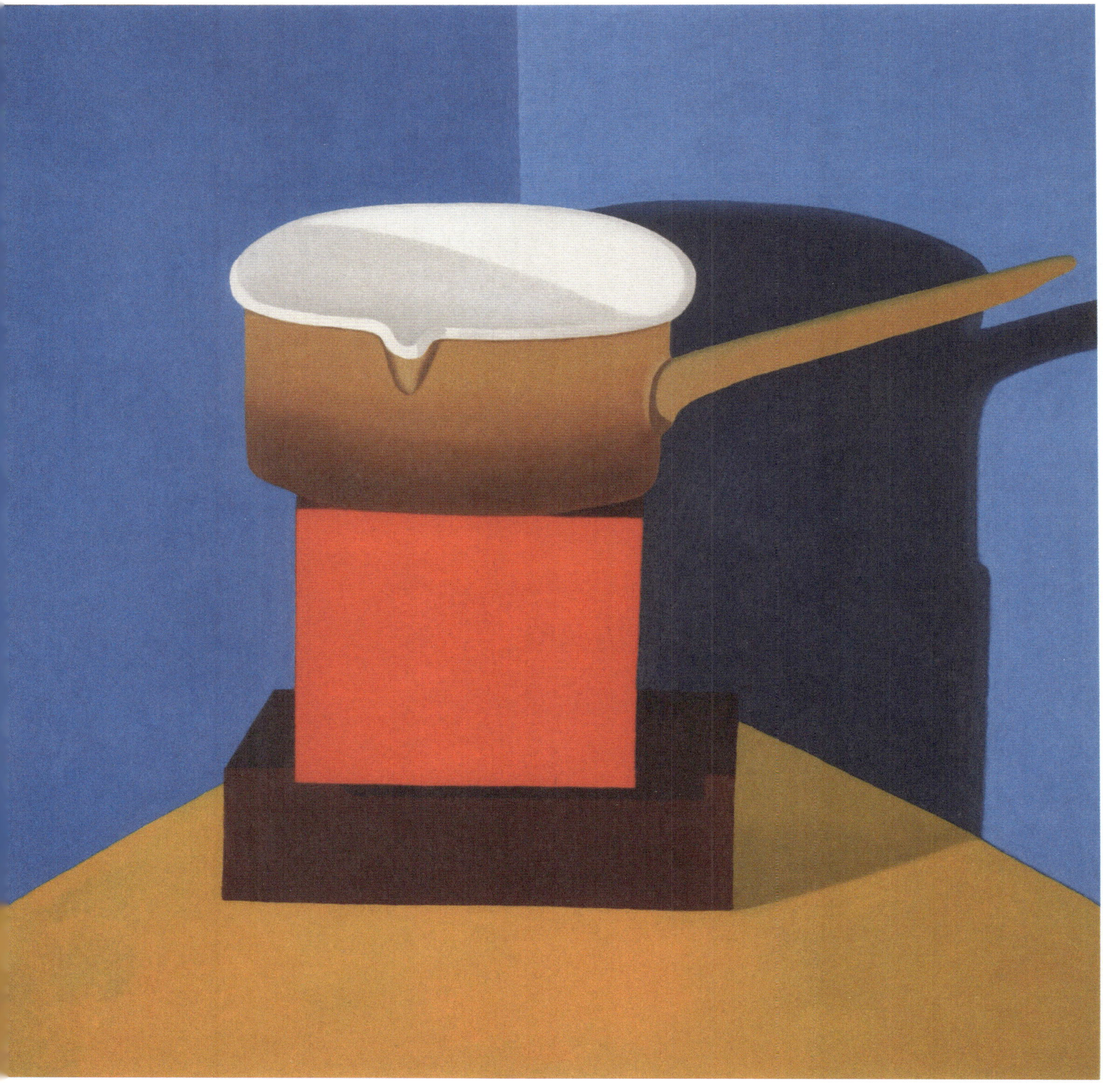

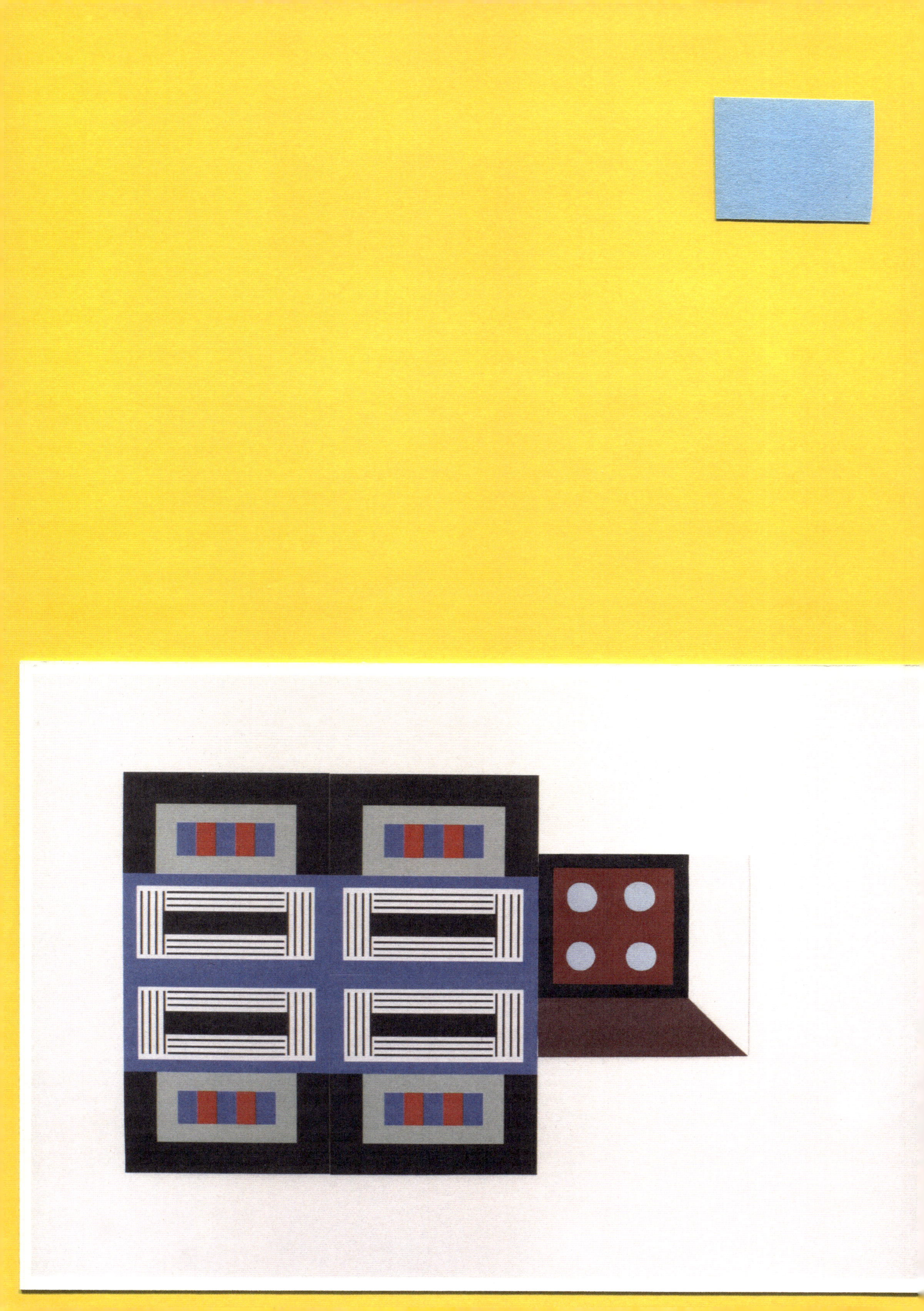

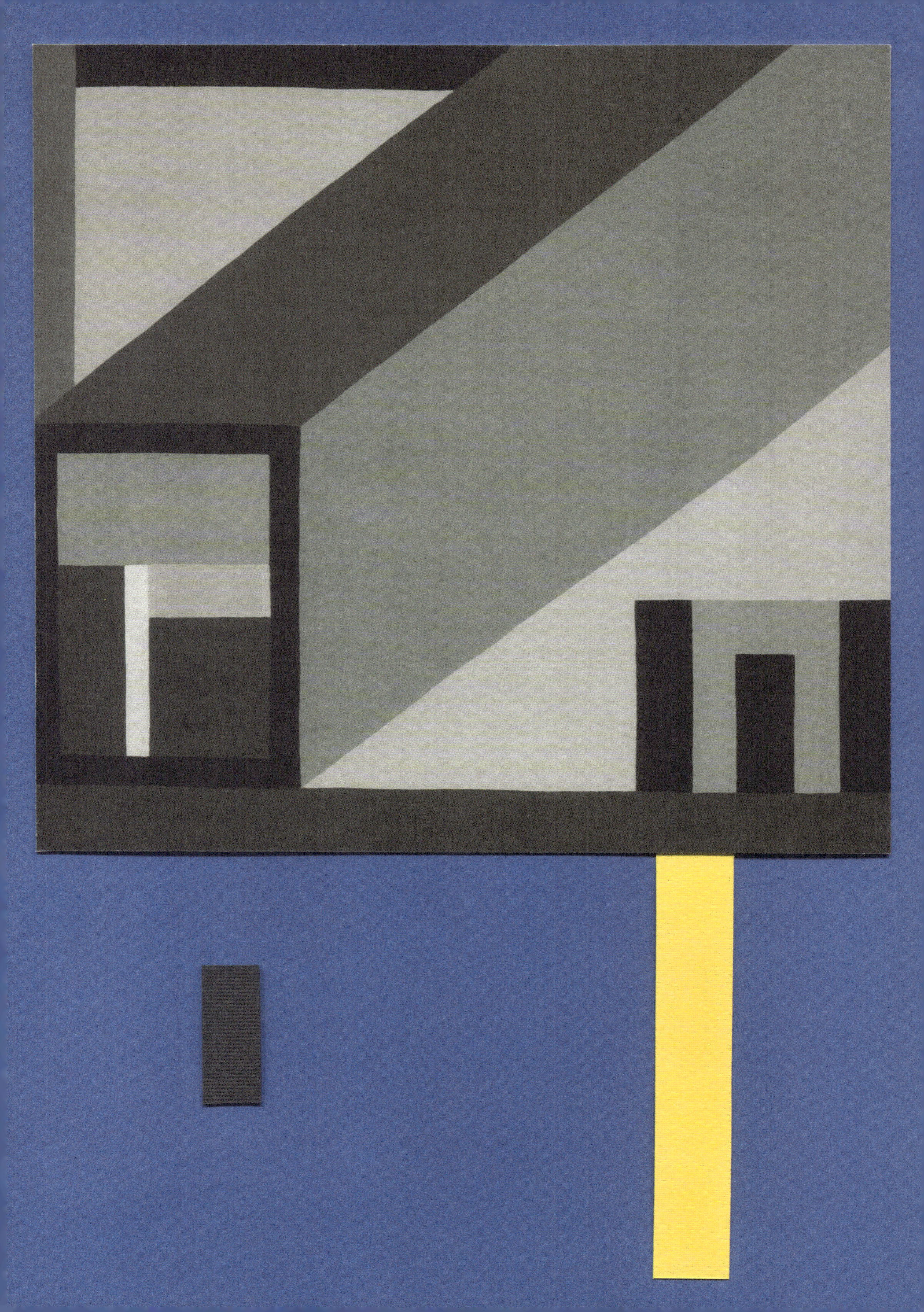

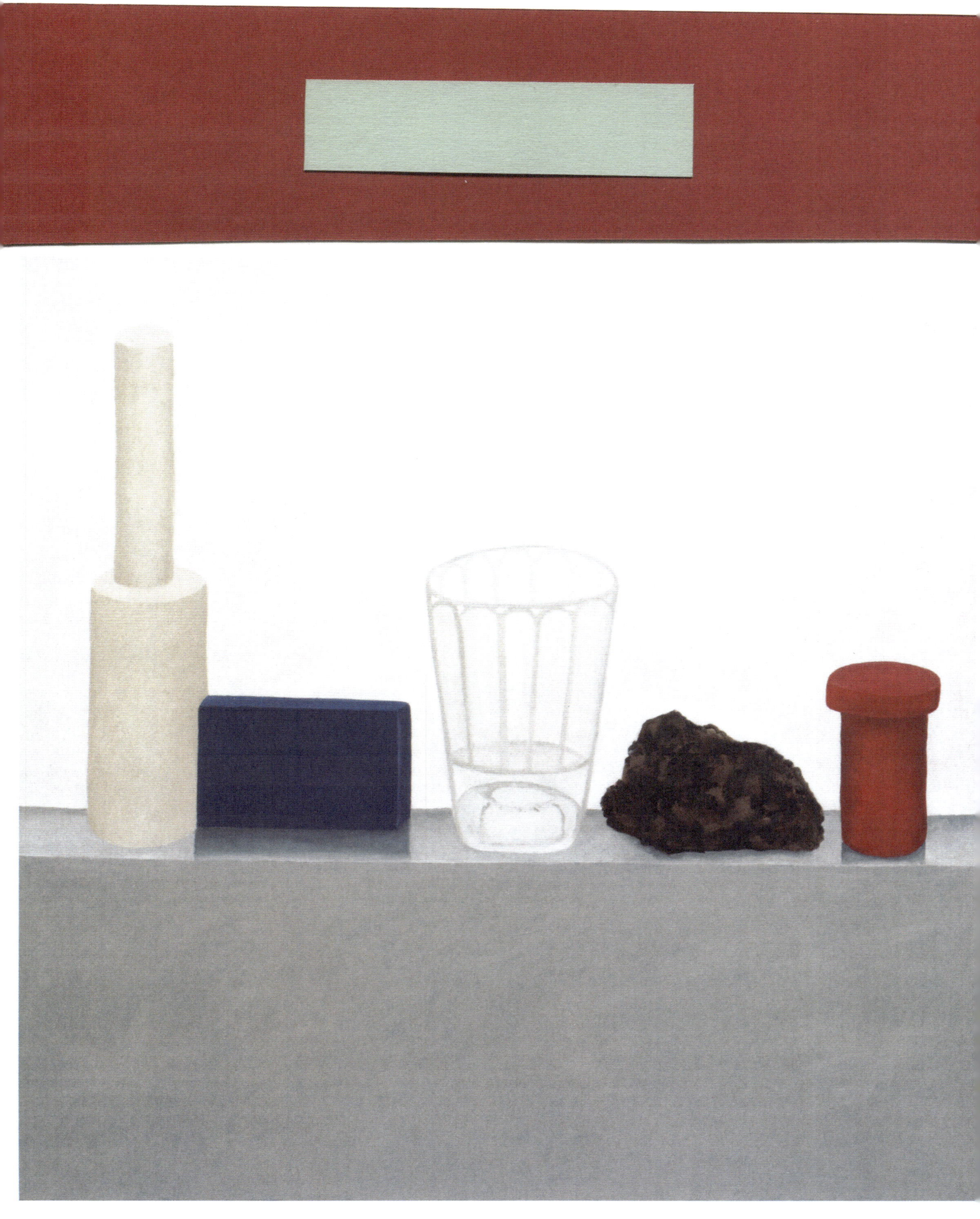

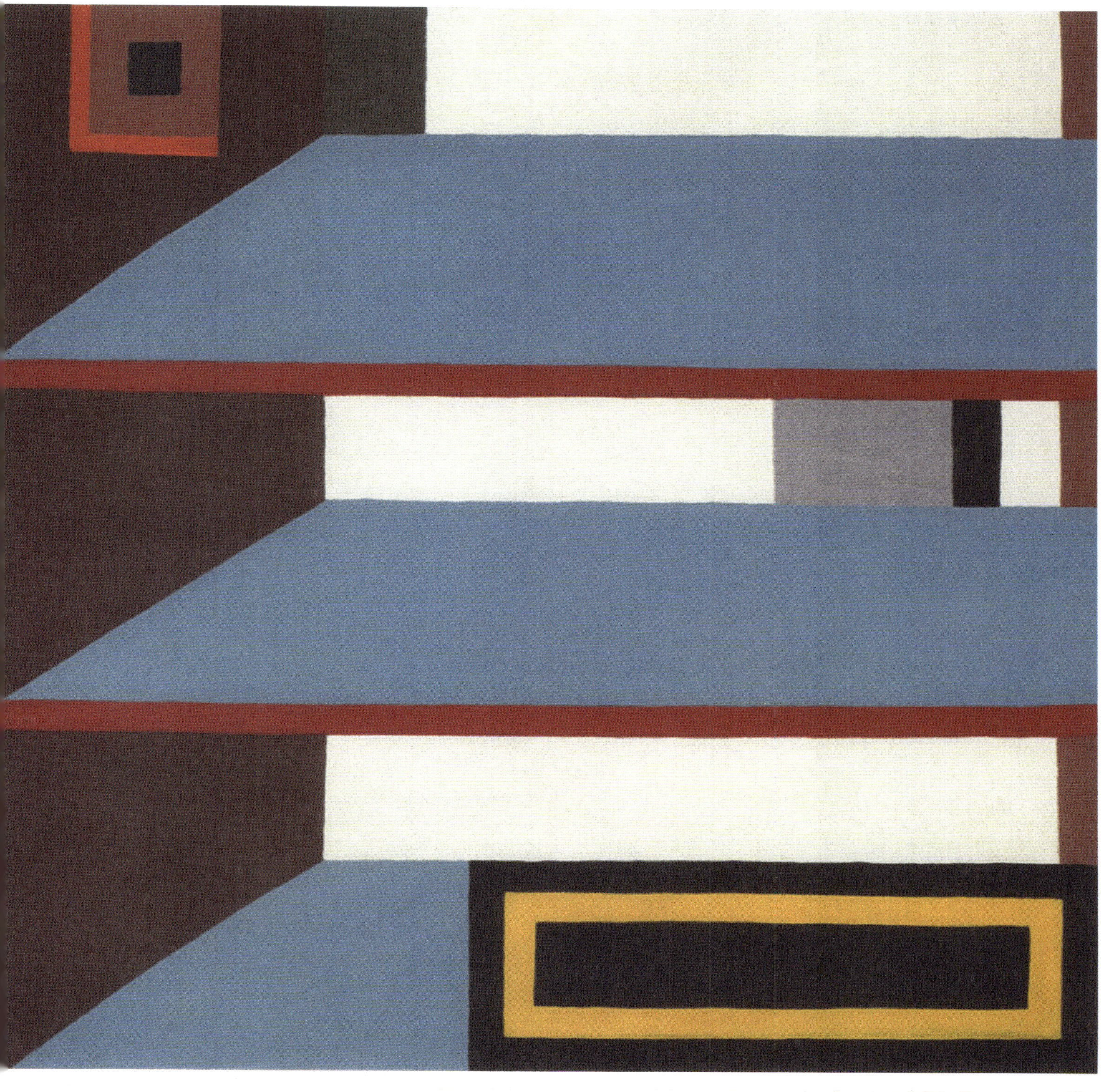

certain trades and classes seek personal publicity; not so respectable writers, for their entire vocation is one of self-expression and it seems obvious to them that if they cannot make themselves understood in years of laborious writing, they will not succeed in a few minutes of conversation. So, when we see interviewers advancing, we fly.

J'ai toujours beaucoup aimé mes tableaux et j'ai du mal à m'en détacher. Si je les vendais tous, j'aurais trop d'argent, je ne saurais pas quoi en faire.

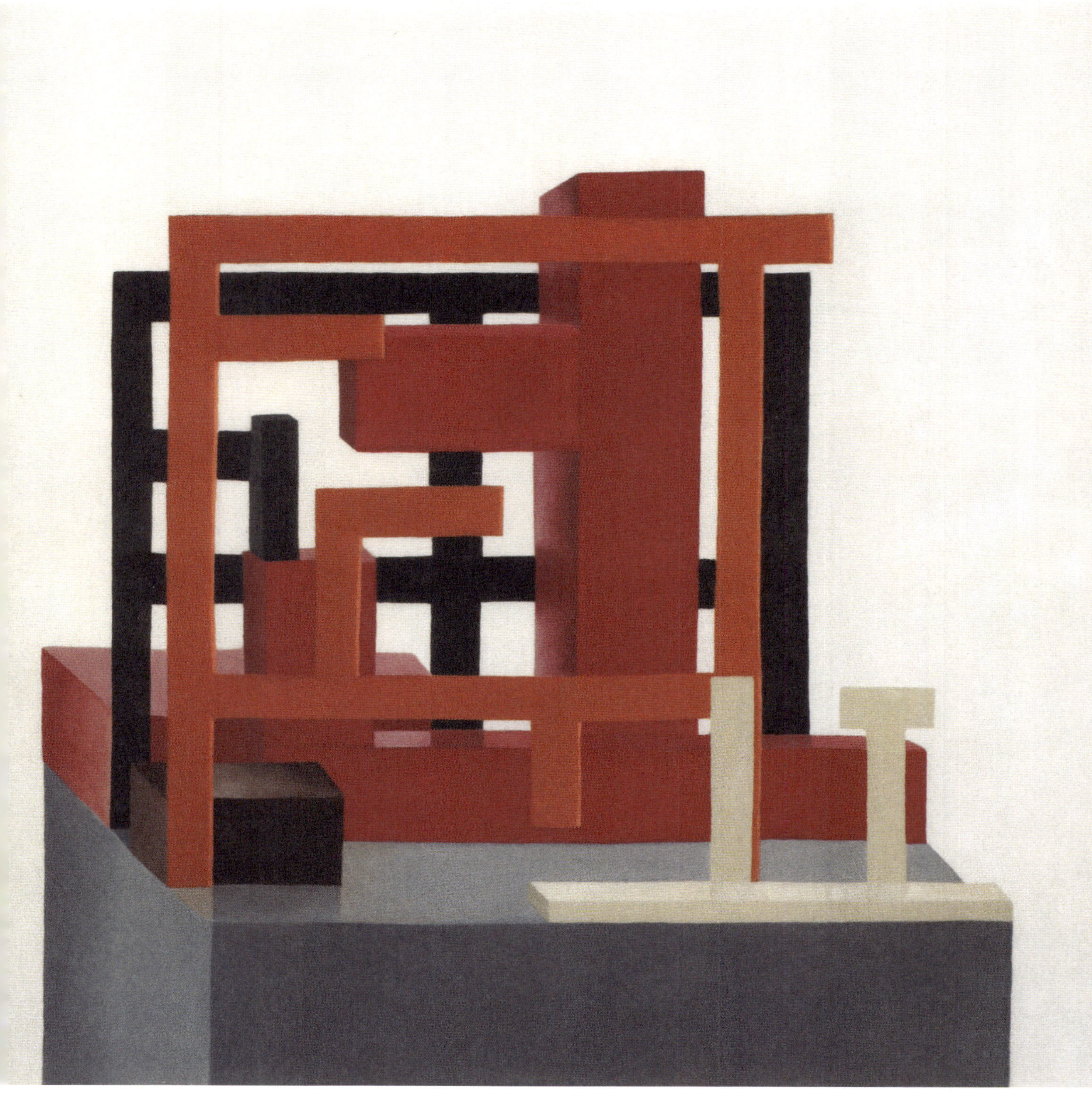

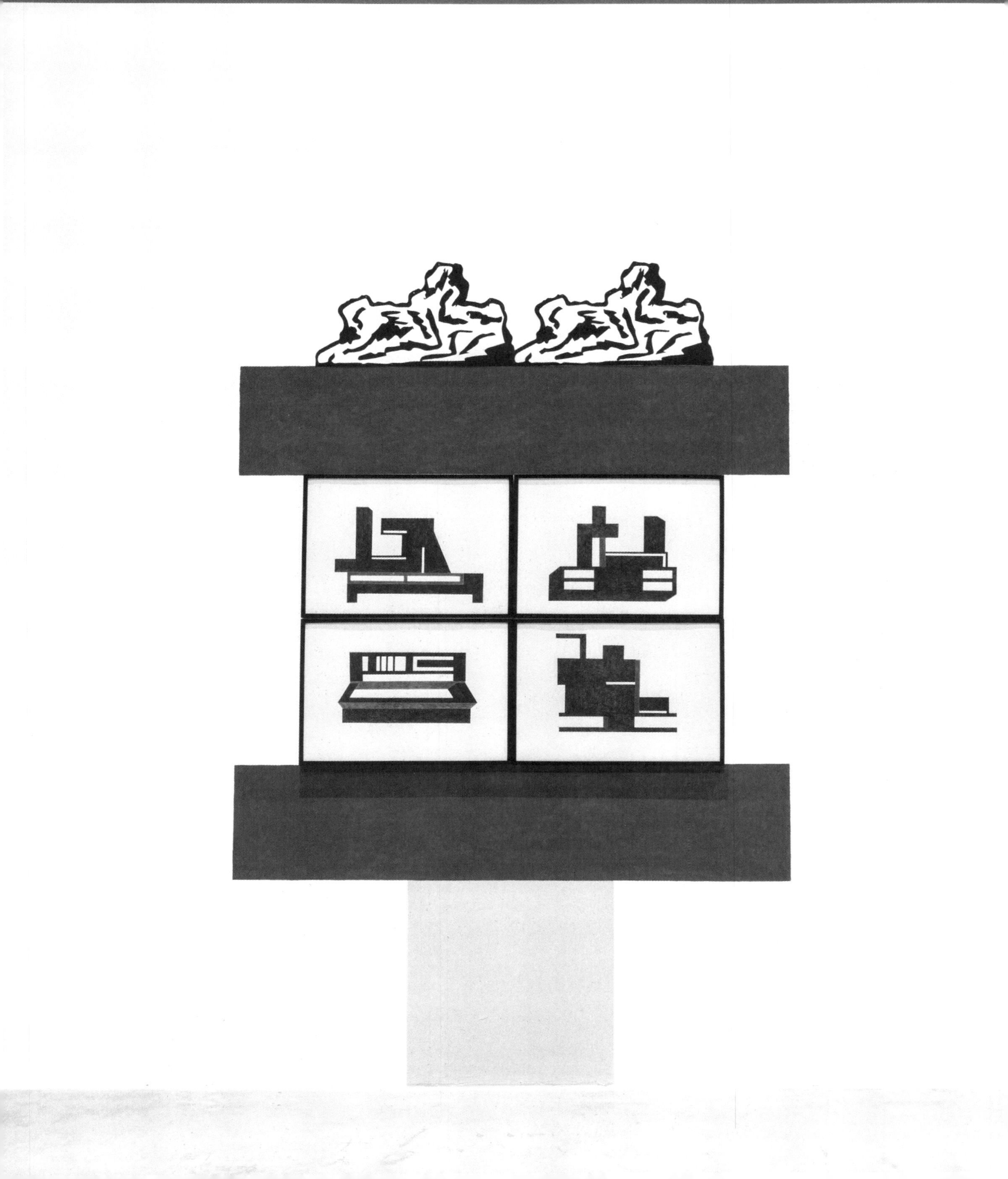

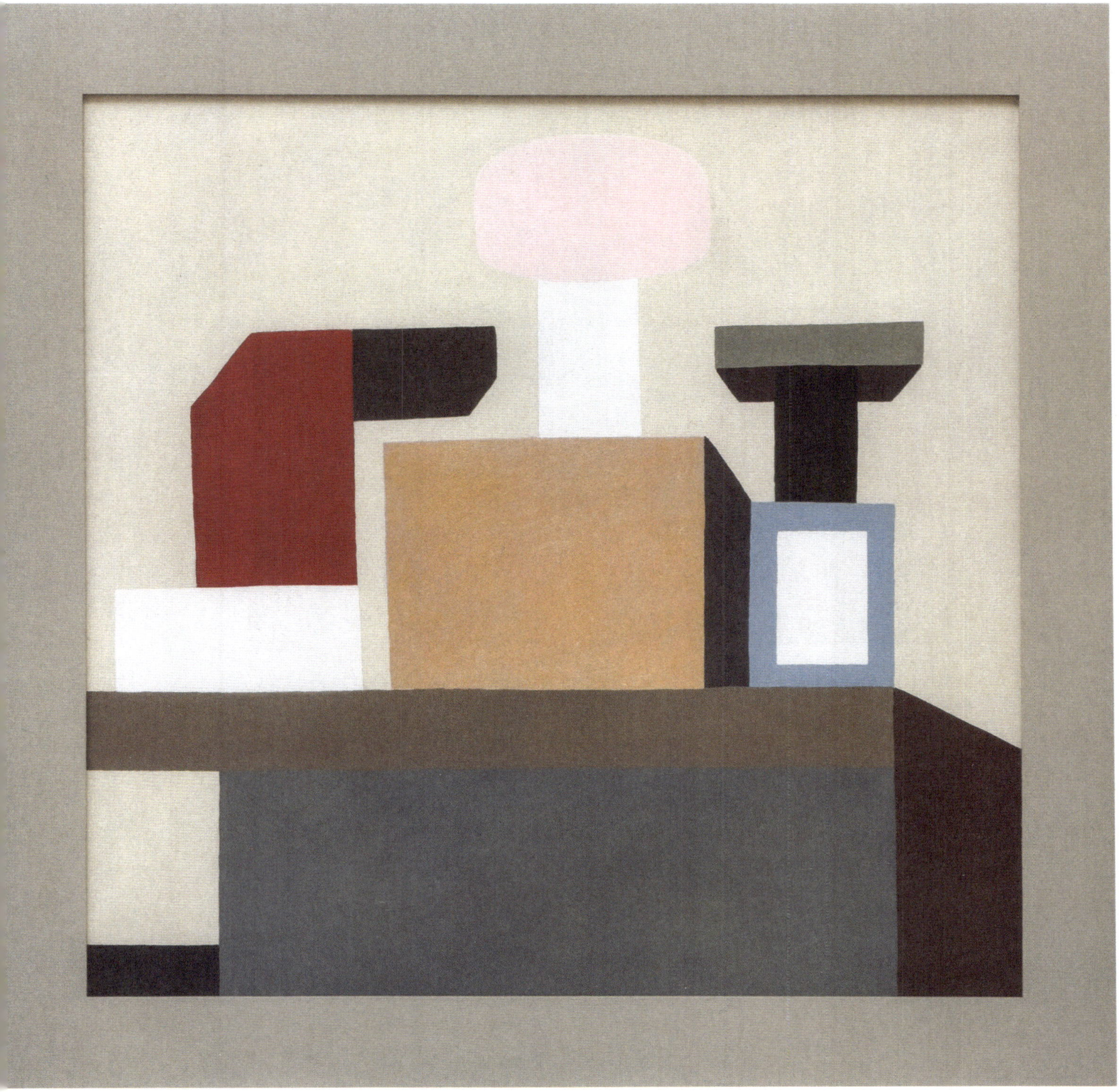

Le notizie che mi dà del mondo sono le uniche che mi interessino, credo che lo vedrei anch'io con i suoi occhi. Imita la voce degli strilloni di Buenos Aires, mi spiega come funziona il canale di Panama. « Com'è l'America? » Pensa un attimo « Molte opportunità, ma dopo un po' ti viene la stufarella. »

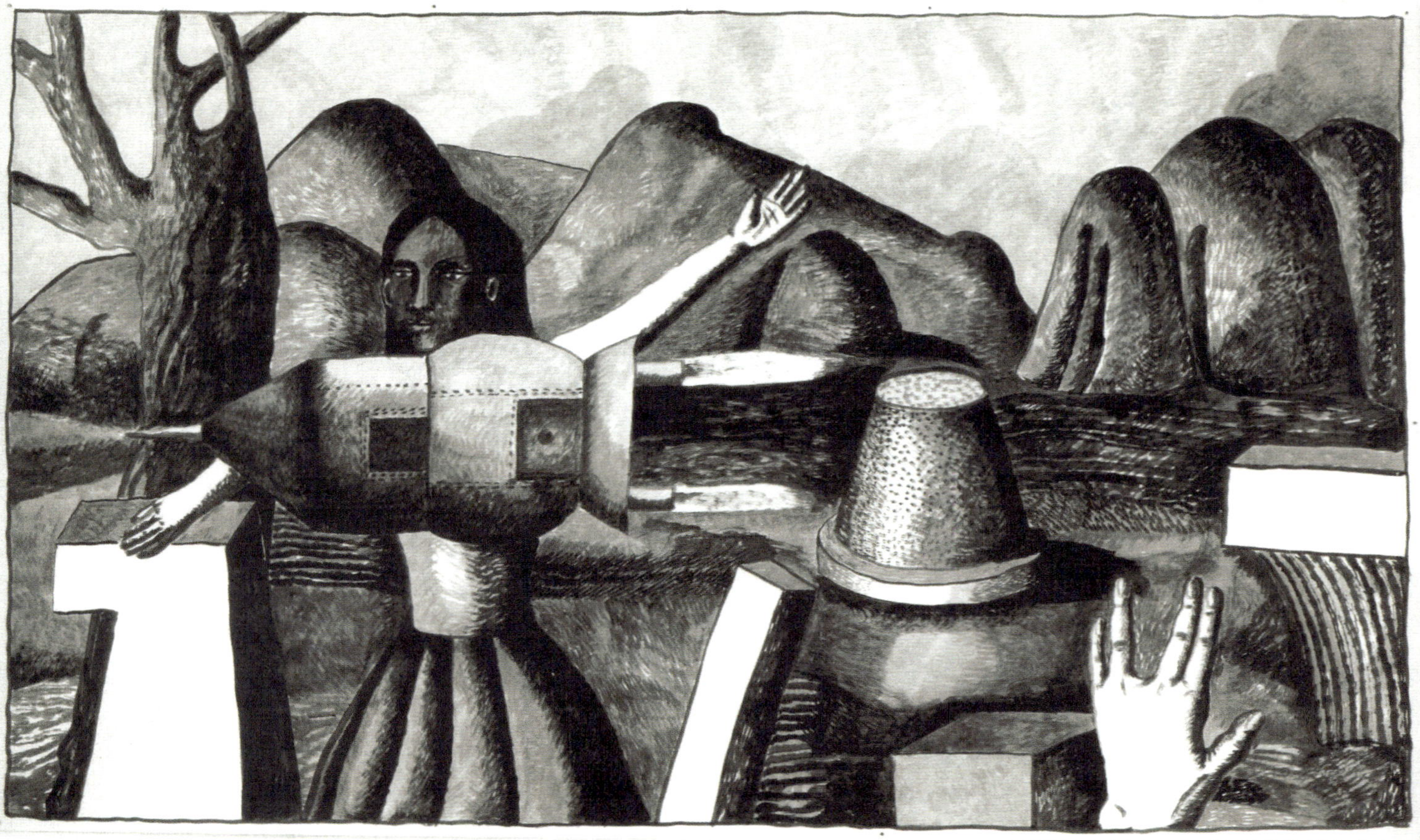

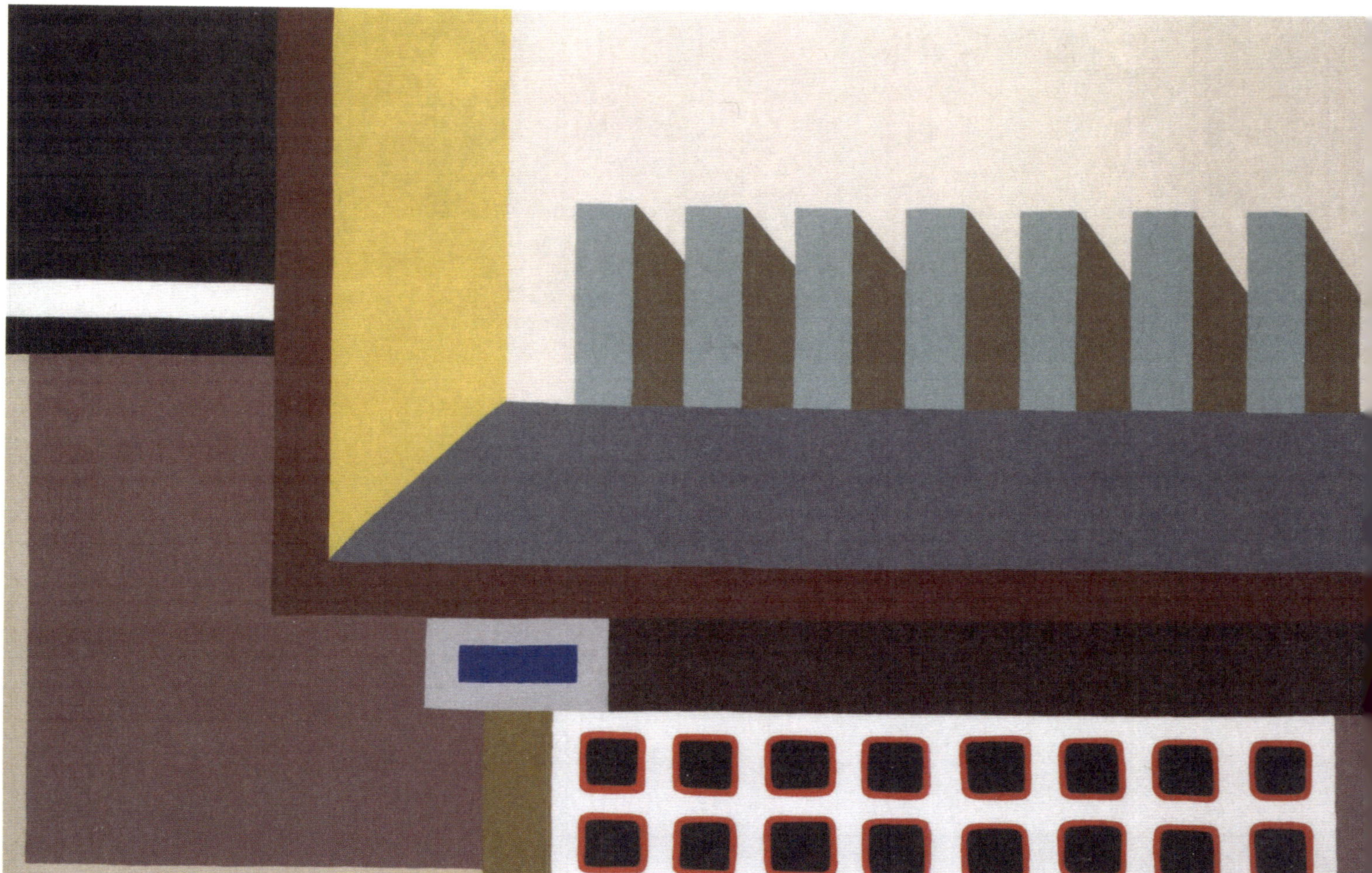

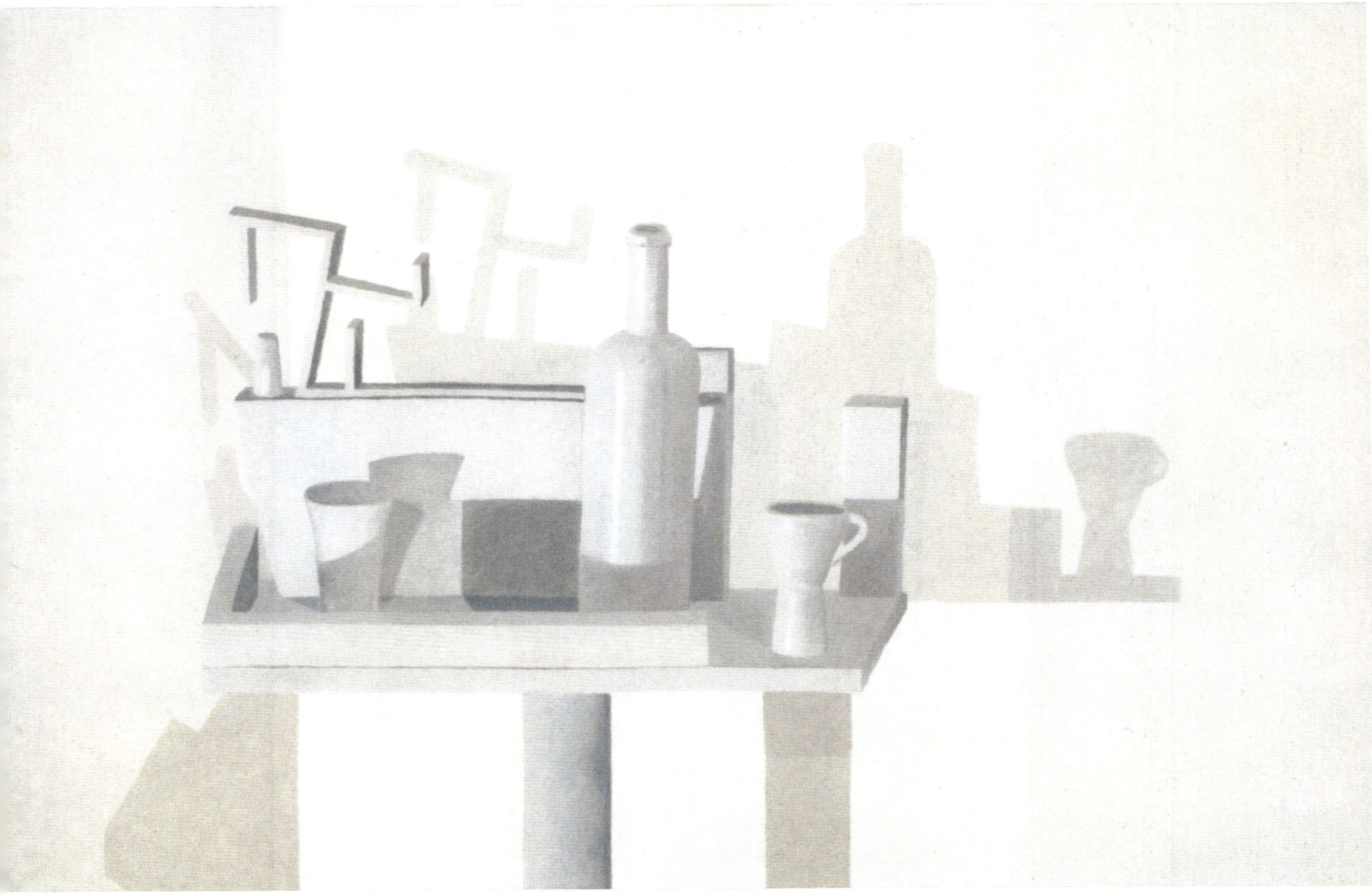

La déhiérarchisation des temps nouveaux.

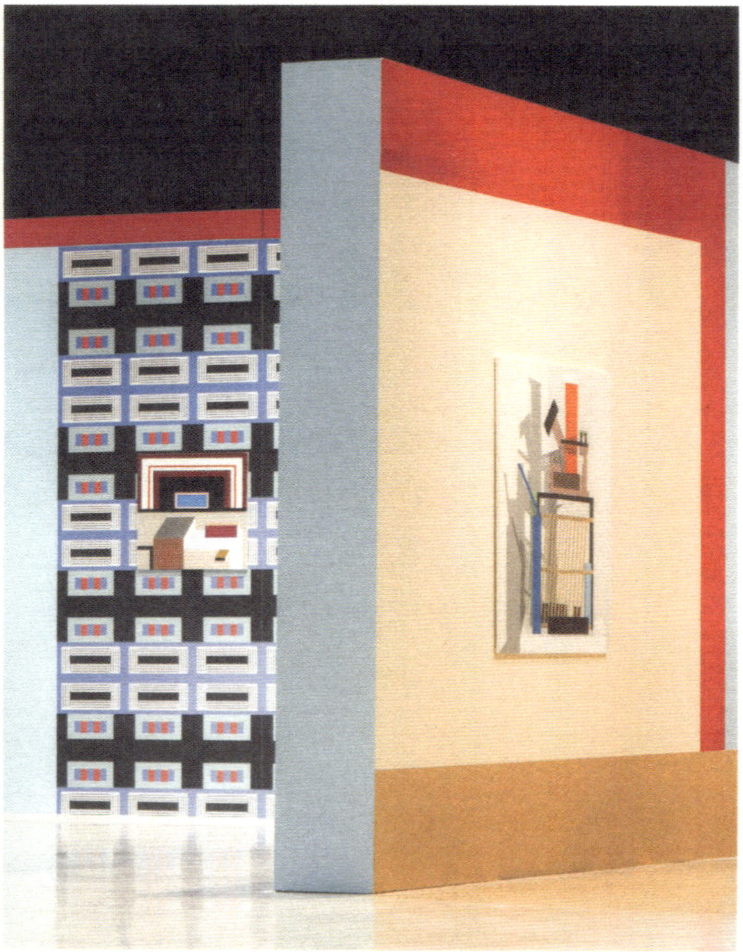

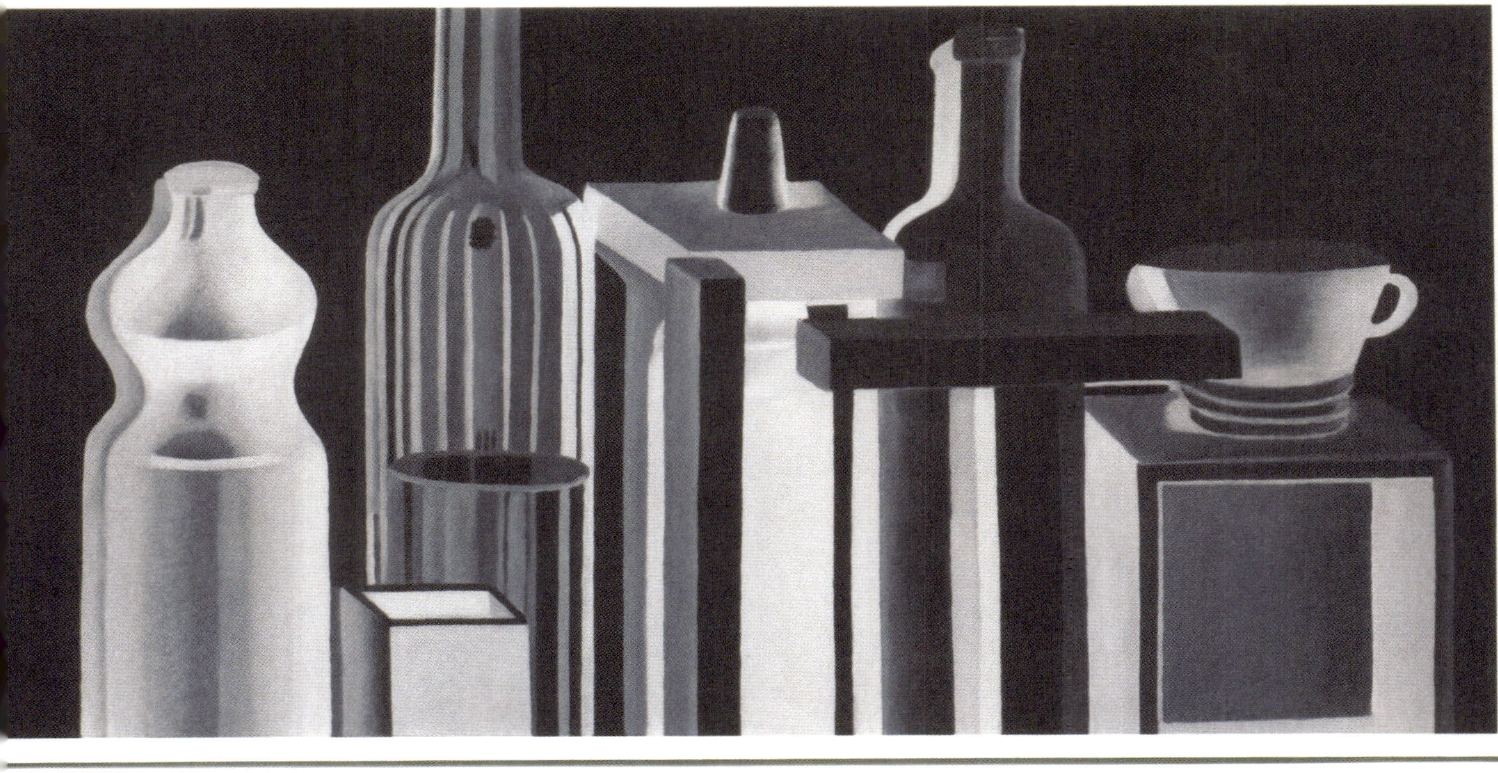

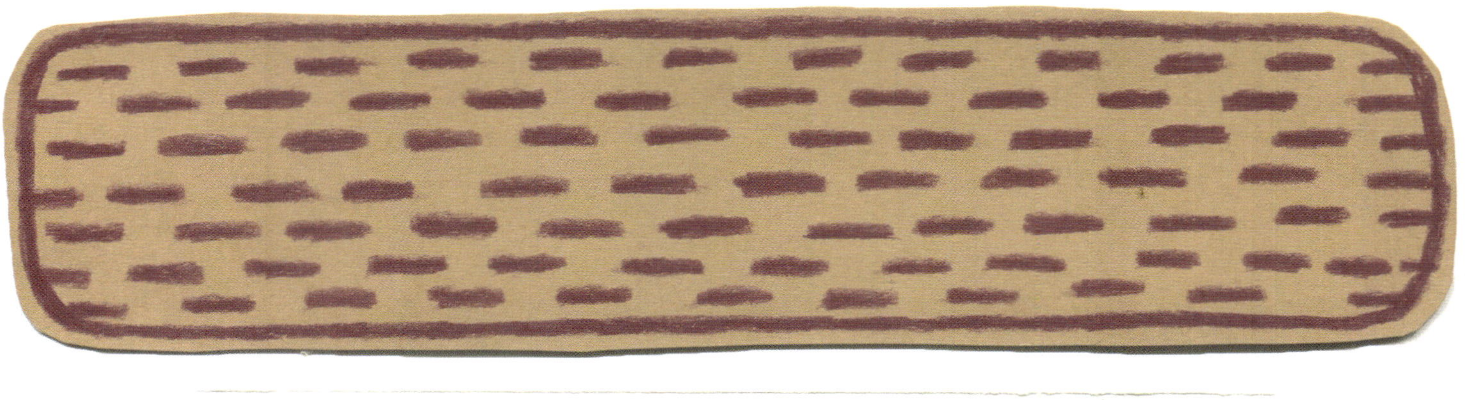

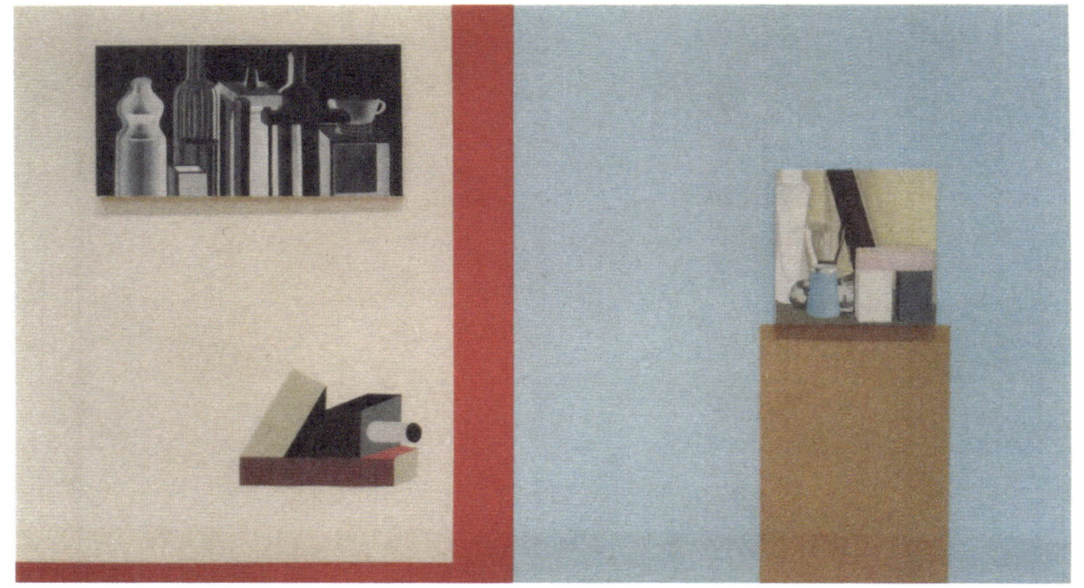

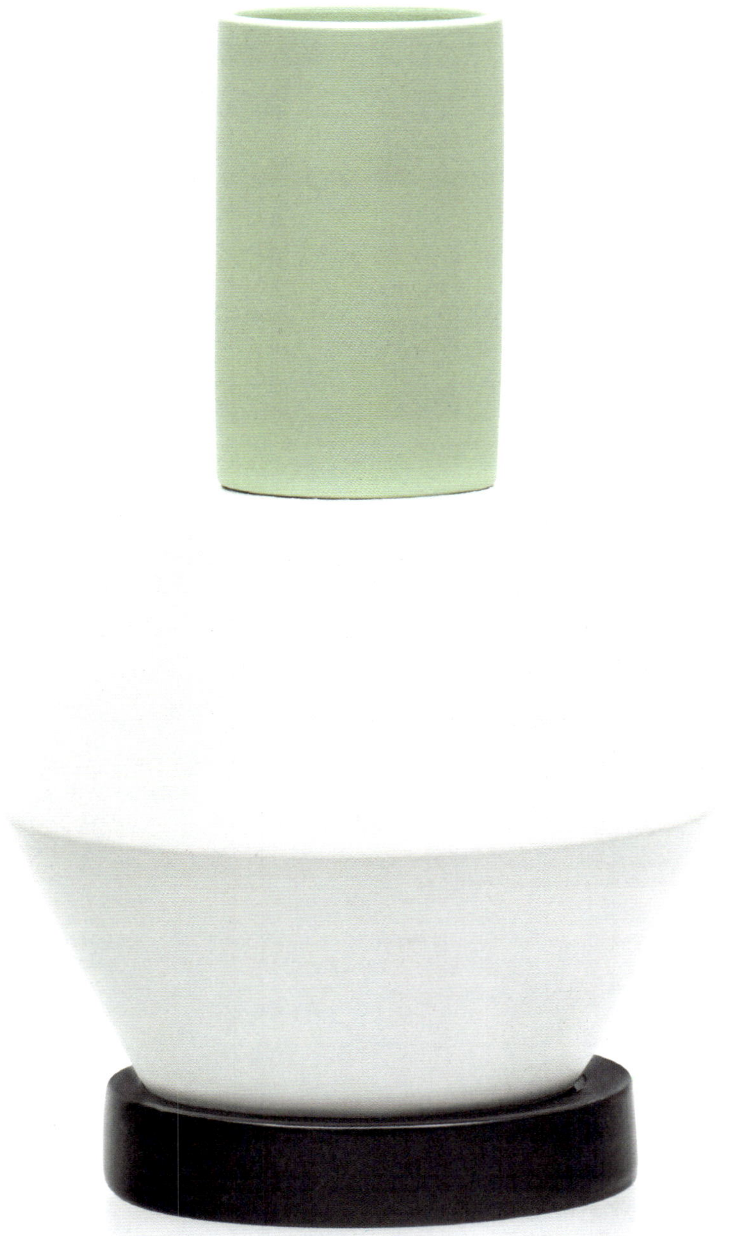

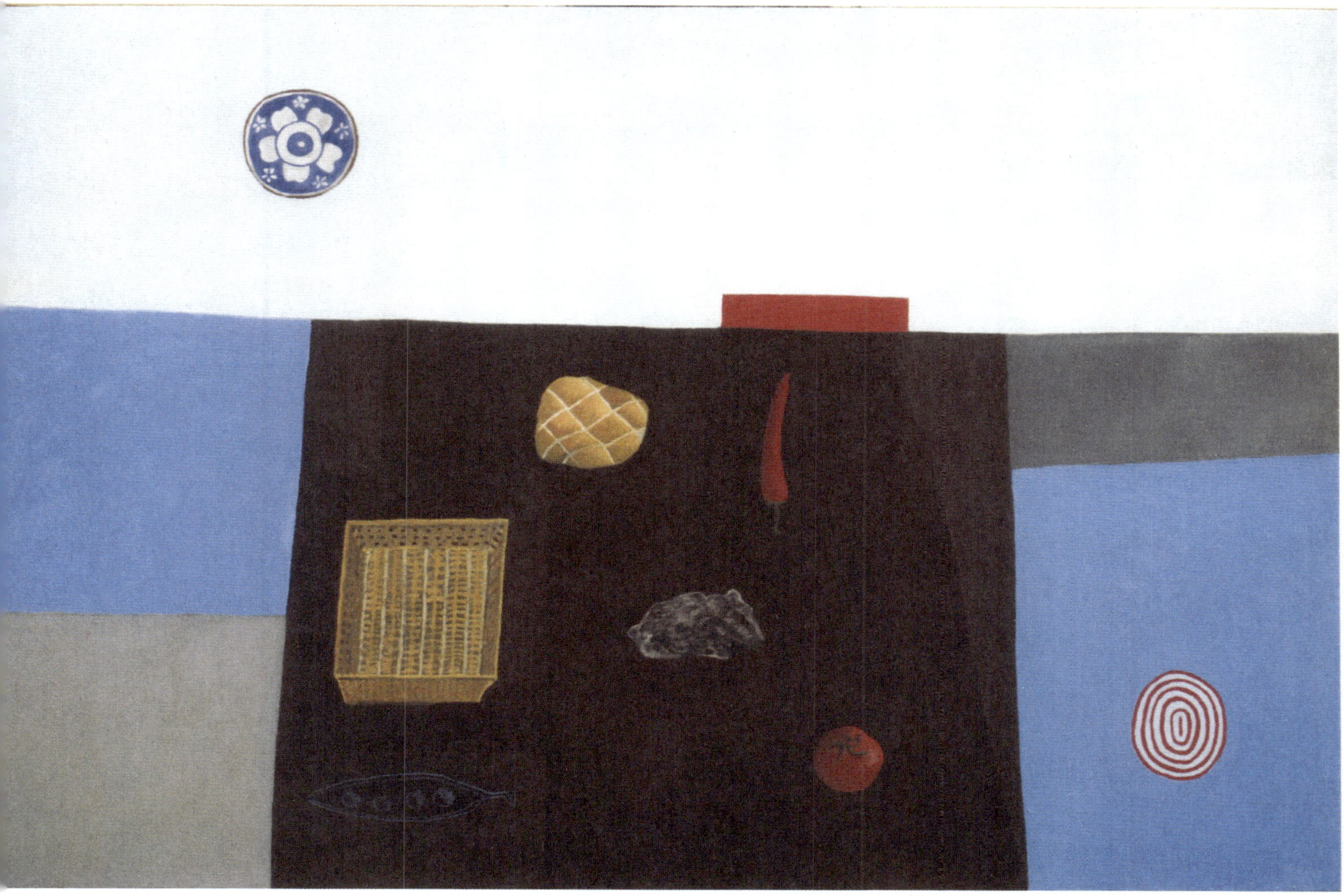

Lo stesso fatto che le ventiquattro lettere dell'alfabetto variamente combinate sono atte a esprimere le infinite fantasie del nostro cervello, le sette note della scala a comporre una innumerevole varietà di suoni, dimostra che il gioco dell'arte non è se non una lunga, continua, infinita variazione.

ALÉ!!!
LUCA LO PINTO

Un famoso scienziato tenne una volta una conferenza pubblica su un argomento di astronomia. Parlò di come la Terra orbiti attorno al Sole e di come il Sole, a sua volta, compia un'ampia rivoluzione attorno al centro di un immenso aggregato di stelle noto come la nostra galassia. Al termine della conferenza una piccola anziana signora in fondo alla sala si alzò in piedi e disse: «Quel che lei ci ha raccontato sono tutte frottole. Il mondo, in realtà, è un disco piatto che poggia sul dorso di una gigantesca tartaruga». Lo scienziato si lasciò sfuggire un sorriso di superiorità prima di rispondere: «E su che cosa poggia la tartaruga?». «Lei è molto intelligente, giovanotto, davvero molto», disse la vecchia signora. «Ma ogni tartaruga poggia su un'altra tartaruga!» La storia del sole e della tartaruga ci insegna che esistono sempre vie di fuga dalla realtà sufficientemente verosimili da essere plausibili.

Campo di Marte è un mondo in cui tutto è possibile e dove le leggi del senso, della forma e delle relazioni tra le cose sono soggette a un *tourbillon de la vie*.

Una mostra concepita come una sinfonia silente dove le opere per un momento non hanno più nomi e, tramite accostamenti inediti, scandiscono note ogni volta differenti, fondendosi tra loro o alterate nel modo di essere presentate.

Nathalie non ama le regole e rifugge la teoria, trovando l'armonia nell'anarchia. Questo spiega la facilità con cui riesce a ripensare il linguaggio dell'"esposizione" e, di volta in volta, a scompaginare le premesse secondo cui un oggetto può essere "esposto" in un determinato contesto. Le mostre sono infatti opportunità ricorrenti per ripensare e ricombinare le opere in chiavi diverse, per stimolare nuovi significati, sorprendendo lei stessa in primis.

Il progetto espositivo al MACRO – e la successiva iterazione al Mrac Occitanie a Sérignan – rappresenta sicuramente l'esempio più radicale in tal senso. Nathalie ha riunito insieme una moltitudine di opere che raccontano la sua avventura nell'arte immaginandole come elementi di un'unica grande installazione: un *Gesamtkunstwerk* dove i lavori sono presentati senza didascalie, esortando i visitatori a vederli come parte di un paesaggio polifonico intimo e monumentale. Le singole opere per un momento abbandonano la loro identità specifica per farsi materia prima di una coreografia in cui si prestano ad associazioni continue. Scrollandosi di dosso il peso di noiosi percorsi cronologici o adiacenze tematiche, la mostra è allestita seguendo le suggestioni e le intuizioni dettate dalle regole di un gioco a cui tutti noi siamo invitati a partecipare, allenando il cervello e gli occhi.

Campo di Marte è uno spazio immaginario dove la realtà è guidata dalla fantasia. Un'autobiografia scomposta che racconta un viaggio nella pittura iniziato nel 1986 e che oggi dalla tela si propaga in esperimenti più vicini alle avanguardie degli anni Venti e Trenta che agli stilnovi dei millennials. Camminando dentro questo “campo di Marte”, ci si trova immersi in una dimensione altra, dove risulta difficile – se non impossibile – spiegare cos'è l'arte di Nathalie Du Pasquier.

È un esperimento continuo, un processo di scoperta dove opere e oggetti si susseguono gli uni agli altri, con il desiderio di produrre qualcosa di nuovo. Quando faceva la designer, Nathalie disegnava soprattutto tessuti, architetture immaginarie e oggetti vari. Quando ha cominciato a dipingere, i suoi quadri erano delle storie vicine a un'idea classica di pittura, nel senso più nobile del termine. A poco a poco le tele hanno iniziato a popolarsi degli oggetti che ci circondano nel quotidiano, come spazzole, bottiglie, frutta, detersivi, posaceneri, libri o sedie. Nature morte dipinte dal vero dopo essere state assemblate su piani, mensole, tavoli. Famiglie di oggetti ordinari, dipinti in modo così puntuale da renderli estranei. Gradualmente questi oggetti quotidiani sono stati rimpiazzati da modelli in legno di forme e colori diversi: boschi geometrici meno astratti di quanto appaiano nella loro veste pittorica. Infine, Nathalie abbandona anche i modelli, per assemblare gli elementi direttamente nella sua testa e riportarli quindi su tela. Come Mondrian per arrivare all'astrazione è partito dai profili degli alberi, anche Nathalie ha fatto un percorso a tappe. Insieme alla volontà di reinventare il modo di dipingere, col passare degli anni è cresciuta la preoccupazione, o meglio, l'attenzione sul come presentare ciò che fa. In tempi non sospetti – quando i professionisti della pittura si concentravano sulle pareti – Nathalie concepiva dispositivi di display, come cabine o stanze che davano vita ad ambienti sacrali volti all'osservazione delle sue creazioni.

Cabine che oggi sono diventate opere *tout court* e stanze che si fanno mostra dentro le mostre.

Un altro strumento con cui Nathalie ama sperimentare, se non il prediletto, è il libro. Nonostante sia la sua passione più grande, la produzione editoriale è uno degli aspetti meno noti della sua ricerca. I libri per Nathalie sono spazi dove esporre, al pari di gallerie o musei, con la differenza che i libri costano meno, sono più democratici e offrono maggiore libertà e indipendenza oltre a essere oggetti bellissimi.

Questa stessa pubblicazione si avvicina più a una mostra che a un catalogo. La documentazione fotografica del progetto nell'architettura del MACRO si presta a essere utilizzata come materiale con cui produrre opere destinate a esistere esclusivamente in queste pagine.

Ciò che avete tra le mani è infatti una meta-mostra su carta, dove il reportage del "viaggio su Marte" si è trasformato in un nuovo viaggio, in cui le immagini di un'esperienza espositiva sono diventate mattoncini per costruire un libro concepito come un grande collage. Un ponte tra parole e immagini, tra forme e segni, da bere tutto di un sorso… come un bicchiere di vin ro-sé!

•

Un célèbre scientifique donna un jour une conférence sur un sujet d'astronomie. Il parla de la manière dont la Terre tourne autour du Soleil et de la vaste révolution que, pareillement, accomplit le Soleil autour du centre d'un immense agrégat d'étoiles, connu comme étant notre galaxie. À la fin de la conférence, une petite vieille au fond de la salle se leva et dit : « Ce que vous nous avez raconté, ces sont des bêtises. Le monde, en vérité, est un disque plat qui s'appuie sur le dos d'une tortue géante ». Le scientifique laissa poindre un sourire de supériorité : « et la tortue s'appuie sur quoi ? », répondit-il. « Vous êtes très intelligent, jeune homme, vraiment », dit la vieille dame. « Mais chaque tortue s'appuie sur une autre tortue ! » L'histoire du soleil et de la tortue nous apprend qu'il existe plusieurs échappées du réel, assez vraisemblables pour devenir plausibles.

Campo di Marte est un monde dans lequel tout est possible, où les lois du sens, de la forme et des relations entre les choses, sont assujetties au tourbillon de la vie.

Une exposition conçue comme une symphonie silencieuse où, pour un moment, les œuvres n'ont plus de noms. À travers des rapprochements inédits, elles rythment des notes à chaque fois différentes, en se fondant les unes dans les autres, ou en s'altérant suivant leur mode de présentation.

Nathalie n'aime pas les règles et fuit la théorie, elle trouve l'harmonie dans l'anarchie. Ce qui explique la facilité avec laquelle elle parvient à repenser le langage de l'« exposition » et, à chaque fois, à contester le postulat selon lequel un objet peut être « exposé » dans un contexte déterminé. Les expositions sont en effet des occasions de repenser et recombiner les œuvres en utilisant des clés différentes, pour stimuler des nouvelles significations, en se surprenant d'abord soi-même.

Le projet d'exposition au MACRO – et sa suite au Mrac Occitanie à Sérignan – offre à cet égard l'exemple le plus radical. Nathalie a rassemblé une multitude d'œuvres qui retracent son aventure artistique, et les a imaginées comme les éléments d'une grande et unique installation : une *Gesamtkunstwerk* dont les pièces sont présentées sans légende, exhortant les visiteurs à les percevoir comme partie d'un paysage polyphonique, intime et monumental. Chaque œuvre abandonne ainsi sa singularité pour devenir matière d'une chorégraphie où elle se prête à des associations perpétuelles. Tout en se libérant du poids des parcours chronologiques, si ennuyeux, et des rapprochements thématiques, l'exposition s'organise en suivant les suggestions et les intuitions dictées par les règles d'un jeu auquel nous sommes tous invités à participer, pour entraîner le cerveau et les yeux.

Campo di Marte est un espace imaginaire où le réel est guidé par la fantaisie. Il s'agit d'une autobiographie décomposée, qui raconte un voyage dans la peinture commencé en 1986 et qui, aujourd'hui, se propage de la toile aux expériences plus proches des avant-gardes des années Vingt et Trente, que des nouveaux styles des *millennials*. Dans cette promenade au « Champ de Mars », nous sommes immergés dans une dimension autre, où il est difficile – voire impossible – d'expliquer ce qu'est l'art de Nathalie Du Pasquier.

Il est question d'une expérimentation continue, un processus de découverte où les œuvres et les objets se succèdent, avec le désir de produire quelque chose de nouveau. Quand elle était designer, Nathalie dessinait surtout des tissus, des architectures imaginaires et des objets variés. Au moment où elle a commencé à peindre, ses tableaux représentaient des histoires proches d'une idée classique de la peinture, au sens noble du terme. Petit à petit les toiles ont été peuplées par des objets empruntés au quotidien, des brosses, bouteilles, fruits, lessives, cendriers, livres, chaises. Des natures mortes peintes après avoir placé les objets sur des plateaux, des étagères, des tables. Des familles d'objets ordinaires, peints de manière contingente jusqu'à devenir étrangers. Ces objets du quotidien ont été peu à peu remplacés par des modèles en bois, de formes et de couleurs différentes : des forêts géométriques moins abstraites que dans leur parure picturale. Finalement, Nathalie abandonne aussi les modèles, pour assembler les éléments directement dans sa tête et les reporter sur la toile. Comme Mondrian qui, pour aboutir à l'abstraction, est parti du profil des arbres, Nathalie a fait un parcours par étapes. Outre sa volonté de réinventer la façon de peindre, elle s'est préoccupée davantage, au fil des années, des modes de présentation de son travail. À une époque où personne n'y songeait – quand les professionnels de la peinture focalisaient leur attention sur les murs – Nathalie concevait des dispositifs d'affichage, à la manière des cabines ou des chambres qui donnaient vie à des véritables environnements sacrés, voués à l'observation de ses créations. Des cabines qui, aujourd'hui, sont devenues des œuvres tout court et des chambres qui s'exposent dans les expositions.

Un autre instrument avec lequel Nathalie aime faire des expériences, peut-être celui qu'elle privilégie, c'est le livre. Bien qu'il s'agisse de sa plus grande passion, la production éditoriale est aussi un des aspects les moins connus de sa recherche. Pour Nathalie, les livres sont des espaces où exposer comme les galeries ou les musées, avec la différence que les livres coûtent moins cher, sont plus démocratiques et offrent plus de liberté et d'indépendance, tout en étant de très beaux objets.

Même cette publication éditoriale s'approche plus d'une exposition que non d'un catalogue. La documentation photographique du projet, au sein de l'architecture du MACRO, est la matière première d'œuvres élaborées exclusivement dans leur propre mise en page.

Celle que vous avez en mains est, en effet, une méta-exposition sur papier, où le reportage du « Voyage sur Mars » s'est transformé en voyage nouveau. L'expérience de l'exposition suscite des images, briques pour la construction d'un livre conçu comme un grand collage. Un pont entre les mots et les images, entre les formes et les signes, à boire d'un seul trait… comme un verre de vin ro-sé !

•

A famous scientist held a public lecture on astronomy. He talked about how the earth orbits around the sun, and how the sun, in turn, moves around the center of an immense aggregation of stars known as our galaxy. At the end of the lecture a little old lady in the back of the hall stood up and said: “Sir, what you have told us is a lot of hooey. The world is really a big disk resting on the back of a giant turtle." The scientist gave a condescending little smile and replied: "And what supports the turtle?" "You are very smart, young man, very smart indeed," the old lady said. "But every turtle rests on another turtle!" The story of the sun and the turtle teaches us that there are always lines of flight from reality that are likely enough to be plausible.

Campo di Marte is a world where everything is possible, where the laws of meaning and form, and the relationships between things, are subject to a *tourbillon de la vie*.

An exhibition conceived as a silent symphony, where for a moment the works no longer have names, and through original juxtapositions emit always differing notes, blending together or altered in their mode of presentation.

Nathalie doesn't like rules and avoids theory, finding harmony in anarchy. This explains the ease with which she is able to rethink the language of the *exhibit*, and from one occasion to the next to disrupt the premises through which an object can be *displayed* in a given context. Exhibitions, in fact, are recurring opportunities to rethink and recombine the works in different ways, to stimulate new meanings, surprising (first of all) herself.

The exhibition project at MACRO—and its subsequent iteration at the Mrac Occitanie in Sérignan—undoubtedly represents the most radical example of this dynamic. Nathalie has brought together a multitude of works that narrate her adventure in art, imagining them as parts of a single, large installation: a *Gesamtkunstwerk* where the pieces are shown without captions, urging visitors to see them as parts of a polyphonic, intimate, and monumental landscape. For a moment, the individual works are divested of their specific identity and become the raw materials of a choreography in which they lend themselves to continual associations. Shaking off the burden of boring chronological paths or thematic proximities, the exhibition has been set up by following the suggestions and intuitions dictated by the rules of a game in which we can all take part, exercising our brains and our eyes.

Campo di Marte is an imaginary space where reality is guided by fantasy. A scattered autobiography that narrates a voyage in painting that began in 1986, which now spreads from the canvas into experiments closer to the avant-gardes of the 1920s and 1930s than to the mannerisms of millennials. Walking inside this "field of Mars" we are immersed in another dimension, where it becomes difficult—if not impossible—to explain what is the art of Nathalie Du Pasquier.

It is an ongoing experiment, a process of discovery where works and objects follow one another, with the desire of producing something new. When she was a designer, Nathalie created mostly fabrics, imaginary architectures, and various objects. When she began to paint, her canvases were stories close to a classic idea of painting, in the noblest sense of the term. They began to gradually fill up with the objects that surround us in everyday life, like brushes, bottles, fruit, detergents, ashtrays, books, or chairs. Still lifes painted from reality, after assembling a tableau on a counter, a shelf, a table. Families of ordinary objects painted with such precision as to make them seem foreign, unfamiliar. Little by little, these everyday objects were replaced by wooden models with different forms and colors: geometric forests that are less abstract than they appear to be in their painted guise. Finally, Nathalie also abandoned the models, assembling the elements directly in her mind and then reproducing them on canvas. Just as Mondrian began with the profiles of trees to reach abstraction, so Nathalie has followed a path made up of various stages. Together with her desire to reinvent her way of painting, over the years the issue—or more precisely, the focus—of how to display what she is doing has grown. Ahead of her time, back when the painting professionals concentrated on walls, Nathalie was inventing display devices, like cabins or rooms that gave rise to sacral spaces devoted to the observation of her creations. Cabins that today have become works in themselves, rooms that can be exhibits inside exhibitions.

Another device with which Nathalie loves to experiment—perhaps her favorite—is the book. Though it is her greatest passion, the production of publications is one of the less well-known aspects of her research. For Nathalie, books are spaces in which to show things, like galleries or museums, the difference being that books cost less, are more democratic, and offer greater freedom and independence, besides being very beautiful objects.

This publication itself is closer to an exhibition than to a catalogue. The photographic documentation of the project inside the architecture of the MACRO lends itself to be utilized as material with which to produce works destined to exist exclusively on these pages.

What you are holding in your hands is, in fact, a meta-exhibition on paper, where the log of the “voyage to Mars” has become a new journey in which the images of an exhibition-experience have become the building blocks for a book envisioned as a great collage. A bridge between words and images, forms, and signs, to consume in a single gulp… like a glass of *vin rosé*!

ROMA CAPITALE

Sindaco di / Maire de / Mayor of Roma Capitale
Roberto Gualtieri

Assessore alla cultura / Adjoint à la culture / Councillor for Cultural Affairs
Miguel Gotor

AZIENDA SPECIALE PALAEXPO

Consiglio di amministrazione / Conseil d'administration / Board of Directors
Cesare Maria Pietroiusti, *Presidente / Président / President*
Clara Tosi Pamphili, *Vicepresidente / Vice-président / Vice President*

Consiglieri / Membres du conseil / Board Members
Fernando Ferroni, Duilio Giammaria, Maria Francesca Guida

Direttore generale / Directeur général / General Director
Fabio Merosi

Direttore operativo e risorse umane / Directeur des opérations et des ressources humaines / Operations and Human Resources Director
Daniela Picconi

Direttore area affari legali / Directeur juridique / Legal Office Director
Andrea Landolina

Ufficio tecnico e progettazione / Bureau technique et de la planification / Technical Department
Paolo Pezza, *responsabile / chef du département / Head of Department*
Silvia Albini, Luca Caselli, Marcello Fagnani, Cristina Piccione

Comunicazione / Communication
Maria Giulia Pavin, Anita Suppa, Deborah Serafini

Amministrazione / Service administratif / Administration
Serena Bonanno

Libreria / Librairie / Bookshop
Marcello Pezza, Chiara Bandi

Servizi di accoglienza / Services d'accueil / Visitor Services
Ruggero Bruschi, Gianluca Piromalli, Andrea Scorza, Luca Serratore, Fernando Zucchi

Segreteria / Secrétariat / Secretariat
Letizia Renzi

MACRO – MUSEO D'ARTE CONTEMPORANEA DI ROMA

Direttore artistico / Directeur artistique / Artistic Director
Luca Lo Pinto

Dipartimento curatoriale ed editoriale / Département de conservation et des publications / Curatorial and Editorial Department
Lisa Andreani, Sara Catenacci, Chiara C. Siravo

Dipartimento produzione mostre ed eventi / Département de production des expositions et des événements / Exhibitions and Events Production Department
Lorena Stamo, *coordinamento / coordinateur / Coordinator*
Veronica Botta, Sara Cattaneo
Giulia Caruso, *eventi / événements / Events Assistant*
Beatrice Schivo, *assistente di produzione / assistante de production / Production Assistant*
Matteo Pompili, *allestitore / manutentionnaire / Art Handler*

Assistente curatoriale e al direttore artistico / Assistant de conservation et assistant du directeur artistique / Curatorial Assistant and Assistant to the Artistic Director
Carlotta Pierleoni

Art Direction, Design, Exhibition Display / Direction artistique, design, design de l'exposition
Marco Campardo Studio

Graphic Designer / Graphiste
Olivia Lynk

Coordinamento attività educative e per il pubblico / Coordinateur des programmes d'éducation et des programmes publics / Educational and Public Activities Coordinator
Irene Angenica

Ufficio stampa e comunicazione / Bureau de presse et communication / Press Office and Communication
Maddalena Bonicelli

Dipartimento comunicazione e progetti online / Département de communication et des projets en ligne / Communication and Digital Projects Department
Marco Arrigoni, *redazione contenuti online / concepteur rédacteur digital / Digital Content Editor*
Elena Fortunati, *Social Media Manager / responsable des médias sociaux*
Andrea Pergola, *Web Manager*

Sviluppatore web / Développeur web / Web Developer
Andrea Serrani

Traduzioni / Traductions / Translations
Stephen Piccolo

Raccolta fondi / Collecte de fonds / Fundraising
Lison D'Houwt

ROMA CULTURE

azienda speciale PALAEXPO

MACRO
MUSEO D'ARTE CONTEMPORANEA ROMA

MUSEUM FOR PREVENTIVE IMAGINATION

RÉGION OCCITANIE / PYRÉNÉES-MÉDITERRANÉE

Prefetto della / Préfet de la / Prefect of Région Occitanie / Pyrénées-Méditerranée
Etienne Guyot

Presidente della / Présidente de la / President of Région Occitanie / Pyrénées-Méditerranée
Carole Delga

Vicepresidente della / Vice-Présidente de la / Vice-President of Région Occitanie / Pyrénées-Méditerranée / Cultura per tutti, patrimonio e lingue regionali / Culture pour tous, patrimoine et langues régionales / Culture for All, Heritage and Regional Languages
Claire Fita

Direttrice della cultura e del patrimonio / Directrice de la culture et du patrimoine / Director of Culture and Heritage
Juliette Didierjean

MRAC OCCITANIE
MUSÉE RÉGIONAL D'ART CONTEMPORAIN
OCCITANIE / PYRÉNNÉES-MÉDITERRANÉE

Direttore / Directeur / Director
Clément Nouet

Amministratrice / Administratrice / Administrator
Séverine Le Puil-Freyssinier

Responsabile della collezione, del centro di documentazione, delle pubblicazioni e della libreria / Chargée de la Collection, du centre de documentation, des éditions et de la librairie-boutique / Head of Collection, Documentation, Editions and Bookshop
Céline Ramade

Responsabile delle attività educative e della comunicazione digitale / Chargée des publics scolaires et de la communication numérique / Head of Educational Activities and Digital Communication
Anaïs Bonnel

Responsabile delle attività pubbliche, degli eventi e dello sviluppo turistico / Chargée du public adulte, du jeune public hors temps scolaire, de la programmation culturelle et du développement du public touristique / Head of Public Activities, Events and Touristic Partnership Development
Charlotte Branget

Responsabile dei pubblici impossibilitati o distanti dalla cultura / Chargée des publics empêchés et éloignés de la culture / Head of Audiences Who Are Prevented or Far from Culture
Isabelle Durand

Responsabile della comunicazione e delle relazioni con la stampa / Chargée de la communication et des relations presse / Head of Communication and Press Relations
Sylvie Caumet

Community manager, in apprendistato / Community manager, étudiante en alternance / Digital communication, apprentice
Syrine Karfi Ben Ahmed

Insegnanti di arti visive distaccati presso il dipartimento educativo / Professeurs d'arts plastiques détachés auprès du service éducatif / Visual Arts Teachers Representing the Daac for the Educational Department
Laure Heinen, Jérome Vaspard

Mediazione / Médiation / Mediation team
Un goût d'illusion / Illusion et Macadam, Montpellier

Allestimento e servizio tecnico / Montage d'exposition / Technical team
Backface studio, Montpellier

Il Mrac Occitanie, Musée régional d'art contemporain, a Sérignan, è gestito dalla Région Occitanie / Pyrénées-Méditerranée. Il museo riceve il sostegno del Ministero della Cultura francese, Prefettura della Regione Occitania/ Direzione Regionale degli Affari Culturali Occitania /

Le Mrac Occitanie, Musée régional d'art contemporain, à Sérignan, est géré par la Région Occitanie / Pyrénées-Méditerranée. Le musée reçoit le soutien du Ministère de la Culture, Préfecture de la Région Occitanie/Direction régionale des Affaires culturelles Occitanie /

The Mrac Occitanie, Musée régional d'art contemporain, in Sérignan, is managed by the Région Occitanie / Pyrénées-Méditerranée. The museum receives the support of the French Ministry of Culture, Prefecture for the Region Occitanie/ Regional Directorate of Cultural Affairs, Occitanie

PRÉFET DE LA RÉGION OCCITANIE
Liberté
Égalité
Fraternité

La Région
Occitanie
Pyrénées - Méditerranée

Mrac
Occitanie

Nathalie Du Pasquier
RO-SÉ—A book as a bridge

Pubblicato da Sternberg Press, in occasione della mostra di Nathalie Du Pasquier, *Campo di Marte*, a cura di Luca Lo Pinto, tenutasi presso MACRO – Museo d'Arte Contemporanea di Roma dal 3 febbraio al 20 giugno 2021, e presso Mrac Occitanie – Museo regionale d'arte contemporanea a Sérignan, Francia, dal 16 aprile al 25 settembre 2022 /

Publié par Sternberg Press, pour l'exposition *Campo di Marte* de Nathalie Du Pasquier, sous le commissariat de Luca Lo Pinto au MACRO – Musée d'Art Contemporain de Rome du 3 février au 20 juin 2021 – et au Mrac Occitanie – Musée régional d'art contemporain Occitanie à Sérignan, du 16 avril au 25 septembre 2022 /

Published by Sternberg Press, on the occasion of the exhibition by Nathalie Du Pasquier, *Campo di Marte*, curated by Luca Lo Pinto, held at MACRO – Museum of Contemporary Art of Rome, from February 3 to June 20, 2021, and at Mrac Occitanie – Regional Museum of Contemporary Art Occitanie in Sérignan, France, from April 16 to September 25, 2022

Un libro di / Un livre par / A book by
Nathalie Du Pasquier

Con un testo di / Avec un texte de / With a text by
Luca Lo Pinto

Coordinamento editoriale / Coordination éditoriale / Editorial coordination:
Sara Catenacci

Traduzione in inglese / Traduction en anglais / English translation:
Stephen Piccolo

Traduzione in francese / Traduction en français / French translation:
Paulina Spiechowicz

Art direction / Direction artistique:
Marco Campardo Studio

Realizzazione grafica / Réalisation graphique / Graphic realization:
Matilde Losi, Nicolò Ughetti

Stampato da / Imprimé par / Printed by:
Ediprima S.r.l., Piacenza, Italy

ISBN 978-3-95679-634-0

Crediti fotografici / Crédits photographiques / Photo credits:
Agnese Bedini & Melania Dalle Grave – DSL Studio, Alice Fiorilli

Ringraziamenti / Remerciements / Acknowledgments:
Lorena Stamo

La produzione della mostra presso MACRO a Roma e al Mrac Occitanie a Sérignan è stata realizzata grazie al generoso sostegno di / La production de l'exposition au MACRO à Rome et au Mrac Occitanie à Sérignan a été réalisée grâce au généreux soutien de / The production of the exhibition at MACRO in Rome and at Mrac Occitanie in Sérignan was accomplished through the generous support of

MUTINA

ZIGZAG ZURICH

PACE

APALAZZOGALLERY

SYMETRIA
screen print studio

YVON LAMBERT
libraire - éditeur

nuovi mecenati

VILLA MÉDICIS
ACADÉMIE DE FRANCE
À ROME

Distribuito da / Distribué par / Distributed by
The MIT Press, Art Data, Les presses du réel

Sternberg Press
71–75 Shelton Street
London WC2H 9JQ
www.sternberg-press.com

Sternberg Press